LES PRISONNIERS FRANÇAIS EN RUSSIE

(1813 - 1814)

I.

SOMMAIRE. — Courte introduction. — Combat de Sauër. — Le Camp de Varus. — La bague de Thérèse. — Le Rêve. — Les généraux Puthod, Falcon et Sibuet. — Le général Langeron. — Moreau. — La sérénade. — Premiers pas sur la terre d'exil.

Plusieurs raisons ont retardé la publication des *Prisonniers français en Russie*.

Sous la Restauration, ne pouvant dire la vérité sur les hommes et sur les choses, je me suis condamné au silence. Occupé d'ailleurs de mes études de droit, et mêlé, quoique obscur, aux luttes de l'opposition militante d'alors contre le pouvoir, le temps me manquait pour mettre en ordre des notes écrites, le jour, pendant de courtes haltes, dans les boues de la Pologne et les neiges de la Russie; la nuit, dans les maisons des juifs polonais, sous les huttes des serfs lithuaniens et des moujiks russes.

De 1830 à la révolution de février, les devoirs d'une charge sévère, au milieu de circonstances difficiles, ont absorbé tous mes instants, et les souvenirs des maux passés du soldat ont dû se taire devant les souffrances présentes de la patrie.

Depuis 1848 jusqu'en 1856, des soins domestiques et des embarras de position que comprendront les gens de lettres m'ont empêché de faire, avec les élémens que je tenais en réserve, un livre complet.

Une autre raison me retenait. Je craignais de poser devant le public, moi, soldat inconnu, magistrat ignoré, écrivain sans réputation. Cependant, je me suis dit : le *moi* choque et désoblige le lecteur. Mais il ne dépendait pas de moi de l'éviter; le *moi* ressort de la nature même de mon travail. Puis, ce n'est pas seulement mon histoire que j'écris ; j'écris aussi l'histoire de trente mille Français qui, prisonniers de guerre comme moi, ont, comme moi, enduré les souffrances que je raconte. Cette réflexion m'a décidé.

Dans son *Histoire de la campagne de Russie*, M. Philippe de Ségur a peints nos soldats vaincus par les frimats russes. Dans mes Mémoires, je les montre captifs au milieu de ces mêmes frimats. Mon travail est en quelque sorte un appendice du sien.

Mon récit embrasse une période de près de deux ans : il commence le 29 août 1813, et finit après le grand désastre de Waterlo.

Du champ de bataille de Lowemberg, où je suis tombé au pouvoir des Russes, jusqu'à Minsk, j'ai voyagé en prisonnier de guerre, réduit par cette triste comdition presque à l'impossibilité d'observer et de décrire. Je parle de mes compagnons de captivité et de nos souffrances communes ; ce tableau est triste et sombre. — Je crayonne, sans doute, les usages et les mœurs des Prussiens, des Polonais, des Lithuaniens, des Juifs, des Cosaques, des Mougies, des Bachskirs et des Kalmoucks avec lesquels j'étais en contact ; mais c'est en courant ; j'esquisse, je ne peins pas.

De Minsk à Koslof, terme de ma course, et de Koslof en France, la scène change et s'agrandit. Cette partie de mon livre ne ressemble pas à la première : j'ai pu décrire parce qu'il m'a été possible d'observer ; observer parce que je jouissais d'une liberté relative ; parce que je n'étais pas observé tous les jours et à toutes les heures, comme aux premiers mois de notre captivité, à périr sous le fouet des Cosaques et le knout des Mougicks ; à mourir de fatigue, de froid, de faim, de la nostalgie et de désespoir sur le revers d'un fossé, au coin d'un bois, dans les fanges d'une grande route ; parce que je n'étais pas uniquement occupé, comme la brute, du soin de ma conservation.

Je ne suis ni un historien, ni un moraliste, ni un archéologue, ni un touriste savant ; je suis un simple conteur de faits personnels ou accomplis sous mes yeux. A défaut de science, mon livre offre des documents dont les hommes qui suivent d'un œil curieux et intelligent le mouvement ascensionnel qui s'opère en Russie, pourront profiter. Il n'est pas, en effet, sans utilité pour eux et sans intérêt pour l'histoire d'un peuple que j'ai vu dans les limbes de la civilisation, de compter combien d'étapes a faites ce même peuple dans la route du progrès, au point de vue de l'intelligence, de l'industrie, des arts, de lettres, de la morale, de la religion et de la liberté.

Mon livre, ne servirait-il qu'à faire comparer la Russie d'il y a quarante ans, à la Russie de nos jours, ne serait pas sans valeur et sans attrait.

J'ai détesté la Russie tant que je l'ai considérée comme une avalanche penchée sur l'Europe et toujours prête à tomber sur nous ; tant que j'ai pu craindre, dans un temps donné, l'accomplissement des prédictions de Voltaire, de Jean-Jacques Rousseau, du major Masson, et, plus récemment, de Napoléon. Depuis qu'une invasion du nord n'est plus à craindre, mes sentiments se sont modifiés ; je ne regarde plus les Russes comme des ennemis, mais comme des membres de la famille universelle. Je fais des vœux pour qu'ils entrent dans la civilisation européenne, pour qu'ils se montrent dignes de la liberté qu'on veut leur accorder, pour qu'on ne puisse pas dire avec Rulhière, qui l'a répété après Diderot : *Le peuple russe est pourri avant d'être mûr.*

J'entre maintenant de plein pied dans mon récit.

L'armistice conclu à Plesswitz le 4 juin 1813 était expiré le 10 août. Le lendemain, notre colonel Falcou appela les chefs de compagnie à l'ordre.

« Messieurs, leur dit-il, l'Autriche manque à son pacte de famille ; elle déclare la guerre à la France ; de plus, elle viole l'armistice. Ses troupes, qui auraient dû attendre jusqu'au 16, pour faire un acte patent d'hostilités, ont opéré leur jonction avec les Prussiens. Nous aurons donc un ennemi de plus à combattre. D'un instant à l'autre, l'ordre peut être donné de marcher ; tenez-vous prêts. »

La guerre allait donc recommencer, plus acharnée, plus meurtrière et plus inégale dans ses chances qu'à l'ouverture de la campagne de cette même année 1813 : l'armée française, inférieure en nombre de 220,000 hommes, composée en grande partie de recrues qui avaient à peine vu l'ennemi à Lutzen et à Bautzen, pleine de confiance dans le succès de ses armes, célébra gaiment, le 15, la fête de Napoléon.

Le 21, les hostilités recommencèrent.

Napoléon prit l'offensive. Quelques jours lui suffirent pour chasser Blücher de la Lusace, le rejeter sur l'Oder et rester maître d'une partie de la Silésie. Ces débuts étaient brillants. Mais l'Empereur, rappelé à Dresde par la nécessité de sauver cette capitale du plus fidèle de ses alliés, menacée par la grande armée coalisée, descendue le 20 des montagnes de la Bohême, l'Empereur quitta la Silésie, laissant à Macdonald, chef du 11e corps, le commandement des corps de Ney et de Lauriston, 3e et 5e, en tout 75,000 hommes. L'Empereur avait emmené le maréchal Ney et lui avait remis le corps d'Oudinot ; Souham remplaçait au 3e corps le prince de la Moskowa.

Tout allait bien jusque-là, et la seconde campagne de 1813 s'ouvrait sous les plus heureux auspices. — auspices trompeurs toutefois !

L'étoile de Napoléon pâlissait ; la fortune, qui, si longtemps, avait accompagné ses pas, allait se retirer de lui. Au moment où nos premiers succès nous enivraient d'espérance et de joie, nous touchions à d'affreux revers, à d'incommensurables malheurs.

J'ai à faire connaître ma position particulière après la dénonciation de l'armistice, et à entrer dans quelques détails sur les événements qui me firent tomber au pouvoir des Russes.

Ainsi que je viens de le dire, le maréchal Macdonald commandait en chef les trois corps qui composaient l'armée de Silésie. Le 146°, auquel j'appartenais comme sous-lieutenant, faisait partie de la division Puthod, dépendante du corps de Lauriston.

Le 25 août, après un combat meurtrier devant Godelberg, nous nous engageâmes dans les montagnes de la Bohême, à la poursuite des Prussiens de Blucher et des Russes de Laugeron.

Les 26, 27 et 28, la pluie tomba par torrens. Les ruisseaux devinrent des rivières, les rivières des fleuves qui, dans leurs débordemens, emportèrent des hameaux et des villages entiers.

Macdonald livra plusieurs combats près de la Kasback, de la Quess et de la Bober. Successivement battu, et en pleine retraite, il abandonna le malheureux Puthod, qui erra trois jours sur les bords de cette dernière rivière sans pouvoir la traverser.

Le 28 au soir, trempés par la pluie, harassés de fatigue, affaiblis par le défaut presque absolu de nourriture, nous arrivâmes au bivouac où, pour la dernière fois, nous devions coucher sous nos drapeaux.

Dans la baraque que m'avaient construite les soldats de ma compagnie, dormait près de moi un de mes camarades, comme moi sorti de l'Ecole militaire de Saint-Cyr, Jousserand, de Paris.

Jousserand avait beaucoup de courage et d'esprit, et servait avec distinction. Nous nous aimions tous deux d'une amitié ferme et vraie, malgré la différence de nos caractères, ou peut-être à cause de cette différence même.

Il dormait donc profondément, enveloppé dans son manteau, la tête appuyée sur le sac d'un soldat. J'enviais son sommeil; le sommeil me fuyait. Ne pouvant dormir, je me mis à rêver tout éveillé. En un instant, je fus à mille lieues de ma situation présente; j'oubliai que j'étais dans un autre camp de Varus, voué, avec mes compagnons endormis, aux fers et à la mort. C'est que, à la lueur mourante des feux du bivouac, je voyais à mon doigt briller une bague. Elle réveillait un souvenir tendre et douloureux, le souvenir d'une jeune et charmante fille que j'aimais, avec la ferveur et la bonne foi d'un cœur de dix-sept ans. Je l'avais vue pour la première fois chez sa tante, Mme N...; qui tenait un hôtel, rue du Hazard, à Paris.

« Ce don d'un premier amour, ce gage d'un premier serment,
» cette bague a coûté trois grands jours de travail, trois grandes
» veillées à la lampe à ma pauvre Thérèse !

» Son père, officier républicain, mutilé à Fleurus, a-t-il con-
» servé, dans les hôpitaux militaires, son modique emploi ? Af-

» faibli moins par ses années que par ses blessures, quand je le
» quittai à Magdebourg, il était bien malade ; il avait le pressen-
» timent de sa fin prochaine. Peut-être est-il mort ! et elle, Hé-
» las ! elle, sa fille, qu'est-elle devenue ? C'est à Magdebourg que
» je l'ai laissée aussi ; peut-être à cette heure, la maladie et la
» misère, plus impitoyable que la maladie... Pauvre Thérèse !...
» Voilà un an que je n'ai pas reçu d'elle une lettre, une ligne....
» pauvre Thérèse ! si jeune, si jolie, si modeste !... Pauvre Thé-
» rèse, hélas ! qu'est-elle devenue ? La reverrai-je un jour ?
» Oh ! si je pouvais dormir ? un songe heureux me la rendrait
» peut-être fraîche et riante comme à Paris, comme à Bruxelles,
» à Liége, à Vésel, à Munster, à Osnabruck, à Minden, à Ha-
» novre, à Brunswick, à Alberstadt, à Magdebourg, comme dans
» toutes les villes, dans tous les lieux que nous avons parcourus
» ensemble, pendant un délicieux voyage de quelques semaines !
» Si je pouvais dormir... là, sur cette paille détrempée, au feu
» décroissant du bivouac !... Heureux Jousserand !
» Le voilà qui rêve de quelque oie grasse conquise dans l'ar-
» rière basse-cour d'un cottage allemand, de quelque grosse Alle-
» mande, soufflée à son joufflu de mari, d'une croix d'honneur,
» attachée sur sa poitrine par la main de l'Empereur !... Si je
» pouvais dormir !... Heureux Jousserand ! »

Tout à coup mon camarade pousse de profonds soupirs, s'agite violemment sur sa paille et s'éveille en sursaut, pâle, troublé, le visage inondé de sueur.

Il se dresse sur son séant, jetant, de côté et d'autre, des regards effarés. Le feu qui éclaire notre baraque me permet de lire, sur tous ses traits, une sorte de terreur.

— Qu'y a-t-il donc, lui dis-je ?
— Rien... rien du tout.
— Mais encore ?... Tu poussais des soupirs ; tu proférais des plaintes... je te vois agité, presque effrayé... Qu'as-tu ?
— Bah ! un songe.
— Un songe ?
— Me devrais-je inquiéter d'un songe !...
— Et que dit ce songe ?
— Sais-tu expliquer les songes, toi ?
— Eh ! sans doute ; dis-moi le tien.

Nous nous levâmes et nous allâmes nous asseoir auprès du feu ; nos soldats dormaient autour, épuisés par les marches forcées des jours précédens.

Jousserand me dit :

« J'ai rêvé que nous étions en ligne, en face de l'ennemi. Un
» boulet russe a emporté trois hommes de ta compagnie, à mes
» côtés. Un second boulet m'a frappé au ventre. Tu t'es appro-
» ché de moi, désolé de mon malheur, cherchant toutefois à me
» faire espérer que ma blessure ne serait pas mortelle. — Je

» vois bien, t'ai-je répondu, que tout est fini ; la comédie va mal
» aujourd'hui... Ne te désole pas... Embrasse-moi, couvre-moi
» de mon manteau, et va-t'en !
» Tu es retourné à ton poste de bataille. Les Russes ont cul-
» buté nos bataillons à coups de baïonnettes ; des milliers de Co-
» saques ont sauté par dessus mon corps, sans me toucher. J'ai
» compris qu'ils poursuivaient nos soldats en pleine déroute. Au
» bout d'un instant, je les ai entendus revenir ventre à terre,
» comme si, à leur tour, ils eussent fui devant les nôtres. J'ai
» soulevé le manteau qui couvrait ma tête... Des Cosaques se
» sont arrêtés près de moi... (Capout (mort) ! a crié l'un d'eux,
» en allemand, et il m'a donné un coup de lance... Capout ! ont
» répété ses camarades, et ils m'ont également percé de leurs
» lances...
» Plusieurs ont mis pied à terre. L'un d'eux a remarqué cette
» bague à mon doigt, et ne pouvant l'en faire sortir, il a coupé
» ce doigt. Enfin un de ces barbares trouvant de la difficulté à
» débotter une de mes jambes, commençait à me couper cette
» jambe... Je me suis éveillé. »

— Par Dieu ! dis-je à mon ami, je ne suis pas interprète juré
des songes ; mais facilement je débrouillerai celui-ci. Oh ! il
n'est pas besoin d'avoir le miroir magique et le bâton de Jacob
de Mlle Lenormand ; la première bonne femme venue te dira
que les Cosaques, en te tuant, ont prolongé ta vie de dix ans.
Au surplus, pour te faire oublier ton maudit rêve, buvons en
fumant, une bouteille de vin de France que m'a donnée hier Fabrice, aide-de-camp du général Puthod.

— J'allai chercher la bouteille dans ma cabane ; nous allumâ-
mes nos pipes, et, fumant et buvant, nous reprîmes notre conversation.

— Ton rêve, dis-je à Jousserand, ne sera qu'un rêve... mais,
d'ailleurs, nous sommes dans une position désespérée.

Mon général, m'a dit Fabrice, ne croit pas pouvoir traverser
la Bober qui nous sépare du corps d'armée. La Bober dont nous
sommes peu éloignés, est devenue un fleuve immense ; tous les
ponts sur lesquels nous aurions pu la passer, ont été emportés.
Une seule espérance, bien faible encore ! nous reste : en trouver
un un à Lowemberg, et y arriver demain, au point du jour,
pour le traverser. Si cette chance nous manque, demain nous
serons tous tués, noyés ou prisonniers, *di meliora !* — Le général, a ajouté Fabrice, n'a aucun espoir de nous sauver. Sur ce,
buvons !

— Oui, me répondit Jousserand en riant, oui, buvons ! demain
nous boirons chez les morts.

Nous causions encore : le régiment reçut l'ordre de prendre
les armes et de quitter le bivouac ; cet ordre fut exécuté sur-le-
champ, sans bruit.

En ce moment, le soleil se levait dans toute la splendeur d'un soleil d'août. La pluie avait cessé la veille. Il était cinq heures et demie du matin.

Nous avions fait une demi-lieue à peine, voilà que des nuées de Cosaques paraissent sur nos flancs, nous harcèlent et ramassent nos traînards. Il n'en restait que trop sur cette route sillonnée d'ornières profondes, et coupée de ruisseaux larges et impétueux.

Les pièces de canon qu'on avait, à force de bras, arrachées à la boue les jours précédens, furent abandonnées. On parvint seulement à en emmener quatre ou cinq avec leurs caissons à peu près vides.

Les soldats n'avaient que quelques cartouches.

Vers sept heures, l'infanterie russe était sur nos traces et nous suivait de fort près. Les Cosaques essayèrent des démonstrations hostiles et parurent vouloir nous charger; la colonne fit halte; des carrés furent formés; les Cosaques se retirèrent en poussant des hurras.

Nous continuâmes notre marche, toujours dans la boue, dans les ornières et les ruisseaux.

A huit heures et demie, nous arrivâmes sur une colline. Elle dominait une petite plaine au bout de laquelle roulait la Bober, furieuse, effrayante. De l'autre côté de la rivière on apercevait Lowemberg... Pas de pont!

Nous prîmes position sur les hauteurs de Plagwitz. Nous occupions toute l'étendue de cette colline; le dos tourné à Lowemberg; la droite, appuyée sur des rochers que baignait la Bober; la gauche, assise sur d'autres rochers presque inaccessibles; le front en face des Russes et des Prussiens, dont les masses nous débordaient du côté de la route étroite et boueuse que nous venions de parcourir. La division Puthod formait deux brigades : la première, composée des 146e et 134e ci-devant garde de Paris, et du 5e étranger, était commandée par le général baron Falcou, qui remplaçait le général Vachot, tué le 23 août. La deuxième brigade, formée des 147e 148e et d'un escadron de chasseurs obéissaient au général baron Sibuet. Douze obusiers de campagne étaient sous les ordres du chef d'escadron Bonafous.

Cette division comptait de 5 à 6,000 hommes, 20,000 Russes ou Prussiens étaient devant nous.

Le 146e régiment formait l'aile droite; ma compagnie tenait la tête. Affaiblie par les combats du 21 et du 23, elle n'avait pas 50 hommes armés.

Je la commandais, quoique le capitaine fût présent sous les drapeaux. Je reparlerai de ce capitaine.

La position que nous occupions était militaire. Nous nous y

maintînmes pendant plusieurs heures, essuyant, sans pouvoir y répondre, le feu de l'ennemi.

Le premier coup de canon emporta la dernière file de ma compagnie.

Jousserand, dont le capitaine avait été tué le 23, commandait la sienne et touchait du coude un des hommes qui venaient d'être tués. Un léger désordre se manifesta dans les rangs ; je me portai à la gauche de ma compagnie et je fis enlever les trois morts.

En me retirant, mes yeux s'arrêtèrent sur Jousserand ; une pâleur mortelle couvrait son visage. La pâleur, chez un homme tel que lui, trahissait non la peur, il était si brave ! mais une agitation intérieure dont je compris sur-le-champ la cause.

— Imbécile ! lui dis-je, tu penses à ton rêve.

Je me mis à rire... et cependant je fus, malgré moi, frappé de l'accomplissement de la première partie du rêve.

Jousserand rit aussi.

— Mais, me dit-il, sais-tu que celui-ci est passé bien près ! Gare le second !

Je haussai les épaules, et je m'éloignais... quand mon malheureux camarade tomba frappé d'un boulet dans le bas-ventre. Ses entrailles sortaient par cette horrible blessure ; il les retenait dans ses mains.

Je courus à lui... il avait conservé toute sa connaissance.

— Eh bien ! me dit-il d'une voix encore ferme, à l'avenir croiras-tu aux rêves ? Allons, ne te désole pas... que veux-tu ?... La comédie xa mal aujourd'hui.

Je prononçai quelques mots d'espérance.

— Bah ! dit-il, tout est fini, je le vois.

— Non ! oh ! non ! j'ai fait avertir le chirurgien-major ; il va venir.

— Brrrr ! Ai-je donc besoin de lui ? Embrasse-moi, couvre-moi de mon manteau, et va-t'en.

Je fis ce qu'il voulut, et je revins à ma place de bataille, cherchant à maîtriser ma douleur et mes larmes.

L'artillerie ennemie faisait de profondes trouées dans nos rangs. Elle avait établi des batteries si près de nous que nous entendions distinctement les coups d'écouvillons et le commandement des officiers.

Mon régiment était composé de Hollandais qui, sous cette pluie incessante de mitraille et de boulets, avaient bien de la peine à rester immobiles. Les officiers de leur nation ne faisaient pas meilleure contenance et ne valaient guère mieux qu'eux.

Je ne veux pas flétrir le courage d'une nation qui, jadis, a remporté tant de victoires sur l'Océan, qui, mère des Nassau, des Ruyter, des Tromp, des Cohorn, a vu s'abaisser devant elle les drapeaux de l'Espagne et les pavillons de l'Angleterre ; d'un peuple qui a préféré la ruine de son commerce et de son territoire aux fers du despote Louis XIV; mais je dois exprimer franchement ici ce dont j'ai été témoin, ce que j'ai éprouvé et senti.

Excellens marins, ce n'est pas sur le continent que les Hollandais doivent chercher leurs titres de gloire. Aux jours même de leurs exploits maritimes, c'était à l'Ecosse, à la Suisse, à l'Allemagne que leur or demandait la défense du sol natal.

Depuis, énervés par une longue paix, ils n'ont opposé à nos soldats républicains qu'une masse inerte. La cavalerie de Pichegru s'est emparée de leurs vaisseaux; un simple sénatus-consulte a fait de la Hollande un département de la France. Ils ne pouvaient donc apporter dans cette lutte gigantesque de la France contre l'Europe ce sentiment d'orgueil national, cet instinct de patriotisme qui dans les derniers jours de l'Empire firent des héros de nos jeunes conscrits.

Quoi qu'il en soit, mes soldats étaient de pauvres soldats; sans énergie dans les batailles, sans constance dans les revers, sans force contre les privations; mous, paresseux, efféminés, mangeurs insatiables, n'ayant des qualités militaires que la bonne tenue et la propreté.

— Si nous restons longtemps encore sous un feu si meurtrier, dis-je au chef de bataillon Gilbert (de Nancy), nos Hollandais lâcheront le pied... Voyez comme la nature pâtit en eux.

— Il est vrai, me répondit-il; mais savez-vous que notre position est affreuse? Derrière nous, une rivière que nous ne pouvons traverser; devant nous, 20,000 hommes d'avant-garde!... Ce qui pourrait nous arriver de plus heureux à vous et à moi, ce serait d'être tués, car il faut que nous soyons pris ou noyés avant deux heures d'ici. Les Russes doivent être fatigués de nous tuer à coups de canon; ils vont arriver sur nous à la baïonnette... nous ne tiendrons pas. Je ne crains pas de mourir, ajouta-t-il; oui, j'aimerais mieux mourir cent fois que de tomber au pouvoir des Russes... mais — et il se frappait le front avec violence, — j'ai une femme, des enfans... que deviendront-ils?

Il tira de son sein une boîte : sur un côté était le portrait d'une femme jeune et belle, sur l'autre trois têtes d'enfans; le plus âgé paraissait avoir de cinq à six ans... Une larme tomba des yeux de M. Gilbert... Je fus ému de son émotion; le souvenir de la famille traversa mon cœur avec la rapidité de l'éclair.

En ce moment, un officier vint m'annoncer que le général Falcou me demandait.

Je cours en toute hâte auprès de ce général qui avait été mon colonel et à qui j'avais été recommandé. Je le trouvai à pied, derrière des rochers qui l'abritaient s'ils ne le cachaient point. Il était fort agité, et je fus obligé de le prier de me répéter ses ordres, donnés d'abord d'une voix si altérée, que je n'avais pu les entendre.

— Prenez votre compagnie, me dit-il, portez-vous en avant, tiraillez, et tâchez de tenir quelque temps.

— Pour tirailler, il faut des cartouches, et mes hommes n'en ont pas.

— Allez toujours ; les Russes ont envoyé un parlementaire au général Puthod ; tenez jusqu'à ce que j'aie reçu des ordres.

Je portai ma compagnie en avant. A peine avais-je fait cinquante pas, que je vis les tirailleurs ennemis gravir la colline que nous occupions ; suivait l'infanterie ; derrière, venaient des escadrons de Cosaques et de hussards noirs prussiens.

Les Russes venaient sur nous avec cette sécurité de gens bien certains qu'on ne peut leur résister. Ils gravissaient résolument les rochers que je défendais. A leur tête, un officier se faisait remarquer par son ardeur et sa jactance ; il précédait les siens de quelques pas en poussant le cri de guerre des Russes : « V'pérod ! v'pérod ! Niebòiss ! Niebòiss ! (En avant ! en avant ! ne crains pas ! n'aie pas peur !) » Il allait atteindre la hauteur où je me trouvais, lorsqu'il glissa sur le roc encore humide de la pluie des jours précédens.

Nous étions, l'un de l'autre, à une portée de pistolet. Je franchis cette distance en quelques bonds, et j'allais lui enfoncer mon sabre dans la poitrine ; je fus prévenu par un sergent qui le frappa de sa bayonnette. Le Russe roula de rocher en rocher, et tomba mort aux pieds de ses soldats.

J'essuyai peut-être deux cents coups de fusils ; mon manteau roulé autour de mon corps, mon habit, mon schakos, furent criblés de balles ; pas une ne m'atteignit. Le sergent fut tué.

Je me retournai et j'appelai mes Hollandais... personne ! Je levai les yeux et je vis le plateau qu'occupait le régiment entièrement vide. Les Russes y montaient de toutes parts... je courus pour leur échapper. Du haut de la colline, j'aperçus dans la plaine nos soldats fuyant vers la Bober débordée...

Horrible spectacle !

Je me ralliai à quelques centaines d'hommes courageux, presque tous officiers et Français qui, arrêtés sur un petit mamelon, voulaient faire face à l'ennemi et mourir les armes à la main. A leur tête étaient le général de division Puthod et les généraux de brigade Sibuet et Falcou. Je vis là aussi le colonel du 148e, Varin ; les deux majors du 146e, Bernard et Loyard ; le commandant Bourgeois, le commandant Gilbert, le chef d'escadron d'artillerie Bonnafous, les capitaines Jackson, Neigle et Gross, mes camarades de Saint-Cyr De Champs, Dulteau, Terrin, Ramonat, Daloz, Lavecine, Varin, La Salle ; un capitaine adjudant-major du 148e, M. Rouquié. Celui-ci portait, soigneusement enveloppée dans son manteau ployé sous son bras, une petite chiennes furent qu'il n'avait pu se résoudre à perdre un seul instant de vue, malgré les embarras de notre situation et les craintes qui, naturellement, devaient le préoccuper; il était marié; sa femme l'avait suivi à l'armée, et sans doute la pauvre dame était au pouvoir des Cosaques avec les bagages.

Avec une trentaine de chasseurs et les officiers qui étaient montés, les trois généraux s'élancèrent sur des milliers de Cosaques, les sabrèrent et les mirent un instant en déroute; nous les suivîmes au pas de charge, poussant devant nous cavaliers et fantassins ennemis. Nous regagnâmes la hauteur où, pendant une partie de la journée, nous avions essuyé un feu si meurtrier.

Les cadavres que nous y avions laissés étaient dépouillés, quelques-uns mutilés; je reconnus celui du malheureux Jousserand, percé de coups, méconnaissable pour tout autre que pour un ami!... J'attachai un moment mes regards sur ces tristes débris. Le doigt annulaire était coupé, la jambe droite l'était à moitié; ainsi, se trouvait acccompli en tout son effroyable rêve!... Pauvre Jousserand!...

La lutte que nous avions engagée était trop inégale pour durer; nous avions fait un effort de désespoir autant que de courage; ce fut le dernier. Culbutés, rompus, Puthod et ses braves furent rejetés sur nous et nous entraînèrent. Plusieurs coururent vers la Bober, dans l'espérance folle de la traverser à la nage.

Je marchais à côté du chef de bataillon Gilbert. Un Cosaque, en brandissant sa lance, nous ordonna de nous rendre : « Pardon, criait-il, pardon! » Je le vis diriger son fer contre moi; je détournai le coup avec mon sabre, et je sautai sur le bord de la rivière qui était à sept ou huit pieds au-dessous de nous.

Là, je trouvai des officiers, des sous-officiers, des soldats de tous nos régiments. Je n'entreprendrai point de décrire notre position. A nos pieds, la Bober furieuse, avec ses eaux débordées; sur nos têtes, les fusils des fantassins russes, les carabines des hussards noirs et les pistolets des Cosaques... La mort partout! Partout, affreuse, inévitable... et sans gloire!...

Je pris un parti désespéré. La Bober engloutissait à l'instant ceux qui s'y précipitaient (ils ne devaient la mort qu'à eux seuls); ce péril me convint... je brisai sur mes genoux mon sabre que je ne voulais rendre ni aux Russes ni aux Prussiens, et je le jetai dans la rivière; j'y jetai également mon schako et mon manteau. Je m'efforçais d'ôter mes bottes, le major Loyard m'arrêta.

— Quelle est votre pensée, me dit-il, et que voulez-vous faire? Etes-vous fou? Ne voyez-vous pas la Bober entraîner pêle-mêle des meubles, des débris de maisons, des arbres, et les cadavres des malheureux qui, sur ces frêles appuis, ont cherché à passer à la rive opposée?... Attendez votre sort.

Le major Loyard parlait encore, une balle lui cassa la cuisse. Il tomba la tête dans l'eau; mais, par un effort violent, saisissant de ses deux mains les branches d'en saule, il s'y cramponna et y demeura suspendu. Ses cris déchirans faisaient un appel à notre humanité... Il nous suppliait de ne pas l'abandonner. — Sauvez-moi, mes amis! nous disait-il, sauvez-moi! Je suis un père de famille! je suis un bon garçon! Sauvez-moi!... Une seconde balle le frappa au front... Il lâcha les branches du saule, son corps fléchit, roula dans la Bober et disparut dans les eaux.

Le général Falcou s'élança dans la rivière, soit qu'il comptât sur la vigueur de son cheval, soit plutôt qu'à la vue de tant de désastres, le sang-froid l'abandonnant tout à fait, il n'eût pas la conscience du danger qu'il allait courir. Blessé d'un coup de feu, il essayait de regagner le bord; des Cosaques entrèrent dans l'eau et l'achevèrent à coups de lance.

Le général Sibuet illustra ses derniers momens. Tout ce qu'il était humainement possible de faire pour résister, avec une poignée d'hommes, à des masses de Russes et de Prussiens, il l'avait fait; se multipliant, se prodiguant; tour à tour chef et soldat, tantôt la tête qui commande, tantôt le bras qui agit. Quand il vit que tout était perdu, que le nombre devait accabler le courage, que, fatalement, il fallait se rendre ou périr, il n'hésita point. D'une voix qui ne trahit d'autre émotion que celle de l'enthousiasme, il demande les aigles de sa brigade. On les lui présente; il se découvre et les salue.

— M. Varin, dit-il au colonel du 148e, prenez votre étendard et imitez-moi.

Ce brave officier n'entend pas la fin de ce noble appel; grièvement blessé, il tombe aux pieds de son général. Celui-ci saisit le drapeau du 147e, son ancien régiment, brise la hampe sur le pommeau de sa selle et lance l'aigle dans la Bober.

— Vive l'empereur! s'écrient les soldats, dernier défi qu'ils jettent à l'ennemi, dernier adieu qu'ils adressent à César!

Sibuet promène ses regards autour de lui, il voit ses lignes rompues, les régimens de Falcou dispersés, Puthod rendant son épée; il brise la sienne et se précipite dans les flots, non dans l'espoir de les traverser, mais avec la résolution d'y mourir. Percé de vingt balles, il est renversé de cheval et meurt.

Ainsi s'éteignit, dans une mort volontaire, une vie si courte et si pleine, si riche des faveurs du présent et des promesses de l'avenir. Tombe obscure de tant de braves, la Bober fut pour lui une tombe aussi glorieuse que l'avait été pour son beau-frère Morand le champ de bataille de Lunébourg, pour Montbrun, dont il avait épousé la fille, la grande redoute de la Moskowa.

Le général Sibuet était un des plus brillans et des plus jeunes généraux de l'armée. De beaux faits d'armes le recommandaient à l'attention de l'Empereur. Sa taille élevée, son air imposant, son visage mâle, bronzé par le soleil d'Espagne et d'Italie, son œil fier, sa parole accentuée, son geste énergique, tout en lui annonçait un caractère ferme et résolu, un homme d'initiative et d'action, un de ces courages qui, dans toutes les occasions et à toutes les heures, sont à la hauteur de tous les dangers.

Entre plusieurs traits d'une bravoure chevaleresque, qui rappelait celles de Murat et de Ney on racontait le trait suivant :

Colonel du 147e, une blessure grave le retenait dans sa tente. Un matin, au point du jour, ses soldats poussent des cris d'alarme; des Cosaques ont surpris le camp. S'arracher de son lit, se faire placer sur un cheval à la tête de son régiment rallié et d'un escadron de chasseurs qui se trouve sous sa main, charger les Cosaques, les sabrer et les mettre en déroute, ce fut l'affaire de quelques instans. Ramené au camp en triomphe, l'intrépide colonel s'aperçut qu'il était à peine vêtu.

Châteaubriand dit, quelque part, que le Béarnais gagna la bataille d'Ivry sans chemise, le colonel Sibuet battit les Russes sans pantalon.

Survivant de cette malheureuse journée, que les Russes ont appelée le combat de Jaüer, dont les écrivains militaires n'ont parlé qu'en passant, que M. Thiers mentionne à peine, je remplis le devoir d'un soldat, en honorant, autant qu'il est en moi, la mémoire de mon général.

Historien de faits passés sous mes yeux, quand je relève de l'oubli des détails d'une mort héroïque, je fais un acte de patriotisme autant que de justice, car la gloire de Sibuet n'appartient pas seulement à sa famille; elle rayonne sur tous les membres de la famille commune : elle est le patrimoine de chacun de nous.

Au milieu de ces scènes de carnage, j'avais conservé ma présence d'esprit. Je vis clairement que je ne parviendrais pas à passer la rivière; qu'elle était profondément encaissée à l'autre rive, et que l'abord en serait d'autant plus dangereux qu'en face de moi était un canal de fuite dont le courant m'entraînerait sous les roues d'un moulin qu'il alimentait. Je renonçai à mon projet; mais, autour de moi la mort n'en était pas moins imminente. L'ennemi, du haut du ravin où il était placé, comme à l'affût, tirait à coup sûr, et nous massacrait en détail. Un officier russe parut au milieu des siens et leur ordonna de cesser le feu. Puis, s'adressant à nous, d'un ton qui annonçait que l'effet suivrait bientôt la menace :

— Français! nous cria-t il, rendez-vous de suite ou je vous laisse tuer comme des chiens!

Les Russes devinèrent le sens de ces paroles prononcées en français, et les accueillirent avec des hurlemens de rage.

— Nous nous rendons! crièrent à l'instant mes camarades....

Et officiers et soldats s'empressèrent de jeter leurs épées et leurs fusils aux pieds des vainqueurs.

Un Cosaque me tend sa lance et je monte un des derniers au haut du ravin qui nous sépare de l'ennemi. Dès que je suis sur la hauteur, dix ou douze hommes me saisissent et me renversent à terre; mes épaulettes et mon habit me sont à l'instant arrachés; deux Cosaques se partagent ma musette; un hussard noir me prend mon pantalon, appelé charivari, dont les galons en or le tentent; un fantassin moscovite m'enlève ma chemise et s'empare de la ceinture que je porte sur la peau... Quelle capture pour un esclave! douze cents francs en napoléons d'or! Un autre veut m'enlever mes bottes qu'une marche de trois jours dans la boue et dans l'eau avait raidies et collées sur mes jambes; et il me traîne pendant quelques minutes, nu, sur les cailloux tranchans... L'excès de la douleur me fait perdre connaissance.

Quand je revins à moi, il était tard. Je me levai (1) en jetant de tous côtés des regards inquiets. Autour de moi, devant moi, derrière moi, des cadavres et des mourans... des habillemens épars, déchirés, en lambeaux, souillés de sang et de fange, des hommes à moitié nus ou nus tout à fait, courant çà et là comme des insensés, et fuyant devant les Cosaques et les hussards prussiens qui, avec des rires de cannibales, les frappaient, les blessaient, les tuaient!

Au milieu des hideux débris qui m'environnaient, je cherchai du linge, des vêtemens; je trouvai une chemise mouillée et déchirée; je trouvai un pantalon que je reconnus pour le mien. Le galon en or en avait été enlevé avec si peu de ménagement que le drap manquait en plusieurs endroits; je le pris, faute d'autre, et je l'attachai autour de mon corps avec une corde. Il me fallait des bottes ou des souliers, un habit, une coiffure... Je m'occupais de la recherche de ces objets, lorsque je vis s'avancer vers moi quelques Cosaques... Je craignais leur férocité... Heureusement j'aperçus à peu de distance, un officier à cheval, revêtu de l'uniforme russe. Je le reconnus aussitôt; c'était celui qui nous avait sommés de nous rendre. Je l'appelai, et dès qu'il fut à quelques pas :

— Monsieur, lui dis-je, je suis officier français, sans armes comme vous voyez, et à peu près nu. Veuillez me protéger et me conduire au quartier-général russe. Dès ce moment, je suis sous votre sauvegarde.

— Venez, me dit-il en me tendant la main. Nous marchâmes vers un point élevé où j'apercevais beaucoup d'officiers à cheval coiffés de chapeaux surmontés de plumes de coq. Là était

---

(1) En ce moment une division Wesphalienne forte de 12 à 15,000 hommes parut sur les hauteurs de Lowemberg. Témoin de notre ruine, elle tira quelques coups de canon et se retira.

le général émigré comte Langeron avec un nombreux état-major. La étaient les débris de la malheureuse division Pathod.

Chemin faisant, l'officier qui me conduisait m'apprit qu'il était fils d'émigré, et natif de Metz... Je frissonnai d'horreur. Mes yeux se levèrent sur lui et retombèrent lentement sur les cadavres des français, mes frères... les siens, qu'il foulait aux pieds... Je crois qu'il me comprit.

Je fus présenté à Langeron... Des officiers de mon régiment certifièrent que j'étais sous-lieutenant au 146e. Le secrétaire d'un commissaire russe prit mes noms et prénoms, mon grade et le numéro de mon corps. C'en était fait, j'étais prisonnier de guerre.

Le Gallo-Russe Langeron et le général Puthod parlaient avec vivacité. Puthod se plaignait énergiquement d'avoir été maltraité et dépouillé des insignes de son grade et de ses décorations. — Vos Russes, disaient-ils, m'ont volé, même le portrait de ma femme. Le droit des vainqueurs ne devrait pas aller jusque là.

— Monsieur le général, répondit Langeron, on vous rendra ce portrait, on vous rendra vos épaulettes, vos décorations et votre épée.

La conversation des deux généraux roula sur les événements de la journée et sur l'issue probable de la guerre.

— Savez-vous, demanda le général russe au général français, que Moreau est auprès de l'empereur Alexandre depuis quelques jours?

— Cela n'est pas possible, s'écria Puthod.

— Cela n'est pas possible, répétâmes-nous tout d'une voix!

Langeron, reprit:

— Il a débarqué le 24 juillet à Gothembourg; il va aider de ses talents les princes confédérés. Nous espérons beaucoup du vainqueur de Hohenlinden, du premier capitaine de la France: nous irons tout droit à Paris.

— Oui, répliqua noblement Puthod, oui, Moreau a été, non pas le plus grand capitaine, mais un des plus grands capitaines de la France; oui, il a fait des prodiges, mais, général, alors il commandait des Français; à la tête de Russes, il sera battu.

Le rouge de la colère et de la honte monta au visage de l'émigré, et ses officiers proférèrent quelques menaces brutales contre l'Empereur et contre la France.

— Monsieur le général, dit Langeron d'une voix atterrée, vous oubliez votre position, et que vous parlez à vos vainqueurs.

— C'est vous, répliqua Puthod d'un ton ferme et digne, c'est vous qui oubliez ce que vous devez à de braves gens que la fortune a trahis, mais qui n'ont pas manqué de courage.

— Vous étiez vingt contre un, cria le capitaine irlandais Jackson, du 3e étranger.

— Oui, oui, répétâmes-nous.

Les paroles de Puthod firent rentrer en lui-même le général russe; il lui tendit la main, et se tournant vers nous :

— Messieurs, nous dit-il, vous vous êtes battus en braves. Je regrette, ajouta-t-il en s'adressant à Puthod, je regrette, en l'admirant, que le général Siouet ait mieux aimé mourir que d'être mon prisonnier; c'est une perte pour votre Empereur et pour votre armée.

La réponse généreuse de Puthod avait peut-être rappelé à l'émigré qu'il avait été Français; peut-être aussi l'avait-elle fait souvenir qu'un jour, à propos de la Révolution française, Potemkim ayant eu l'impudence de lui dire : « Colonel, vos compatri-
» tes sont des fous; je n'aurais besoin que de mes palfreniers
» pour les mettre à la raison. » Il avait répondu avec indignation:
« Prince, je ne crois pas que vous puissiez en venir à bout avec
» toute votre armée (1). »

Quel que fût le motif de cette récipiscence, ce retour était honorable. Un officier russe dont l'accent trahissait l'origine française ne partagea pas les sentimens de son général ; il s'approcha de nous, et, d'un ton méprisant et fanfaron, il nous cria :

— Voulez-vous voir les aigles que nous vous avons prises aujourd'hui ?

Nous fûmes indignés et vingt interpellations énergiques lui furent adressées.

Le capitaine Neigle parvint à se faire entendre :

— Nos aigles !... Vous ne les avez pas toutes ! Allez chercher dans la Bober celles du 147e, que notre brave général y a jetées. Dites à ses flots de vous apporter celles du 3e étranger (2). Au surplus, si vous désirez voir des aigles russes, autrichiennes et prussiennes, des drapeaux et des bannières de toutes les nations de l'Europe, tâchez d'aller à Paris comme nous en a menacés votre général, entrez dans l'église de l'hôtel des Invalides, et sur ma parole vous serez content.

---

(1) Les émigrés Roger de Damas et Richelieu, étaient présens. Langeron se retira en Autriche ; cette retraite l'honore, mais ne peut faire oublier sa lâche complaisance pour Catherine II, lorsqu'il se dépouilla de l'ordre de Cincinnatus qui déplaisait à la Sémiramis du Nord.

(2) L'aigle de ce régiment fut sauvé par le sous-lieutenant Lagrange, de Bellac (Vienne). Cet officier traversa la Bober à la nage, en bravant avec le plus grand sang-froid et le plus héroïque courage la fureur des flots et le feu des Russes. Arrivé sur la rive droite, Lagrange sauva au péril de sa vie celle de plusieurs de ses camarades. Ces faits honorables, attestés par des pièces que j'ai sous les yeux, restèrent comme de raison sans récompense sous les premiers Bourbons. En 1830, M. Lagrange reçut la croix d'honneur, décoration bien gagnée et bien portée.

— Parbleu! lui cria le chef d'escadron Bonnafous, il faut que les Russes comptent bien peu sur leurs généraux, pour qu'ils mettent toutes leurs espérances dans le général Moreau!

— Est-ce que le général Moreau se battrait contre la France? dit le commandant Gilbert... Ça ne se peut pas, ça n'est pas vrai.

L'émi[gré] se retira sans répondre.

Le général Langeron se fit donner une sérénade qui plut médiocrement, comme on peut croire, à des oreilles françaises; puis, ses aides de camp nous offrirent quelques verres de punch. Les officiers hollandais étaient évidemment mieux traités que nous; toutes les attentions des vainqueurs étaient pour eux.

A l'entrée de la nuit, nous reçumes l'ordre de nous mettre en marche, pour aller coucher dans un village peu éloigné, sous une escorte composée de fantassins russes, de Cosaques et de hussards noirs prussiens.

Nous partions; les cris d'une joie sauvage arrêtèrent nos premiers pas; nous en vîmes bientôt la déplorable cause. Nous vîmes un objet digne de compassion. C'était une femme, celle du capitaine adjudant-major Rouquié; les Russes l'avaient entièrement dépouillée, et, par une atroce dérision, ne lui avaient laissé pour couvrir sa nudité, qu'une méchante savate.

Les officiers russes riaient; nous, hommes libres et citoyens avant d'être soldats, nous qui avions le droit de défendre une mère, une sœur, une épouse; au nom de la pudeur, au nom de l'humanité, nous réclamâmes des vêtemens pour cette malheureuse femme. Le général Langeron lui fit donner une capote de soldat qu'elle reçut avec joie et reconnaissance. Elle ne la garda pas longtemps; les Cosaques la lui enlevèrent dans le trajet que nous fîmes du théâtre de notre défaite au village fixé pour notre étape. Ces infâmes, que les souffrances de cette infortunée auraient dû attendrir, prenaient un plaisir brutal à la poursuivre de leurs regards impudens... de leurs lazzis obscènes, de leurs cyniques plaisanteries, et leurs officiers étaient là!

La première nuit d'un prisonnier est horrible; la mienne fut sans sommeil.

II.

Liegnitz — Thérèse.

Le troisième ou le quatrième jour du mois de septembre, vers les cinq heures du soir, nous arrivâmes dans la jolie ville de Liegnitz, capitale de la principauté de ce nom. Nous attendions depuis quelque temps, sur la place publique, des billets de logemens lorsque, au milieu d'une foule considérable de personnes de tout rang, de tout sexe et de tout âge qui regardaient avidement, captifs et couverts de haillons, ces Français naguère maîtres de leur ville, je remarquai une femme dont la gracieuse figure était inondée de larmes. Ses yeux restaient attachés sur moi, avec une expression de bienveillance si douce, de pitié si affectueuse ; j'éprouvai moi même une émotion telle que je fus près de pleurer. Cet attendrissement céda à un sentiment pénible et amer d'amour-propre froissé, d'orgueil révolté. La pitié plus offensante, plus poignante que le mépris, c'était donc là ce que je pouvais, ce que je devais inspirer à un sexe divinisé dans mon cœur de dix-sept ans, dont j'aurais payé l'amour de ma vie !

Je détournais mes regards des regards de la jeune femme, quand je la vis se retirer précipitamment, accompagnée d'une personne plus âgée. Je la suivis des yeux ; elle s'arrêta près d'un monsieur d'un air et d'une figure distingués. Un instant après, elle quitta la place et disparut.

Cet incident si simple me laissa rêveur et préoccupé. Ces traits qui m'avaient si vivement frappé, ne m'étaient pas inconnus... Oh ! non... Cependant ils ne me rappelaient que des souvenirs incohérens et confus.

Mon nom, prononcé tout haut, me tira de ma rêverie ; en même temps s'avança vers moi le lieutenant polonais Solensky, mon camarade au 146e et interprète de l'officier russe qui, avec un officier prussien, commandait notre convoi ; il était accompagné du monsieur dont je viens de parler.

—Quelques habitans de Liégnitz, me dit Solensky, ont demandé à la municipalité de loger des officiers français ; monsieur,—désignant l'inconnu,—te réclame ; suis-le. Mais, avant, donne ta parole d'honneur qu'au premier rappel du tambour tu te trouveras sur cette place : les camarades réclamés par les bourgeois en feront autant. Profondément étonné, je donnai la paro'e exigée, et je suivis celui qui, je le croyais, allait devenir mon hôte.

Nous entrâmes dans une maison de belle apparence. Une femme âgée nous reçut au bas de l'escalier. Mon guide me confia à elle, me salua silencieusement et sortit.

La vieille m'introduisit dans un appartement dont je n'osais toucher le parquet de mes pieds sales et nus. L'ameublement en était riche et de bon goût. Devant ce luxe et cette opulence, mes haillons me semblaient encore plus hideux.

Dans un fauteuil était une femme, la tête cachée dans ses deux mains ; c'était celle que j'avais remarquée sur la place.

Mon cœur battit violemment. Oh ! plus rien de vague, de confus ! Tout devenait clair, distinct dans mon âme ! *cette taille charmante, ces belles mains, ces cheveux soyeux !* Mon émotion, cette fois, ne pouvait me tromper ; elle écarta ses mains ; c'était elle !

Le saisissement, la surprise, la joie m'ôtèrent l'usage de mes sens.

Thérèse, aussi troublée, aussi émue que moi, ne prononçait que des mots entrecoupés. Dans cette femme qui était là, pleine de compassion pour ma misère, qui mêlait des baisers à ses larmes, je retrouvais Thérèse!

Je lui montrai la bague que je portais à mon doigt; je l'avais conservée par une espèce de miracle; les Russes ne l'avaient pas remarquée sous la boue qui couvrait mes mains, le jour où j'avais été fait prisonnier.—Je la tiens de toi, lui dis-je; c'est le seul bien que j'aie en ce monde, jamais je ne m'en séparerai. Les maux passés, les maux présens, les maux à venir, j'oubliai tout : il y a tant de douceur dans la voix de l'objet aimé! tant de magie dans ses regards! tant de puissance dans ses caresses !

— Tu m'as reconnu, lui dis-je, tu m'as reconnu sous cette affreuse livrée de la misère?

— Oh! pour te reconnaître, je n'ai pas eu besoin de te voir. Lorsque les premiers prisonniers ont paru sur la place, mon cœur s'est serré; un nuage de pleurs a voilé mes yeux; j'étais sûre que tu étais-là! Mais toi, tu m'as regardée sans me voir! ajouta-t-elle d'un ton de tendre reproche; toi, tu m'as vue sans me reconnaître; ton cœur n'a pas dit : C'est elle!

Une horrible pensée traversa mon âme. Mes regards enflammés la parcoururent rapidement de la tête aux pieds, et se portèrent sur les meubles élégans à la fois et riches de son salon. Elle pâlit, trembla et fondit en larmes.

— Quoi! mariée à un Prussien! lui dis-je, tremblant d'entendre sa réponse.

Thérèse garda le silence.

Vendue à un Prussien! continuai-je d'une voix furieuse.

Thérèse ne répondit point.

Je courus vers la porte pour sortir; Thérèse s'élança au devant de moi, et m'entourant de ses bras :

— Ecoute-moi, dit-elle, écoute-moi! Par grâce, si ce n'est par amitié; par pitié, si ce n'est par amour, écoute-moi!.. Ne tente point de m'échapper, n'espère pas me fuir. Tu m'écouteras, il faut que tu m'écoutes!.. Quand tu devrais m'accabler d'injures, me traiter de fille perdue, me repousser du pied, me tuer, tu m'écouteras! Tu as deviné... je suis à un autre... mais... ma position, les circonstances me l'ont donnée, mes malheurs me l'ont faite!

Elle tomba à mes genoux, suffoquée par ses sanglots. Je me sentis attendri et apaisé. Je la relevai; elle continua :

— Peu de temps après notre séparation à Magdebourg, je perdis mon père! Sa mort me laissait sans protection et sans ressources!... Retourner en France, je ne le pouvais pas, je manquais d'argent; puis, j'étais seule ! Mon père m'avait souvent parlé du général de division P...l, avec qui il avait servi dans les armées de la république; il commandait à Magdebourg. Je lui écrivis; il me fit dire de l'aller voir; j'y allai. Le général me reçut bien, me promit son appui, m'offrit des secours que je fus forcée d'accepter... J'étais si malheureuse ! Je restai quelques mois avec lui, contente, non; heureuse, non plus; mais dans un état d'aisance que je n'avais jamais connu. Il mourut à Berlin, au moment où la Prusse, alliée secrète de la Russie, ennemie cachée de la France, allait se déclarer ouvertement contre nous.

Je me retrouvai une seconde fois dans une position triste et précaire. Je n'étais pas absolument sans argent, mais j'avais besoin d'un protecteur puissant pour demeurer libre et respectée à Berlin, en attendant la possibilité de revenir à Paris. M. Wolf, conseiller d'Etat, a été ce protecteur. C'est un homme simple, facile, bon, âgé de 50 ans; il m'a conduite à Liégnitz, dans cette maison qu'il a meublée et embellie pour moi. Il est à Berlin, ses fonctions l'y retiendront jusqu'à la fin de la guerre.

Ainsi parlait Thérèse d'une voix suppliante, entrecoupée... puis :

— Tu vois bien, dit-elle, tu vois bien que je suis plus malheureuse que coupable !... Tu le vois bien ? Dis-moi que tu le crois, dis-moi que tu me pardonnes, dis-moi que tu m'aimes ! Allons, dis-le moi ! Dieu m'est témoin que je n'ai jamais cessé de t'aimer ! Légères ou profondes toutes les traces disparaissent... Les pas sur le sable, les inscriptions sur le bronze... Mais le souvenir d'un premier amour ne s'efface jamais du cœur d'une femme !... Tiens ! ajouta-t-elle, tiens ! voilà la bague que tu m'as donnée en échange de la mienne !... Que nous étions heureux alors !... Nous pouvons l'être encore. Ecoute ! il me vient une idée, une bonne idée ! bien bonne et bien jolie... Demain vous faites séjour, n'est-ce pas ? Eh bien ! j'obtiendrai que tu demeures ici, prisonnier sur parole... Tu resteras avec moi, dans cette maison... tu... tu... tu seras mon cousin.

A ces dernières paroles de Thérèse, je fus saisi d'un fou rire auquel se mêla son hilarité.

Avec la mobilité de mon âge, je ne vis plus que le côté plaisant et romanesque de mon aventure.

— Eh bien ! dis-je gaîment, eh bien ! soit ! je te prends comme je te retrouve, comme tu te redonnes à moi... Arrière le sentiment, la constance, l'amour platonique... Vive le plaisir ! vive la joie ! Je sais assez tous les détails de ta vie, je connais assez ta famille, pour remplir convenablement le rôle que tu me destines dans la comédie que nous allons jouer. Nouveau Gil-Blas, j'embrasserai fraternellement Estelle, en présence d'un autre marquis de Marialva; mais, ajoutai-je plus bas, si le seigneur de Santillanne se conduisait en frère, je me conduirai en cousin.

Mes ris redoublèrent après ces mots, et Thérèse m'imita de bon cœur. Après quelques instans de folle gaîté...

— Cousin, dit Thérèse, il faut que je songe à votre toilette.

Elle sonna. La femme que j'avais vue en entrant dans la maison me conduisit dans la chambre où je devais coucher. J'y trouvai, tout prêt, un bain que je pris avec délices. Quand j'en sortis, je passai une chemise de toile fine avec le plaisir qu'éprouve une jeune fille qui se pare de sa première robe de bal. Je mis un pantalon de bazin anglais qui, quoique trop long et trop large, me parut sortir des ateliers de Staub. Je défie le poète le plus fashionable de notre époque, je défie un ministre de nouvelle fabrique, de se carrer dans une robe de chambre de cachemire à grands ramages ou dans un habit brodé, avec plus de bonheur que moi dans une redingotte de drap de Silésie où se perdait mon individu; des bas de coton rayés et des pantoufles vertes brodées complétèrent ma toilette.

Je rentrai dans le salon où j'avais laissé Thérèse; de là, nous passâmes dans la salle à manger. Le dîner était excellent, exquis, abondant. Dieu sait si j'y fis honneur! je mangeai beaucoup, je mangeai vite et longtemps.

Pendant le repas, ma nouvelle cousine fut d'une gaîté charmante. Je remarquai avec étonnement qu'elle causait avec facilité, qu'elle s'exprimait avec élégance, que ses manières étaient gracieuses et distinguées; ce n'était pas ma Thérèse de Paris et de Magdebourg; c'était mieux que cela. Ma cousine valait mieux que Thérèse.

Ces paroles, aussitôt démenties que prononcées, n'étaient qu'une saillie de l'esprit, un écart de l'imagination.

Même, sous le charme de la présence de cette femme toujours aimée, belle de ses dix-sept ans, de ses attraits naturels, rehaussés par une parure riche et de bon goût, entourée des jouissances du luxe et de l'opulence; même, en cédant à l'entraînement de l'âge, de l'occasion et du plaisir, je regrettais avec amertume le temps où la pauvre Thérèse me donnait avec l'abandon d'un premier amour tous les trésors de sa beauté, de sa jeunesse et de son cœur.

Non, ma cousine ne valait pas Thérèse!

La nuit s'enfuit d'un pas rapide; l'aurore qui me promettait un beau jour allait paraître, quand je m'endormis d'un profond sommeil!... sommeil délicieux! mais quel réveil!

Des voix bruyantes et le fracas des tambours vinrent troubler mon repos; on frappait à coups redoublés à la porte extérieure de la maison... Ma cousine, effrayée, tremblante, m'avait à peine laissé seul qu'un sergent et quatre soldats russes se précipitèrent dans ma chambre; des bras de fer m'arrachèrent de mon lit.

— Pachol!... pachol!... sobaka! (marche! marche! chien!) hurlaient ces barbares.

Je n'eus que le temps de mettre mes bas, mon pantalon, mes pantoufles, ou plutôt, les bas, les pantoufles et le pantalon du conseiller d'État.

Les Russes, sans me permettre de faire mes adieux à ma jolie compatriote, à ma charmante Thérèse, à ma complaisante cousine, m'entraînèrent sur la place.

Mes camarades s'y trouvaient déjà, aussi surpris que je pouvais l'être d'avoir été brutalement enlevés de leurs demeures avant le lever du soleil, alors que nous devions faire séjour à Liégnitz. L'appel des prisonniers fini, nous sortîmes immédiatement de la ville. Notre marche fut dirigée sur Neuwmark et Breslaw.

Nous ne sûmes que quelques jours après, par Solensky, la cause de ce départ précipité. Dans la nuit, une estafette était arrivée à Liégnitz, portant la nouvelle d'une grande victoire remportée par l'Empereur, et d'un mouvement rétrograde des armées combinées. L'ordre de nous faire partir sur-le-champ de Liégnitz avait été donné par l'autorité municipale.

III.

Breslau. — Le denier de la veuve. — Les Hollandais. — Le général Vandamme et l'émeute. — Départ de Breslau. — Dénombrement. — Rires et larmes.

De Liégnitz à Breslaw, notre escorte fut augmentée d'une centaine de Français (méritent-ils ce nom!) appartenant à divers corps d'armée de Macdonald, qui avaient pris du service dans les troupes prussiennes. Ces misérables nous firent essuyer toutes sortes de mauvais traitemens; ils nous accablaient d'injures, ils poussaient même leur lâche brutalité jusqu'à nous frapper; nous en fûmes délivrés à Breslaw.

En entrant dans cette ville, nous nous souvînmes avec amertume que peu de mois avant, le 31 mai, nous y étions entrés en vainqueurs, musique en tête, enseignes déployées. Les habitans, je me plais à le dire, nous accueillirent avec humanité; leur hospitalité fut bienveillante et généreuse.

Je fus logé, avec une trentaine d'officiers, dans un assez bel hôtel garni.

Un matin, assis sur le seuil de la porte de la rue, je vis passer devant moi une petite vieille à figure ridée, qui me regarda avec tant de bonté que je la saluai de la tête, pour cause, il m'eut été impossible de lui accorder la politesse du bonnet ou du chapeau. Elle s'approcha de moi; ses yeux étaient humides de larmes; elle prit ma main et je sentis qu'elle y glissait quelque chose ; c'était une pièce de petite monnaie. Cette aumône m'humilia, et, dans un moment de dépit, je la jetai loin de moi.

Mon action et le sentiment qui l'avait inspirée n'échappèrent point à la petite vieille ; son regard me reprocha l'une et l'autre ; mon cœur me les avait reprochés. Rejeter l'humble denier de la veuve! orgueil étroit et mesquin, dont j'avais eu au moins le bon esprit de rougir à l'instant même! Pour réparer ma faute, je cherchai avec un empressement inquiet la pièce de monnaie, et, dès que je l'eus trouvée, je la montrai à cette digne femme en la remerciant avec effusion.

Satisfaite et radieuse, la petite vieille leva les mains au ciel, comme pour lui rendre grâces de ce que son aumône n'était pas perdue.

Le même jour, les officiers, sous-officiers et soldats du 146ᵉ régiment s'enrôlèrent dans les troupes prussiennes ; nous nous y attendions.

Je n'aime ni estime les Hollandais ; je les ai vus de près. Je ne voudrais pas, je l'ai dit déjà, flétrir leur courage ; cependant, puisque pour la deuxième fois dans mon récit se présente une question délicate, je l'examinerai et je la résoudrai avec franchise.

Si les Hollandais, reprenant leur nationalité, ainsi qu'ils le disaient, avaient demandé à rentrer dans leur patrie ; s'ils eussent attendu, pour se réunir aux armées coalisées contre l'Empereur, que la Hollande, affranchie ou révolutionnée, lui eût déclaré la guerre ; certes, ils se seraient conduits en soldats et en citoyens!.., Mais abandonner la France sous ses aigles! mais tourner sur-le-champ leurs armes contre ceux-là mêmes que la veille ls traitaient de frères! qui, la veille, les protegeaient au péril de leurs jours!... Cette conduite était indigne de gens de cœur ; elle excita et elle dut exciter au plus haut point notre indignation et notre mépris.

Les officiers hollandais eurent l'impudente audace de se présenter à nous sous leurs nouveaux uniformes, et de nous proposer de les imiter.

— Napoléon, disaient-ils, marchait de défaite en défaite ; sa cause était à jamais perdue ; quant à eux, ils allaient cesser d'être Français. — Ils ne l'avaient jamais été.

Nous repoussâmes ces propositions avec tout le dédain qu'elles méritaient. Un de ces hommes, nommé Villars, capitaine de voltigeurs, reçut une dure correction ; nous lui arrachâmes la croix d'honneur dont il avait eu l'insolence de décorer son habit prussien.

J'ai promis plus haut de parler du capitaine de ma compagnie ; voici le moment de le faire connaître.

C'était un homme de 30 à 32 ans, grand, blond, d'une figure agréable, d'un esprit cultivé, parlant très bien le français, possédant à fond son latin, littérateur et même poète, — je veux dire faiseur de vers. Il était d'Aix-la-Chapelle et se nommait Cloudt ; je n'ai pas vu d'homme moins brave.

Pendant les huit mois que j'ai servi avec lui dans la compagnie dont il était le capitaine, — je ne sais pourquoi, car à coup sûr il n'avait fait aucune campagne et n'avait jamais paru devant l'ennemi, — pendant ces huit mois, dis-je, il ne s'était pas trouvé une fois à son poste quand il avait fallu se battre. Le jour, il se disait malade et suivait les ambulances ; le soir, il arrivait au bivouac, frais, dispos et muni d'un appétit à dévorer un bœuf. Cette conduite ne lui avait pas concilié, comme on peut le croire, l'estime et l'affection des officiers français qui servaient dans le 146e. Quant aux officiers hollandais, je le dis à regret, c'étaient des gens de son étoffe... Mon lieutenant, appelé Koff, était du même acabit.

Ainsi, le commandement de la compagnie m'était en quelque sorte dévolu.

Ce Cloudt, cependant, se trouva un jour, par hasard, au régiment, au moment où nous marchions à l'ennemi. — C'était le 23 août. Il revendiqua les droits de son grade, et voulut prendre le commandement de nos soldats. Je ne voulus pas moi, le lui céder ; une altercation s'ensuivit. En ce moment le général en chef du 5e corps, Lauriston, passait devant le front du bataillon avec le général de division Puthod, les généraux de brigade Sibuet et Vachot, et l'état-major. Il s'informa sur-le-champ du sujet de cette dispute qui blessait si étrangement la discipline et les réglemens militaires. Je le lui dis avec franchise, et je lui racontai les faits et gestes du capitaine Cloudt.

— Il n'est pas juste, ajoutai-je, mon général, que monsieur qui est en *fricoteur* toute la journée, commande la compagnie quand il y a une croix à gagner.

Le colonel Falcou et le commandant Gilbert confirmèrent ma déclaration. Le général Lauriston, que le mot de *fricoteur*, inventé dans la campagne de Russie, avait d'abord fait rire, ordonna à l'instant au capitaine Cloudt de remettre son épée à l'adjudant-major du bataillon, et dit au colonel de le faire garder à vue jusqu'à ce qu'il fût livré au prévôt de l'armée.

Cloudt fut pris, avec les bagages bien entendu, le 29 août. On devine qu'à Breslau, il suivit l'exemple des Hollandais ; il se fit Prussien.

J'ai traité les Hollandais avec sévérité, mais je n'ai dit d'eux que ce qui est, que ce que j'ai vu, que ce que mes camarades français ont vu comme moi. Je prie, j'adjure ceux qui ont échappé aux désastres que j'ai retracés, de me démentir si j'ai failli à la vérité.

Le soldat hollandais était d'un caractère si flasque, d'une nature si molle, qu'en arrivant le soir au bivouac, après une marche de quelques heures seulement; il aimait mieux se coucher sans souper et dormir sous la pluie et sur la terre nue, que d'aller au bois, à la paille et aux vivres, lors même qu'il n'avait que quelques pas à faire pour se les procurer.

Je reprends le fil de ma narration.

La veille ou l'avant-veille de notre départ de Breslaw, le général Vandamme y arriva; cette nouvelle répandue rapidement à dessein peut être, par les Russes, agita et mit en émoi toute la population qui avait beaucoup souffert, disait-on, de quelques mesures de guerre prises par ce général dans une précédente campagne. Des rassemblemens nombreux se formèrent sur la grande place, en face de l'hôtel où Vandamme était logé; du milieu de ces rassemblemens partaient des cris menaçans; des hommes furieux s'en détachèrent en criant : *Capout!* et voulurent entrer dans l'hôtel; la sentinelle les repoussa.

La foule grossissait à chaque instant, en hurlant des vociférations de rage et de mort.

Les portes de l'hôtel furent fermées, et du poste voisin accoururent une douzaine de fantassins commandés par un sergent.

Cependant le général Vandamme, tranquille, impassible, les mains derrière le dos, fumait appuyé contre une fenêtre de son appartement, et regardait avec mépris cette populace furieuse qui demandait sa tête. On lui lança des pierres qui brisèrent les vitres; il resta immobile; il vit des fusils dirigés contre lui; il ouvrit sa croisée, écarta ses vêtemens et offrit, nue, sa poitrine à ses assassins.

Le poste fut forcé; le général entendit la porte tomber sous les coups des haches et des leviers; il fit un mouvement d'épaules et continua à fumer sa pipe aussi tranquillement que si le danger terrible auquel il était exposé eût menacé tout autre que lui.

Sa mort paraissait certaine; déjà la foule, après avoir brisé la porte extérieure, se précipitait dans les corridors, lorsqu'un piquet de cuirassiers déboucha par un des angles de la place, la balaya entièrement et le sauva.

Je n'ai pas été le témoin oculaire de ce fait; je le rapporte ici, tel qu'il m'a été raconté par mes camarades. Il est certain que le général Vandamme essuya de très mauvais traitemens de la part des Prussiens; je l'ai entendu s'en plaindre, en termes fort énergiques, dans une circonstance dont je parlerai en son lieu. J'ai vu, dans plusieurs villes de Prusse, des centaines de caricatures grossières ou atroces, où il figurait avec quelques-uns des généraux les plus distingués de l'Empire, mais le plus souvent seul. L'une d'elles, je m'en souviens, le représentait couvert de haillons, un sac sur le dos, marchant à pied dans les neiges de la Russie, devant un Cosaque qui le frappait de son fouet; au bas, était une prétendue biographie du général où il était traité de voleur et de scélérat.

Après sa défaite de Kulm, l'empereur Alexandre, devant qui il fut amené, l'appela pillard et brigand.

— Je puis être un pillard et un brigand, répondit Vandamme avec fermeté, mais il est des crimes qu'on ne m'a jamais reprochés.

Alexandre parut ne pas avoir entendu cette réponse à brûle-pourpoint.

— Qu'on l'emmène, dit-il.

Ce fait était connu ; mais je l'ai répété ici pour bien mettre en relief la fierté française opposée au caractère russe.

Je reprends le fil de ma narration.

Nous partîmes de Breslaw pour le grand-duché de Varsovie. Le convoi des officiers, diminué par la défection des Hollandais, s'était recruté d'autres officiers qui faisaient partie des troupes confiées par l'Empereur au maréchal Macdonald. C'étaient des Français, des Polonais, des Saxons, des Westphaliens, des Bavarois, des Wurtembergeois, des Tyroliens, des Napolitains, des Piémontais, des Italiens, des Espagnols, des Portugais, des Irlandais... Je ne saurais dire exactement à cette heure combien nous étions d'officiers et des soldats, différens de mœurs, de langage, et divisés d'intérêts, quoiqu'obéissant au même chef, quoique réunis sous le même drapeau.

Les Saxons, les Westphaliens, les Bavarois et ceux du Wurtemberg avaient résisté à l'exemple de défection donné par les Hollandais, qui aurait pu devenir contagieux. Plusieurs d'entre eux, après que leurs souverains eurent abandonné notre alliance, nous restèrent fidèles.

Les Napolitains, les Piémontais et les Italiens parlaient de Napoléon avec enthousiasme : les Italiens nous disputaient cet homme ; pour eux, la Corse, si dédaignée jadis, était redevenue vieille Italie ; il n'y eut pas de transfuges parmi eux.

Les Portugais et les Espagnols cachaient leur ressentiment contre l'Empereur ; le gouvernement russe les retint à Varsovie, et sans doute il les rendit à leur patrie. Ils ne prirent pas de service contre la France.

Les Irlandais nous aimaient moins, il est vrai, qu'ils ne haïssaient les Anglais, mais la France pouvait compter sur eux.

Les Polonais étaient des Français du Nord.

Plusieurs officiers sortaient de l'Ecole militaire de Saint-Cyr, presque tous étaient mes amis. Les noms de quelques-uns d'entre eux reviendront souvent dans mon récit ; j'éprouve à les citer un plaisir mêlé de regrets, car les noms de la plupart ne sont plus pour moi que des souvenirs. Je nommerai Eugène de Champs, de Chirac-l'Eglise (Allier), Alphonse Hutteau, de Malesherbes (Loiret), Lavelaine, de Longwi (Meuse). Je nommerai Falcoz et

Terrin, le premier des environs de Grenoble, le deuxième de Toulon. Je nommerai enfin La Salle et d'Escot d'Estrées, morts tous deux misérablement à l'hôpital de Gradno ; Varin, de Donchéryzeny (Ardennes) ; X... de Bordeaux.

Parmi mes autres compagnons d'armes et d'infortunes, je citerai les capitaines Lefèvre, Leclerc, Duthil, Fays, Évrard, de Mougers, Gross, Thuriot, Reymacker, Dumaine, Neigle et Jackson. J'aurai souvent à parler des deux derniers, de Jackson surtout, dont l'histoire, sur la fin de ma captivité, est intimement liée à la mienne et à celle de Hutteau.

Je citerai encore les lieutenans et sous-lieutenans Chaillou, Lemierre, Peyre, Contou, Fleury, Jumelle, Patel, Longchamps, Beaubriand, Bidault, de Varennes et Sempol.

Nous avions dans le convoi peu d'officiers supérieurs ; les seuls dont les noms me soient présens sont les chefs de bataillon Gilbert et Bourgeois et le colonel Varin.

Mes camarades les plus chers, mes amis les plus intimes à l'époque dont je parle, comme toujours, étaient de Champs, Hutteau, Neigle et Jackson.

Parmi les capitaines, j'aurais dû citer déjà l'adjudant-major Rouquié. Nous ignorions ce qu'il était devenu ; avait-il été tué ?... avait-il trouvé dans les flots de la Bober une mort plus lente et moins glorieuse ?... C'est ce que nous ne savions pas. Sa femme pleurait sa mort lorsque, le 30 août, nous le vîmes arriver au village où nous avions couché ; il portait dans son manteau son *inséparable*, je veux dire sa petite chienne turque, appelée Zémire.

Ils avaient passé tous deux la nuit, du 29 au 30, sur un arbre, au bord de la Bober. Le 30, au point du jour, le capitaine, du haut de son arbre, aperçut un général russe entouré de son état-major ; il se rendit à lui, et se mit sous sa protection. Grâce à cette heureuse circonstance, il avait conservé son manteau, ses habits et sa musette ; les Cosaques s'étaient contentés de ses épaulettes, de son épée et de son schako.

Je n'entreprendrai pas de décrire la scène qui suivit la réunion du capitaine et de Mme Rouquié... très belle femme de vingt-cinq ans, née à Gand ; nous ne pûmes nous empêcher d'en pleurer et d'en rire ; et ce rire et ces larmes rappellent un attentat si odieux et de si inconsolables douleurs, qu'on me saura gré sans doute d'en repousser le souvenir.

IV.

Route de Varsovie. — Misère et gaité. — Entrée dans le duché de Varsovie. — Changement d'escorte. — Les Cosaques. — Les Mougicks. — Nos frères de Pologne. — Modlin. — Mes camarades Peyre, Contou et Soleuski.

Cependant nous avancions vers Varsovie, presque tous misérables, mais bien portans, souffrant gaîment et philosophiquement notre misère, égayant notre route par des conversations animées, des chansons militaires, des plaisanteries pas toujours assaisonnées de sel attique, mais souvent spirituelles et originales.

Aux haltes, les plus âgés d'entre nous jouaient à la drogue. Ce jeu-là, si connu du soldat, n'exigeait pas de grandes combinaisons et ne ruinait point les joueurs. Le perdant, obligé de placer son nez dans un ou plusieurs morceaux de bois fendu, ce qui le forçait à naziller, excitait la joie bruyante des gagnans et des spectateurs. La drogue avait l'heureux privilége de faire rire jusqu'à nos conducteurs.

Ce jeu ne remplissait pas tout le temps qu'on accordait à notre repos. Notre toilette, et quelle toilette ! en prenait la plus grande partie. On conçoit qu'elle devait être minutieuse, et que la nécessité, la dure nécessité, pouvait seule nous en faire supporter le dégoût.

Arrivés à la frontière du grand duché de Varsovie, les Prussiens nous laissèrent sous la conduite de Russes. Nous étions donc prisonniers des Russes ! Jusque là, nous avions ignoré laquelle des deux puissances, la Prusse ou la Russie, devait nous garder dans ses fers.

Les soldats russes qui nous conduisaient depuis Breslaw, conjointement avec les Prussiens, n'étaient pas méchans; nous n'avions pas eu à nous plaindre d'eux. Ceux qui les remplacèrent étaient de véritables bêtes féroces ; l'officier qui les commandait avait la face d'un singe et les mœurs d'une hyène. Quinze ou vingt sous-officiers, presque tous malades ou convalescens, deux cents Cosaques et autant de Mougicks complétaient notre escorte.

Je ne dirai rien ici des Cosaques, de ces barbares que les grandes dames de la Restauration accueillirent comme des libérateurs ; j'en parlerai plus tard et de leur pays.

Les Mougicks sont moins connus ; leurs hordes immondes n'ont pas souillé de leur présence le sol sacré de la patrie ; j'en dirai deux mots.

Une tunique-cafetane de drap brun sans collet, attachée au défaut de l'épaule droite avec un bouton, serrée autour du corps par une large ceinture de cuir, taillée en rond au-dessous du cou, qui reste ainsi à découvert ; un bonnet du même drap que la tunique, de forme carrée, orné d'une grosse croix en cuivre ; des pantalons de la même couleur et de la même qualité que le bonnet et la tunique, et qui entrent dans des bottines de cuir jaune montant à mi-jambes, et souliers ronds : voilà leur costume.

Les Mougiks étaient plus féroces, plus stupides, plus fanatiques surtout que les Cosaques, dans leur haine contre les Français ; ils nous appelaient *Athées* (besbojnick), croyant, d'après le bruit répandu par le gouvernement russe lui-même, que nous avions incendié Moscou *la sainte*.

Qu'on juge de nos souffrances sous une semblable escorte, avec le froid qui commençait à se faire sentir, dans une saison pluvieuse et presque nus que nous étions. La sympathie de nos frères de Pologne nous devenait inutile ; les Mougiks les empêchaient non-seulement de nous secourir, mais de nous parler et même de s'approcher de nous. A ces malheurs se mêlaient des contrariétés qui, se renouvelant tous les jours, à toutes les heures, devinrent, dans la situation où nous nous trouvions, de véritables malheurs.

Les sous-officiers à qui, par une tolérance dont ils auraient dû se montrer reconnaissans, nous avions permis de prendre le titre d'officiers, se montrèrent si indisciplinés et devinrent si insolens ; ils abusèrent tellement de l'impuissance où nous étions de les punir, que nous nous vîmes obligés de les signaler au chef de l'escorte qui les relégua parmi les soldats. La dyssenterie en tua plusieurs dès les premiers jours.

Les adjudans demeurèrent avec nous ; tous étaient de braves militaires, animés de bons sentimens, instruits, faits pour honorer l'épaulette que les malheurs et les chances de la guerre les avaient empêchés d'obtenir, mais qu'ils avaient méritée. Je me souviens du nom de quatre d'entr'eux ; je me fais un plaisir de les citer ici avec les éloges qui leur sont dûs. Ces adjudans étaient Bruno, Bertin, Villeneuve et Adrien ; celui-ci appartenait au 146e et à mon bataillon.

Jusqu'à notre entrée sur les terres de l'ancienne Pologne, j'avais résisté aux maux inséparables de notre position. En peu de jours mes forces physiques s'affaissèrent ; mes pieds nus, enflés et couverts de plaies, ne me portèrent plus qu'avec peine ; mon corps, exposé à toutes les rigueurs de la saison, était endolori dans toutes ses parties.

Un jour, nous cheminions lentement sur une route glissante et boueuse, coupée de larges flaques d'eau où nous entrions souvent jusqu'à la ceinture. Nous n'échangions pas une parole. Le profond silence des solitudes que nous parcourions, n'était interrompu, de loin à loin, que par les gémissemens de ceux d'entre nous que déchiraient d'intolérables souffrances ; par la chute des plus malades qui, sans force pour se relever, tendaient leurs mains suppliantes vers leurs compagnons en implorant leurs secours, ou par les cris de : Pachol! pachol !... (marche! marche!) que hurlaient les Cosaques et les Mougicks.

En ce moment nous entendîmes un bruit sourd et continu ; on eût dit le canon grondant dans le lointain. Nous nous demandions les uns aux autres les causes d'un pareil événement au milieu d'une nature où l'on n'apercevait aucun vestige de l'homme, et qui semblait, à d'immenses distances, vide d'habitans. Le capitaine Lefévre, du 14e léger, qui, pendant les campagnes de 1807 et 1812, avait parcouru la route que nous suivions péniblement, nous dit que nous devions être près de Modlin, forteresse située sur le confluent du Bog et de la Vistule. Nous pensâmes que cette place, défendue par une garnison française et le général hollandais Daëndels, était assiégée par les Russes. Une assez vive agitation se manifesta dans nos rangs.

— Si nous pouvions aller joindre nos frères! disions-nous.

Cette agitation fut remarquée de nos conducteurs ; ils nous firent avancer à grands pas pour atteindre une forêt que nous voyions devant nous.

Pendant cette marche précipitée, je serais infailliblement tombé si deux de mes camarades, je ne dis pas plus forts, mieux portans, que moi, mais moins malades et moins faibles, ne m'eussent soutenu, et, pour ainsi dire, porté. Cependant j'éprouvais des douleurs aiguës ; mes pieds étaient ouverts en plusieurs endroits, et mes jambes étaient raides et crevassées; mon pantalon et ma chemise, mes uniques vêtemens, souillés par la boue, trempés par la pluie, se collaient sur mon corps comme une plaque de glace.

Nous avions fait halte à l'entrée de la forêt. Peu d'instans auparavant le bruit du canon était sourd et lointain. Maintenant, il retentissait à notre oreille, distinct et rapproché. Les Cosaques et les Mougicks poussèrent simultanément, et sans que nous sussions pourquoi, un grand hurrah, nous frappèrent du bois de leurs lances et de leurs piques, nous firent lever, car nous étions assis dans la boue, nous enfermèrent dans le cadre resserré de leurs rangs, et nous contraignirent à marcher plus vite qu'auparavant.

A peine avions-nous fait cent pas que, malgré les efforts des deux amis qui me soutenaient—ils s'appelaient Peyre et Contou, l'un de Pamiers, l'autre de Cahors—je me laissai tomber à terre. J'éprouvai en même temps des douleurs si atroces, je sentis le découragement et le désespoir entrer si avant dans mon cœur, que je résolus de ne pas aller plus loin.

— Abandonnez-moi! dis-je à mes camarades; ces monstres m'assommeront; bien! je cesserai de souffrir... Allez-vous-en! partez! adieu!

Mes amis essayèrent de me relever ;—Peyre voulut me porter sur ses épaules ; ce poids accabla sa faiblesse.—Ils m'embrassaient et s'efforçaient de toucher l'âme impitoyable de nos conducteurs ; ces tigres les obligèrent à coups de lances et de piques à m'abandonner étendu dans la boue ; je les vis s'éloigner désolés et le visage inondé de pleurs.

Le convoi des sous-officiers et des soldats passa devant moi, plusieurs me reconnurent ; sans s'arrêter, ils m'adressèrent des paroles de regret et de compassion, persuadés que je serais égorgé par l'arrière-garde. D'autres, tout entiers au sentiment de leurs maux, jetèrent sur moi un regard stupide : « C'est M. Bouisson, dirent-ils, son compte sera bientôt fait ; » et ils s'éloignèrent en gémissant, en pleurant, pâles, décharnés comme des spectres.

Le convoi était déjà loin, lorsque les Cosaques de l'arrière-garde parurent ; ils accoururent vers moi à toute course, et ils m'entourèrent en poussant des rugissemens de joie et de fureur.

— Pachol ! me dit l'un d'eux ; pachol !... Sabak ! Idolokponnick, Chelma !... Razboïnick ! Joukinsinn ! (Marche ! marche ! chien ! païen ! brigand, scélérat, impie, athée !... Dingui ! dingui ! (de l'argent ! de l'argent !) me criait un autre ; et il me poussait avec le fer de sa lance. Je les entendis prononcer quelques paroles de mort ; je les entendis s'exciter les uns les autres à m'assassiner ! Je craignais qu'ils ne me fissent souffrir. Pour en finir tout d'un coup avec la vie, je voulus les provoquer, les irriter par des injures ; je les appelai canaille ! mot qui est passé dans toutes les langues. Je vis que ces barbares allaient me tuer et je m'en réjouis ; j'étais si malheureux ! Je voyais devant moi tant de misères que la mort ne pouvait être pour moi qu'un bienfait.

Je touchais donc à mon dernier moment. Les Cosaques se disputaient avec un rire féroce à qui me frapperait le premier. L'un d'eux levait sa lance... La voiture de l'officier russe se montra à un coude du chemin ; Solensky était dedans ; il m'aperçut et s'élança sur la route en poussant des cris... En un instant, il fut près de moi. Les Cosaques s'éloignèrent. L'officier, à qui Solensky fit remarquer, et en quelque sorte toucher les plaies de mes pieds et de mes jambes, ordonna qu'on me plaçât sur le devant de sa voiture. On m'y jeta en travers comme un cadavre.

V.

Route de Varsovie.

Les signes de croix. — Les deux hussards. — Horrible exécution. — Accusation stupide. — Le sergent russe. — Dégradation morale.

Un Cosaque accourut vers nous de toute la vitesse de son cheval et dit quelques paroles à son officier, qui répondit par des juremens et des imprécations contre les Français qu'il traitait de chiens, de brigands, de fils de chiens et d'athées. En même temps, la voiture parut aussi vite que le permettait l'état de la route.

Nous atteignîmes le convoi ; je remarquai une violente agitation parmi les Cosaques et les Mougiks ; ceux-là en proie à une sorte de fureur, ceux-ci à une véritable rage. Les Mougicks, surtout, poussaient des hurlemens affreux, prodiguaient les signes de croix, brandissaient leurs piques avec des gestes frénétiques, les tournaient contre mes camarades, et semblaient n'attendre pour tuer qu'un signe de leur chef.

Je ne savais que penser de cette scène étrange, quand les Cosaques et les Mougiks hurlèrent de joyeux hurras ; en même temps, quelques-uns des leurs amenèrent à l'officier deux soldats qui appartenaient, si je ne me trompe, au 5e régiment de hussards.

Ces malheureux, en entendant tirer des coups de canon dans la direction de Modlin, avaient conçu le projet insensé de s'échapper, et l'espoir plus insensé de se jeter dans cette place. Pour exécuter leur dessein, ils avaient saisi le moment où le convoi était entré dans la forêt ; c'était leur fuite qui avait fait accourir un Cosaque au-devant de l'officier russe ; c'était leur capture que célébrait l'atroce joie de nos conducteurs.

Le jugement des deux hussards fut, sur-le-champ, prononcé par le Russe et sans délai exécuté par ses Mougicks avec une barbarie dont le souvenir me fait encore frissonner d'horreur.

Un des fugitifs, dépouillé de ses vêtemens de la ceinture en haut, fut placé sur le dos d'un Moujick qui l'étreignit de ses bras de fer, tandis que deux de ces barbares, armés chacun d'un knout, le frappaient sur les épaules et sur les reins, et enlevaient sa chair par lambeaux !... Leur infâme chef les encourageait du geste et de la voix. Le monstre fit plus : irrité de notre indignation, pour la braver, pour nous convaincre de notre impuissance, il brisa avec le pommeau de son sabre les dents du malheureux patient ; et, dans un paroxysme de rage, il lui enfonça la lame dans le gosier ; elle sortit derrière la nuque !!!

L'autre hussard, traîné dans la forêt par les Moujicks, fut inhumainement égorgé à quelques pas de nous. Nous entendîmes [ses cris], ses gémissemens, le râle de son agonie ! nous entendîmes les éclats de rire, les juremens et les imprécations de ses bourreaux !

Quand je m'apitoyais, quand je pleurais avec mes camarades sur le sort des deux infortunés hussards, je ne prévoyais pas qu'à [cause] du crime qu'ils avaient commis, mon procès s'instruisait [dev]ant notre horrible commandant. Cet homme, aussi stu[pide] que cruel, s'était imaginé que j'avais feint d'être malade, et de ne pouvoir aller plus loin qu'afin d'échapper à sa surveillance et de gagner Modlin avec les hussards. En conséquence, il m'avait condamné, en premier et dernier ressort, à cinquante coups de battoks (baguette).

Solenski, chargé de me notifier ma sentence, me défendit chaleureusement; il montra au juge mes plaies, ainsi qu'il l'avait déjà fait ; il lui fit remarquer l'anéantissement physique et moral où j'étais réduit. Dans un pareil état avais-je donc pu former des projets d'évasion? aurais-je pu les exécuter? Observations inutiles ! Cette bête féroce avait déjà donné aux exécuteurs de ses commandemens l'ordre de me saisir; déjà ces misérables portaient leurs mains sur moi, lorsque mes compagnons, officiers, sous-officiers et soldats, indignés et furieux, s'écrièrent qu'ils se feraient tous massacrer jusqu'au dernier, avant de souffrir cette atrocité. Ils m'environnèrent et se serrèrent autour de moi pour me défendre.

Il y avait tant de résolution dans leurs menaces, tant d'énergie dans leur désespoir, que le Russe en fut effrayé, et il contint ses soldats prêts à nous égorger. Alors Solenski lui conseilla de ne pas encourir une énorme responsabilité, en poussant à bout des hommes exaspérés ; de les apaiser au contraire, par un acte de clémence. Il y consentit en grinçant des dents, et il lui ordonna de m'en instruire. Solenski m'annonça, en pleurant, que mon bourreau me faisait grâce de trente coups de baguettes ; je devais donc en recevoir vingt.

— Résignez-vous, me dit Solenski; n'irritez pas cet homme par une résistance inutile. Le sang qu'il vient de répandre l'a mis en goût; il boirait le vôtre ; il nous ferait égorger tous si nous tentions de vous défendre.

Mes camarades et moi, nous nous résignâmes donc ; eux , par la conscience que leurs efforts pour me sauver seraient inutiles; moi, par le sentiment de ma faiblesse, et par mon dégoût pour la vie.

Je priai Solensk[i] de demander au Russe, comme une grâce, de n'être pas saisi par ses Mougiks; cette grâce me fut accordée.

Les bourreaux commencèrent ; ils s'arrêtèrent , par l'ordre de leur chef , après les dix premiers coups ; le reste de la peine me fut remis; il m'eût été impossible de la subir tout entière.

Je n'avais pas poussé un seul cri pendant cette cruelle exécution si peu méritée ; lorsque les mougiks cessèrent, je me trouvai mal, moins de douleur que de honte et de fureur.

Quand je revins à moi, j'étais couché sur une charrette avec quelques soldats russes malades ; mes épaules étaient déchirées et sanglantes, et j'avais une grosse fièvre. Un sergent d'infanterie eût pitié de moi ; il me donna un verre de wodka (eau-de-vie) et alla enlever à un pauvre soldat du train d'artillerie sa capote dont il me couvrit. Le soir, nous arrivâmes dans un misérable village ; les prisonniers, gardés à vue, furent, comme les nuits précédentes, parqués dans un champ de pommes de terre qu'ils dévorèrent toutes crues.

Le sergent qui m'avait pris en quelque sorte sous sa protection ne m'abandonna point ; je lui dus de ne pas passer cette nuit au bivouac. Pour la première fois, depuis notre entrée dans le grand-duché de Varsovie, je couchai sous un toit ; ce fut un grand bonheur pour moi ; j'aurais sans doute péri pendant cette nuit froide et pluvieuse où la dyssenterie, qui décimait le convoi des sous-officiers et des soldats, se déclara dans le nôtre. Cinq oficiers et l'adjudant Berlin de la ci-devant garde de Paris, succombèrent les premiers. Les jours suivans nous eûmes de nouvelles pertes ; elles furent en proportion aussi nombreuses que dans le transport des soldats.

Tous les matins nous en laissions plusieurs au bivouac occupé la veille. Les Cosaques et les Mougicks de l'arrière-garde achevaient à coups de lances et de piques ceux qui respiraient encore. Quelquefois ils mettaient le feu à la paille humide et pourrie sur laquelle gisaient ces infortunés, et dansaient autour en hurlant de joie ; ces monstres égorgeaient aussi sans pitié, je l'ai déjà dit, les prisonniers que leur faiblesse ou la nécessité de satisfaire un besoin naturel forçaient à s'arrêter un instant !

Pour moi, grâce à la protection de mon généreux sergent, grâce aux coups de battoks que j'avais reçus, couché le jour sur une charrette, abrité la nuit sous le toit pauvre, mais hospitalier, des Polonais, j'échappai à une mort certaine, car j'aurais péri sous le fer des Mougiks et des Cosaques, ou la dyssenterie m'aurait laissé dans la fange des chemins. Aussi, bien souvent, en revenant par la pensée sur les déplorables événemens que je retrace, ai-je reconnu dans mon supplice le doigt de Dieu qui voulait me sauver.

Il semble que nous ne pouvions pas devenir plus malheureux ; nous étions tous, ou presque tous, nus ou couverts d'habits en lambeaux, dévorés par la fièvre, minés par la dyssenterie, rongés par la vermine, et dans une prostration morale telle que tous les liens de fraternité étant rompus, nous ne nous occupions plus que de nos maux personnels. Absorbé par ses souffrances chacun de nous se montrait sans pitié pour les souffrances de ses compagnons.

Cependant, nous n'avions pas épuisé jusqu'à la lie la coupe du malheur; une douleur nous était réservée, dont le souvenir me poursuivra jusqu'au tombeau.

VI.

Route de Varsovie.

L'auberge sur le Bog. — Les deux cadavres. — Les Mougicks. — Prévoyance infernale. — Séjour à Rawa. — La maison du juif — L'ivresse. — L'orgie. — La grand-mère. — L'idiote. — Scènes d'horreur.

Un soir, à l'entrée de la nuit, nous étions arrivés sur les bords du Bog, l'ancien Hypanis, affluent de la Vistule. Le temps était affreux; la pluie tombait par torrens, et le vent soufflait avec violence; il eût été imprudent et dangereux de tenter le passage du fleuve sur l'unique et frêle barque qui était attachée au rivage.

L'officier russe voulut mettre ses soldats à couvert pendant une nuit qui s'annonçait avec une telle rigueur. Pour la première fois depuis qu'il avait pris le commandement de l'escorte, il nous fit entrer dans une maison habitée; c'était une auberge encore en construction, à quelques pas du Bog.

Le maître de la maison — c'était un juif — logeait avec sa famille au fond d'une grande remise dont le toit n'était achevé que de ce côté, dans un appartement composé de trois pièces. Le Russe l'en expulsa brutalement, et s'y établit avec ses Cosaques et ses Mougicks.

A l'autre extrémité de la remise le toit n'était pas fini; c'est là que nos sous-officiers et nos soldats furent parqués, exposés à la pluie, qui ne cessait de tomber drue et glacée, et au vent qui s'y engouffrait comme dans un entonnoir, en passant par les fenêtres, qui n'avaient ni vitres ni volets. La terre sur laquelle ils couchaient était une mare.

Les Russes barricadèrent la porte de sortie de ce côté; ils ne prirent pas les mêmes précautions à l'égard des fenêtres qu'ils jugèrent trop élevées pour que des hommes exténués par la faim et les maladies pussent les escalader. En se retirant dans les pièces dont j'ai parlé plus haut, ils foulèrent aux pieds nos malheureux compagnons trop serrés pour leur faire place; quelques uns périrent pétris par ces barbares.

On nous avait jetés nous, officiers, pêle-mêle, les uns sur les autres dans une espèce de cave longue, étroite, où nous avions de la boue jusqu'aux genoux et où l'eau ruisselait le long des murs. La porte de ce cachot, car c'en était un, et horrible, sans fenêtres ni soupiraux, s'ouvrait sur la partie de la remise où gisaient nos malheureux soldats. Comme eux, nous étions mouillés jusqu'aux os; comme eux, malades ou affamés, nous attendions qu'il plût à l'officier russe de nous faire donner quelque nourriture; nous attendîmes en vain.

Depuis le jour précédent, la faveur de voyager en charrette m'avait été retirée, et, hélas! la capote que je devais à la commisération de mon sergent. Ce brave homme était mort de la dyssenterie; cette affreuse maladie avait pénétré dans les rangs de nos ennemis; elle dévorait les vainqueurs et les vaincus, les oppresseurs et leurs victimes.

Pendant cette nuit, à peine guéri des plaies dont les Buttocks m'avaient couvert, presque nu, comme on le sait, n'ayant mangé de toute la journée qu'un morceau de pain de blé de sarrazin que m'avait donné un paysan polonais qui, pour cet acte de charité, avait été outrageusement battu par un Mougick; pendant cette nuit cruelle, j'appelais en vain le sommeil; mes pensées, plus peut-être que mes maux physiques, l'éloignaient de mes yeux. Je me tournais et me retournais tantôt sur un flanc, tantôt sur un autre, autant, toutefois, que je le pouvais, resserré que j'étais entre le mur ruisselant de notre cachot, et un de mes camarades, le capitaine Lefèvre.

Cette fatigante insomnie durait depuis plusieurs heures, lorsque j'entendis des gémissemens étouffés. J'écoutai plein d'une affreuse anxiété, ces gémissemens devinrent plus distincts; ils venaient de l'endroit où couchaient nos soldats. J'allais éveiller le capitaine Lefèvre; je n'entendis plus rien.— C'est un de mes camarades qui vient d'expirer, pensai-je. Quelques instans après les gémissemens recommencèrent. C'était une voix qui murmurait des supplications; c'était une autre voix, dure et inexorable qui répondait; j'ouïs un faible cri, des soupirs, le sifflement du râle, puis je n'ouïs plus rien!... Mes cheveux se dressèrent d'horreur!... Une pensée, une affreuse pensée traversa mon esprit!... Je me penchai à l'oreille de Lefèvre; je l'éveillai, et, lui posant ma main sur la bouche pour l'empêcher de crier :

— Capitaine, lui dis-je, on égorge nos soldats!.. Tenez, écoutez!... n'entendez-vous pas?... Puis, plus bas. . Capitaine? cette fois, les assassins ne sont ni des Cosaques, ni des Mougicks.

Lefèvre fit un mouvement d'effroi. Je repris :

— Ce sont des Français qui assassinent des Français!.. Oui! oui! N'entendez-vous point parler? Les paroles que vous entendez sont prononcées dans notre langue.

— Oh! mon Dieu! s'écria le capitaine Lefèvre, c'est vrai!

Il se leva et se traîna vers la porte dont il n'était séparé que par deux officiers qui ne s'éveillèrent pas...

Je le suivis.

Avec la plus grande précaution, en cherchant à tâtons une place où nous pussions poser le pied, nous nous avançâmes vers l'endroit d'où partaient les plaintes et les paroles que nous avions entendues. Après avoir fait quelques pas, je trébuchai et je tombai sur un homme qui resta immobile ; je portai la main à son visage, son visage était froid et glacé ; je touchai celui de son voisin, il ne remua point, et, quand je lui parlai à voix basse, je n'en obtins aucune réponse.

En ce moment, à peu de distance de moi, se leva brusquement un individu qui, sautant sur les corps de ses camarades qui s'éveillaient en poussant des cris douloureux, alla se coucher à l'extrémité de la remise. Je ne doutai pas que cet homme ne fût l'assassin. J'appelai doucement le capitaine Lefèvre, et quand il fut près de moi, je lui dis ce qui venait de se passer.

Quelqu'un nous parla.

— Qui êtes-vous ? nous dit-on.

— Deux officiers. Et vous ?

— Je suis sergent dans le 3ᵉ étranger. Vous avez donc entendu ?

— Oui. Est-ce de ce côté qu'on se plaignait ?

— Oui. Il a étouffé un caporal du 134ᵉ.

Nous tremblions de tous nos membres.

— Qui, il ?...

— Le grand maréchal-des-logis de cuirassiers ; je l'ai reconnu à la voix ; il m'a parlé... le gueusard m'a mis le pouce sur la gorge ; il voulait me faire passer le goût du pain, parce qu'il me prenait pour un autre ; il sait bien que je n'ai pas de picaillons. Ils sont quatre associés comme ça ; le jour, ils font parler les camarades ; la nuit, au bivouac, ils étouffent ceux qui ont de l'argent, et voilà ! les brigands qu'ils sont !

— Et pourquoi n'avez-vous pas dit cela à vos officiers ?

— Ouiche ! Ils nous font peur ; ce sont de gros gaillards qui se portent bien, qui ont de bons habits qu'ils ont volés aux amis, qui ont des espèces pour acheter du chnick... S'ils savaient que je vous dis ceci, je ne serais pas blanc !... Ils m'enverraient *ad patres*, nom de Dieu !

Cette conversation avait lieu à voix basse.

Qu'on juge de la consternation, de l'horreur où nous plongea la révélation d'une scélératesse si atroce, d'une cruauté si vile et si lâche !

Nous regagnâmes nos places, Lefèvre et moi, honteux et désespérés d'avoir parmi nous de tels monstres. Cependant, nous résolûmes de ne point parler des événemens de cette nuit. En les divulguant, nous aurions jeté le découragement et le désespoir dans l'âme de nos soldats, nous aurions achevé de dénaturer leur caractère ; nous aurions ajouté un malheur aux malheurs dont ils étaient accablés... Nous nous tûmes donc. Le lendemain, le capitaine Lefèvre menaça le maréchal-des-logis de cuirassiers de le dénoncer à l'officier russe qui le ferait mourir sous le knout. Cet homme confessa avoir dépouillé et volé quelques soldats, mais il nia avoir attenté à leur vie; il promit, au surplus, de changer de conduite. Pour en finir sur ce scélérat dont, heureusement, j'ai oublié le nom, je dirai qu'il mourut de la dyssenterie sur la route de Bialistock à Grodno.

On conçoit sans peine que je ne dormis point pendant cette horrible nuit. Je ne me suis décidé à souiller ces pages du récit d'un forfait si étranger au caractère du soldat, que par respect pour l'impartiale vérité de ma narration et pour cette autre vérité qu'on ne peut trop redire : l'extrême misère dégrade le caractère de l'homme en le réduisant à l'unique soin de sa conservation... Honneur à ces êtres privilégiés qui, au sein du plus incommensurable malheur, conservent une âme qui peut se commander à elle-même, et un cœur qui sait plaindre, aimer et secourir les malheureux! Les hommes vulgaires tombent dans l'abjection du *moi* humain.

Au petit jour, les cris des Cosaques et des Mougicks réveillèrent mes camarades; ils se hâtèrent de sortir de la remise. Mais, quelque diligence qu'ils fissent, ils ne purent éviter les coups de fouet et de piques qui pleuvaient sur eux. Nos surveillans, avec une prévoyance vraiment infernale, n'avaient laissé, pour sortir, qu'une étroite ouverture. Les soldats s'y précipitèrent en foule; les plus forts, se frayant un passage avec les mains, les coudes et les pieds, renversèrent les plus faibles et les broyèrent sous eux.

Quelques soldats s'étaient réfugiés sur les larges devantures des fenêtres, soit pour se soustraire aux miasmes impurs qui s'exhalaient de tant de corps malades enfermés dans un espace dix fois trop étroit pour les contenir, et où tous les besoins naturels étaient satisfaits, soit pour y procéder plus à l'aise à la dégoûtante toilette de tous les matins. Ces hommes ne pouvaient en descendre tant que la foule qui encombrait la porte n'était pas écoulée. Des Mougicks, au moyen d'échelles appliquées au mur extérieur, furent bientôt près d'eux et les précipitèrent sur leurs compagnons qu'ils écrasèrent sous le poids de leurs corps. Plusieurs se tuèrent en tombant; plus de quarante des nôtres périrent dans cette fatale auberge sur le Bog.

Les horreurs qui s'y commirent sont tellement présentes à mon souvenir, qu'à l'heure où j'écris ces lignes, je vois la distribution des lieux, j'entends les hurlemens des Cosaques et des Mougicks, les gémissemens des blessés et le dernier soupir des mourans; je vois, étalés devant nous, les cadavres nus de ces infortunés, lorsque l'horrible officier qui nous commandait voulut constater le nombre des vivans et celui des morts.

Il est possible que cet homme ait obtenu de son gouvernement, si digne d'avoir un pareil serviteur, des grades et des distinctions; il est possible que cet homme soit mort riche, considéré, puissant; il est possible que les ombres de nos frères qu'il a assassinés n'aient pas troublé son sommeil;...., mais alors, j'ai besoin de croire, pour croire à la justice de Dieu, que ses forfaits impunis sur cette terre seront punis dans une autre vie!... Laissons ce monstre, nous ne le retrouverons que trop tôt.

Le convoi continua sa route vers Varsovie, s'affaiblissant par des pertes de tous les jours. Tous les jours, nous laissions au bivac des moribonds et des cadavres. A quelques heures près, nous pouvions fixer le temps qu'avaient à vivre ceux que la dyssenterie dévorait; le malheur nous avait rendus excellens physionomistes. Un mouvement convulsif continuel contractait leurs faces, entr'ouvrait hideusement leurs lèvres, laissait leurs dents à découvert, et imprimait à leurs bouches le rire sardonique, une sueur puante et glacée inondait leurs membres; c'était la dernière période de leur maladie.

A Rawa, où nous demeurâmes trois jours, nous perdîmes plusieurs officiers. L'officier russe fut lui-même indisposé, ainsi que Solenski, dont l'amitié pour nous, pour moi surtout, ne se démentit pas un instant, mais qui était obligé de nous cacher sa sympathie pour ne pas éveiller la défiance et la susceptibilité de notre commandant.

Le séjour de Rawa, dont le gouverneur—je le retrouverai dans la suite—bon et humain, nous fit assez bien loger et passablement nourrir, me rétablit presque. Mes pieds et mes jambes, entourés de chiffons, étaient à peu près guéris; les plaies de mon dos étaient fermées, et je n'avais pas le moindre symptôme de dyssenterie. Je repris ma force morale, je la conservai toujours depuis, sauf dans une circonstance où je m'abandonnai moi-même entièrement.

Donc, quand nous partîmes de Rawa, j'étais plein d'énergie et de confiance. Nous allions arriver à Varsovie; là, nous serions délivrés du tigre qui nous commandait; là, nous aurions une solde quotidienne et les moyens de nous procurer des vêtemens; enfin, nous assurait Solenski, nous séjournerions longtemps dans cette ville de frères. Cette perspective nous avait rendu le courage.

A quelques lieues de cette capitale d'une autre France, nous nous arrêtâmes, à l'entrée de la nuit, dans un assez grand village; il pleuvait fort. Nos sous-officiers et nos soldats furent logés dans une église transformée en magasin à fourrages; on répartit les officiers chez les habitans. Quant à moi, je logeai avec cinq de mes camarades, chez un juif qui vendait de l'eau-de-vie. Notre hôte nous reçut avec assez de bienveillance, et souffrit, sans trop de contorsions et de grimaces, que nous préparassions à son foyer notre souper, qui consistait en pommes de terre frottées d'un peu de lard qu'un paysan avait données à l'un de nous ; il poussa la générosité jusqu'à nous régaler d'un verre d'eau-de-vie.

Enfin, fort contens de lui et de notre gîte, nous allions nous étendre sur notre paille avec l'espoir d'une bonne nuit, lorsqu'on frappa rudement à la porte du logis. Le juif alla l'ouvrir, et nous vîmes entrer dans la boutique qui touchait à notre chambre, l'officier russe et une douzaine de sous officiers Mougicks et Cosaques. Ils demandèrent du wodka et du tabac ; ils fumèrent tant et burent si copieusement qu'ils s'enivrèrent. Chez les Russes, l'ivresse n'est jamais qu'une orgie suivie de la débauche la plus effrénée.

Notre juif avait une mère octogénaire et une fille de quinze à seize ans, d'une figure douce, mais dépourvue d'intelligence ; elle était idiote !

Cette pauvre enfant, effrayée des hurlemens des Russes, sortit de sa chambre où elle était reléguée avec sa grand'mère, et vint, poussée par son instinct filial, se réfugier auprès de son père. Sa vue alluma les désirs de l'officier et de ses soldats.

A l'instant ces bêtes brutes, sans être touchées du désespoir de ce malheureux père, des larmes de cette vieille mère qui se traînaient à leurs pieds, se précipitèrent sur elle, et, sans ménagemens, sans pitié, assouvirent tour à tour, sur son corps inanimé, leur abominable lubricité.

VII.

Route de Varsovie.

Napoléon et le sergent porte-aigle.

Dans le village, témoin de l'horrible scène qui vient d'être rapportée, nous fîmes une perte qui excita nos profonds regrets. La dyssenterie nous enleva le brave sergent porte-aigle du 134e régiment de ligne. Quelques mois auparavant, il avait attiré sur lui l'attention de toute l'armée.

Cette anecdote, qui met en saillie d'une manière si naïve et si originale la figure de Napoléon et le caractère du grognard, est demeurée longtemps inédite. Elle a été publiée pour la première fois, en 1833, par moi, telle qu'on va la lire ici, dans un journal qui, à cette époque, s'imprimait à Castres.

Plusieurs journaux de Paris et des départemens l'ont reproduite textuellement. Quelques-uns ont eu la politesse de mettre mon nom au bas. Quelques autres, en omettant volontairement ou non de remplir cette formalité de convenance et de bonne foi, se sont approprié mon œuvre. Je la revendique aujourd'hui, et j'appelle à l'appui de ma réclamation, l'irrécusable témoignage d'un des écrivains les plus distingués de la presse parisienne, Frédéric Thomas, qui rédigeait alors la feuille castraise dont je viens de parler. C'était son début dans une carrière où il a conquis depuis, par des ouvrages de genres et de mérites divers, une juste réputation.

Voici mon anecdote : elle répondra au reproche d'insensibilité que la haine et l'esprit de parti ont si souvent articulé contre l'Empereur, après que la fortune l'a abandonné, et réduira à sa juste valeur ce poétique mensonge (1) de M. de Lamartine :

Rien d'humain ne battit sous son épaisse armure.

Je ne sais plus quel jour de l'année 1813, l'Empereur passait en revue, à Erfurth, le cinquième corps d'armée, commandé par le général Lauriston. Il était à pied, et paraissait être de la meilleure humeur du monde. Tout à coup les muscles de sa face se contractèrent, ses mains s'agitèrent, et des sons rauques, des paroles incohérentes sortirent de sa poitrine. Chefs et soldats, depuis les maréchaux de l'Empire jusqu'aux plus humbles fantassins, restèrent sans mouvement, sans voix, leurs regards attachés, pour ainsi dire, aux regards de Napoléon. Les cris de : Vive l'Empereur ! jusqu'à ce moment bruyans et unanimes, cessèrent simultanément sur toute la ligne.

Un seul régiment, placé à l'extrémité de l'aile gauche, soit qu'il n'aperçût pas, soit qu'il ne comprît pas les gestes presque frénétiques de Napoléon qui lui ordonnait de se taire, continuait à pousser des acclamations et des vivats, avec un élan et un enthousiasme remarquables.

Ce régiment était le 134e ; il venait d'arriver à la grande armée et portait encore l'uniforme de la garde de Paris. Cet uniforme ne ressemblait pas à celui des autres corps ; il était blanc, bleu, rouge et vert, selon le numéro des bataillons.

Ce régiment continuait donc à crier avec véhémence et obstination : « Vive l'Empereur ! » Celui-ci, de plus en plus irrité, s'approcha de quelques pas, et fit signe qu'il allait parler. Il parla ; sa voix était rude et brève, sa parole saccadée.

---

(1) J'espère que mes lecteurs,— M. de Lamartine, surtout, si ces lignes tombent sous ses yeux,— ne se méprendront point sur le sens que j'ai voulu attacher à cette expression, et qu'ils liront *licence poétique* au lieu de *mensonge*.

A Dieu ne plaise que je prononce jamais, ou que j'écrive un mot injurieux ou blessant contre un homme qui, pour moi, est le génie le plus complet de ce temps ; que je regarde comme notre plus grand citoyen, et comme la conquête la plus glorieuse de la démocratie sur l'ancien régime.

« — «Taisez-vous, traîtres! dit-il, taisez-vous, lâches!... Ce
» n'est pas aujourd'hui qu'il faut crier vive l'Empereur! C'est le
» 23 octobre qu'il fallait crier... Qui vous a dit que j'étais mort
» sous les murs de Moscou? Qui vous a dit que je suis un tyran?
» Eh! quand je serais mort... quand je serais un tyran!... Mon
» enfant! ma dignité!... Vous êtes la risée de toute l'Europe...
» Taisez-vous! Rappelez-vous Dantzick, Friedland, et vos cam-
» pagnes d'Espagne... Vous êtes la risée de toute l'Europe. »

Cette dernière phrase, Napoléon la répétait à chaque instant,
et son irritation croissait en la répétant: *Crescebat eundo*. Soudain il s'écria: « Les officiers et les sous-officiers au centre. »

On obéit. Un cercle fut formé autour de lui; les officiers et
les sous-officiers du 134e, pâles et tremblans, furent placés au
premier rang.

Napoléon, cependant, au milieu du cercle, se promenait à
grands pas et répétait sa phrase de prédilection: « Vous êtes la
risée de toute l'Europe! »

Il s'arrêta en face du colonel du 134e: — «Votre régiment s'est
déshonoré, dit-il; si votre quatrième bataillon était ici, je le ferais décimer... Vous êtes la risée de toute l'Europe. Où étiez-
vous le 23 octobre? Parlez, parlez donc, monsieur? »

Le colonel, neveu ou parent du duc de Feltre, lui répondit:

— Sire, j'étais à Baréges, par suite d'une blessure reçue en
Espagne.

Les officiers du 134e, qu'il interrogeait sur leurs campagnes,
sur les croix qui décoraient leurs poitrines, sur la part qu'ils
avaient prise à l'échauffourée des généraux Mallet, Laboric et
Guidal, le 23 octobre 1812, répondaient en balbutiant et l'irri-
taient au lieu de l'apaiser.

Personne, parmi les maréchaux et les généraux qui l'entouraient, n'aurait été assez hardi pour les défendre, et Napoléon
continuait. Tout à coup il recula comme s'il eût reçu une forte
bourrade dans l'estomac.

— Qu'est-ce que cela? dit-il; que voulez-vous? Laissez-moi?
Ces paroles s'adressaient à un sergent, porte-aigle du 134e,
quel l'avait saisi par le bas de sa redingote grise et se trouvait
avec lui au milieu du cercle.

Le porte-aigle ne fut pas intimidé.

— Oui, disait-il, oui, Sire! je le répète et le répéterai: Vous
nous déshonorez! vous n'avez pas le droit de nous traiter ainsi!

L'Empereur fit un mouvement de colère.

— C'en est trop! dit-il; retirez-vous! laissez-moi!

— Non, je ne vous laisserai pas, Sire! répondait le porte-
aigle... vous m'entendrez jusqu'au bout. Il n'est pas vrai que
nous soyons des traîtres!... Au 23 octobre, on nous a trompés;
nous ne vous avons pas trahi!... Il n'est pas vrai que nous
soyons des lâches! nous avons fait nos preuves!... C'est vous

qui nous déshonorez ! vous n'avez pas le droit de déshonorer de braves gens !... Nous ne sommes pas des traîtres, Sire !... nous ne sommes pas des lâches, mon Empereur !

De grosses larmes descendaient sur les joues basanées du porte-aigle ; des sanglots étouffèrent sa voix.

L'Empereur fut interdit.

— Allons ! allons ! lui dit-il après un moment ; vieux grognard, ne te fâche pas si haut et si fort !...

Puis, d'un ton visiblement ému, et mettant ses doigts sur les yeux du sergent pour les essuyer :

— J'aime ces larmes, ce sont les larmes d'un brave homme ! Mais ne pleure pas, mon vieil Égyptien, car je t'ai vu en Égypte, n'est-ce pas ?

— Oui, mon Empereur, et voici une preuve que j'y étais, et une marque de vos bontés. Et il lui présenta un sabre d'honneur. Vous me l'avez donné à la bataille des Pyramides, où vous nous dites : « Songez que du haut de ces Pyramides, quarante siècles vous contemplent ! »

Napoléon sourit.

— Je me souviens de ces paroles, dit-il, et de t'avoir donné ce sabre d'honneur... Mais ne pleure pas... Je ne veux pas que tu pleures, entends-tu ?

Nous vîmes des larmes mouiller les yeux de Napoléon, et nous pleurions tous comme Napoléon et le porte aigle.

Des cris de : Vive l'Empereur ! vive Napoléon ! des cris d'attendrissement, d'admiration, d'enthousiasme et d'amour s'échappèrent de tous les cœurs, sortirent de toutes les bouches. Le corps d'armée les répéta.

Le sergent porte-aigle fut décoré à l'instant.

Quelques jours après, le 21 mai, à la bataille de Bautzen, le 134e fit des prodiges de valeur. L'Empereur fut magnifique dans ses récompenses.

Fait prisonnier le 29 août 1813, avec tout son régiment, le sergent porte-aigle du 134e emporta en mourant les regrets et l'estime de tous ses camarades. Il s'appelait François Durand.

VIII.

Varsovie.

Le faubourg de Rawa.— Les coups de fusil. — La Vistule. — Praga. — Invocation au génie de l'archevêque de Grenade. — Les loges maçonniques. — Souvenirs de la famille et de la patrie. — Le seigneur polonais et sa sœur.

Enfin, dans les derniers jours de septembre, nous arrivâmes aux portes de Varsovie. Le chef de notre escorte y entra avant nous, sans doute pour prendre les ordres du gouverneur. Nous restâmes dans la boue, sans feu, sans paille, sans nourriture depuis onze heures du matin jusqu'à sept heures du soir. L'officier russe revint, et le convoi se mit en marche. Nous fûmes arrêtés, je ne sais pourquoi, à l'entrée du faubourg de Rawa pendant une grosse heure ; puis, nous commençames à défiler lentement.

Le faubourg de Rawa n'était point pavé; aussi y avait-il de la boue jusqu'au ventre des chevaux des Cesaques. De chaque côté de la grande rue, il y avait un étroit passage, non pas sec, mais à peu près praticable ; nous, officiers, nous y marchâmes avec précaution, sans que les Cosaques et les Mougicks s'y opposassent autrement que par des cris, des injures et des menaces ; mais ils forcèrent impitoyablement nos malheureux soldats à suivre le milieu de la mare. Affaiblis, exténués, les jambes brisées par la dyssenterie ou la faim, ils tombaient engloutis dans cette fange, sans que leurs camarades eussent le temps et la force de les en retirer. Il dut périr bien des infortunés de cette manière! Le lendemain, nous vîmes passer devant notre logement, au faubourg de Praga, huit ou neuf charretées de cadavres.

La nuit était arrivée ; quelques habitans charitables de Varsovie parurent aux fenêtres avec des flambeaux pour éclairer notre marche ; croirait-on que ces atroces Mougicks leur tirèrent des coups de fusil? Le fait est vrai ! Une femme fut tuée ! Les Varsoviens fermèrent précipitamment leurs croisées, et nous continuâmes à cheminer dans l'obscusité.

Arrivés sur les bords de la Vistule, nous fîmes encore une halte.

A la pluie qui tombait à flots depuis le matin, se mêlèrent la grêle, un vent violent et d'affreux coups de tonnerre qui se succédaient sans interruption.

Nous fûmes entassés dans une barque évidemment trop étroite pour contenir les officiers. — Les sous-officiers et les soldats avaient été séparés de nous.—Au moindre mouvement qu'un de nous faisait, au moindre vent, la frêle barque était sur le point de chavirer. Je pensai, et mes camarades le crurent comme moi, que l'intention des Russes était de nous faire périr dans les eaux du fleuve. Certes, une telle pensée n'était pas une calomnie ; nous pouvions tout craindre de ces misérables. Une excuse eût été bientôt trouvée ; et, après tout, ne pouvaient-ils pas nous noyer en masse ces monstres qui nous assassinaient en détail ? L'officier qui les commandait n'était-il pas capable de tous les crimes, lui qui, sous nos yeux, avait commis de sangfroid les plus lâches assassinats! Le genre de meurtre eût été différent, voilà tout ! Quoi qu'il en soit, la pensée que nous devions périr dans une noyade nous préoccupa jusqu'au moment où l'on nous débarqua au foubourg de Praga. Là, il nous fallut attendre longtemps, longtemps encore ! A minuit enfin, je fus logé avec quinze de mes camarades chef un juif, marchand d'eau-de-vie.

Nous n'étions pas trop mal chez cet homme. Notre logement n'était pas tout à fait assez grand pour contenir quinze personnes et leur servir de chambre à coucher ; il n'y avait là ni four, sinle, ni cheminée, ni lit de camp; mais, après tout, il nous mettait à l'abri du vent et de la pluie, et nous ne couchions pas dans la boue. En le comparant aux taudis que nous avions occupés depuis Breslaw, nous pouvions nous en contenter.

Deux portes ouvraient, l'une sur une boutique où le juif débitait son eau de vie, l'autre sur un passage qui communiquait de la rue à une cour, où nos soldats étaient au bivouac; la boutique avait aussi une entrée sur la rue.

Notre nourriture était grossière, mais presque suffisante ; c'étaient des pommes de terre, des choux, des pois chiches et de la viande salée. Des paysans polonais, sous la surveillance d'un officier russe, nous la distribuaient régulièrement deux fois par jour : le matin à neuf heures, le soir à six. Nous n'avions pour boisson qu'une eau trouble et d'un goût affreux; notre pain de sarrazin était détestable.

L'officier qui nous avait conduits à Varsovie ne se montra plus; sans doute sa mission était finie. Je suis désolé d'avoir oublié le nom de ce monstre.

Nous ne mourions pas de faim, mais nous étions exposés à mourir de froid. La plupart de mes compagnons étaient moins misérablement vêtus que moi; mais leurs habits, déchirés et souillés, n'avaient aucune forme. Il fut convenu dans notre chambrée que nous adresserions au gouverneur de Varsovie une pétition pour obtenir de lui quelques vêtemens ; on me chargea de la rédiger. Je me mis de suite à l'œuvre, et, après avoir, comme Gil-Blas chez le comte d'Olivarès, invoqué le génie de l'archevêque de Grenade, je composai un morceau d'éloquence dont la lecture, couverte d'applaudissemens par mes compagnons, qui n'étaient pas, il faut en convenir, des personnages académiques, nous fit espérer un prompt secours. Cette pétition, approuvée et signée par tous nos autres camarades, fut confiée à un officier russe qui paraissait s'intéresser à nous. Il la remit au gouverneur. Celui-ci la lut, et un de ses secrétaires nous dit de sa part que, loin d'avoir à nous plaindre des Russes, nous devions reconnaître que leur humanité égalait leur bravoure. — Nous fûmes absolument de son avis. Ainsi, mon morceau d'éloquence n'aboutit à rien.

Quoique l'effet de cette pétition ne fût pas encourageant, mes camarades, après en avoir délibéré, me confièrent la rédaction d'une lettre aux loges maçonniques de Varsovie. Cette fois, sur ma demande, ils me donnèrent pour collaborateur un lieutenant d'artillerie nommé Chaillou, jeune homme plein de talent et de modestie, récemment sorti de l'Ecole polytechnique. Notre œuvre fut favorablement accueillie par les frères Varsoviens. Leur réponse ne se fit pas attendre; elle nous annonçait que les loges réunies de Varsovie nommeraient des commissaires chargés d'acheter et de faire confectionner, sans délai, des habits, du linge, des chaussures, des bonnets pour les prisonniers français, et que la distribution de ces effets commencerait dès que l'autorité militaire russe en aurait accordé la permission.

Effectivement, quelques jours après, des Polonais, accompagnés d'un officier russe et de je ne sais quel employé civil, se présentèrent à notre logement. Nos camarades des autres chambrées ayant été appelés, les distributions commencèrent. Je ne fus pas compris parmi ceux qui eurent part à ces premiers dons. Par un sentiment de fierté que je ne pus pas surmonter, j'attendis que les commissaires vinssent à moi; je n'en fus pas remarqué. Ma fierté était déplacée, je l'avoue, et ces braves Polonais, qui s'exposaient à la haine des Russes, avaient droit d'exiger que nous allassions promptement au devant d'eux. Mais, à n'en juger que d'après les règles d'une justice distributive bien entendue et bien ordonnée, ils auraient pu commencer par moi, car nul, parmi les officiers français—et je préviens ici mes lecteurs que, dans cette dénomination générale, je comprends les officiers des autres nations nos alliées — nul n'était dans un dénûment aussi absolu que le mien. Cependant il me fut promis qu'à la prochaine distribution on s'occuperait de moi. J'attendis l'effet de cette promesse.

Le lendemain matin vers onze heures, tandis que mes camarades dormaient, causaient, jouaient à la drogue, ou s'occupaient de cette toilette, de cette chasse aux poux à laquelle, dit-on, Pierre-le-Grand prenait tant de goût qu'il allait la faire dans les cabarets avec les Mougicks, moi, assis devant la porte du passage sur lequel ouvrait celle de notre chambre, je rêvais tristement à ma cruelle situation, à ma carrière pour longtemps fermée, à ma famille privée de mes nouvelles et plongée sans doute dans le désespoir, je rêvais à la France... de sinistres pressentimens me révélaient ses destinées prochaines. Pour la première fois, depuis ma captivité, je ne m'occupais pas exclusivement de moi... pour la première fois, mes pensées, jusque-là absorbées par mes maux personnels, s'arrêtèrent sur les chagrins de mes parens, sur les dangers de la patrie. Peu à peu, ces pensées, d'abord douloureuses et poignantes, devinrent plus douces; mon cœur, que tant d'atroces souffrances avaient en quelque sorte atrophié, s'attendrit à ces souvenirs; par degrés, entraîné dans une mélancolie qui n'était pas sans charmes, je cachai ma tête dans mes mains et je pleurai.

Le bruit d'une voiture qui s'arrêta à quelques pas de moi m'arracha à cet état que j'aurais voulu prolonger.

— Où se trouve le quartier des officiers français prisonniers? me demanda-t-on en français.

Je levai les yeux, et je vis, à la portière d'une voiture élégante traînée par deux superbes chevaux, un monsieur qui se découvrit, me salua et me répéta la même question. Je me levai pour lui rendre son salut.

— Ici, lui dis-je, en lui montrant notre logement, sont quinze officiers français; il y en a d'autres dans les deux maisons où vous voyez des sentinelles.

L'inconnu devait être un grand personnage; j'en jugeais ainsi à la recherche de ses habits, à la beauté de son équipage, et, plus encore, à la noblesse et à la dignité de ses manières. Il descendit de sa voiture et s'avança vers moi, après avoir demandé au factionnaire, qui allait et venait de la porte du passage à la boutique du juif, la permission de me parler; elle lui fut accordée. Il me tendit la main et d'une voix émue:

— Êtes-vous, monsieur, un des officiers qui logent dans cette maison?

— Oui, monsieur, quoiqu'il n'y paraisse rien à mes habits.

— Quoi! sans chaussures, et pour uniques vêtemens ce pantalon et cette chemise en haillons!

— Hélas! oui, monsieur; depuis Liégnitz, je suis ainsi. Hier, presque tous mes camarades n'étaient guère moins misérables que moi.

— Les barbares!... Vous pleuriez?... Il faut de la constance et du courage.

— J'ai l'une et l'autre!.. mais le souvenir de la famille, de la patrie...

— Oui, oui, je comprends.

— *Et dulces moriens meminiscitur Argos.*

Il me tendit de nouveau la main et me conduisit à sa voiture. Un domestique, à qui il adressa quelques mots en polonais, tira du caisson qui était sous son siège plusieurs paires de bottes et me les offrit. Je pris des bottes à la hussarde qui m'allaient bien, et je remerciai son maître les larmes aux yeux.

— Ce soir, je vous apporterai du linge, des habits, une coiffure... Je ferai pour vous ce que vous feriez pour moi.

Le domestique ouvrit la portière; alors j'aperçus, assise dans le fond de la voiture, une dame couverte de riches fourrures; elle échangea dans sa langue deux ou trois paroles avec le Polonais. Celui-ci me présenta à elle et me dit:

— Voilà ma sœur; elle s'intéresse vivement à vos malheurs et aux malheurs de vos compagnons; elle aime la France; dans notre famille, nous avons tous des sentimens français.

Je m'inclinai respectueusement devant la dame qui s'était approchée de la portière. Elle m'adressa quelques mots pleins de bonté en français, avec l'accent le plus pur, et d'une voix si douce que toutes les cordes de mon cœur vibrèrent, comme aux plus suaves mélodies de Dalayrac et de Boïeldieu.

Je répondis en balbutiant, et j'allais me retirer lorsque son frère me demanda si je voulais accepter un verre d'eau-de-vie de France. J'acceptai par un mouvement de tête machinal.

La dame descendit de voiture, et nous approchâmes tous trois de la boutique du juif.

Le factionnaire fut préalablement invité, et l'on me servit un verre de wodka, qualifié eau-de-vie de France. Je le portais à ma bouche, lorsque la dame polonaise avança, comme pour le prendre, sa belle main blanche dégantée. Son frère me fit signe de le lui donner; elle le prit, le toucha de ses lèvres en me saluant et le passa à son frère, pui me le rendit après en avoir bu quelques gouttes.

Ce Polonais était un homme de trente à trente-deux ans; tout, en lui, annonçait une haute naissance et l'habitude du commandement.

Cette Polonaise était une des plus charmantes personnes que j'aie jamais vues.

IX.

Varsovie.

Nouvelles de la France. — La police russe. — Oubli que je me reproche. — Habillement complet. — Instructions et conseils. — Catherine II et Souvaroff. — Extravagance excusable. — Confidence imprudente. — Regrets.

J'appris d'eux les malheurs qui menaçaient l'Empereur et la France; la meurtrière bataille livrée sous et dans les murs de Dresde; l'échec de Ney à Dennewitz, celui d'Oudinot à Gros-Beerden; la défaite de Macdonald sur la Kasback, celle de Vandamme dans les défilés de Pyrna.

Je croyais à l'étoile de Napoléon et au génie de la France. Qui m'aurait dit alors que le grand capitaine serait, par la trahison de quelques généraux et de ses alliés, arraché du trône où l'avaient élevé cent victoires!...Qui m'aurait dit que la France, alors l'arbitre et la maîtresse du monde, deviendrait sujette des Bourbons et vassale de quelques despotes?... Personne assurément n'aurait pu prédire de tels revers, et cependant j'éprouvais de cruels pressentimens. Ma douleur, les nobles Polonais la partageaient l'un et l'autre; mais l'un et l'autre croyaient que l'Empereur forcerait ses ennemis à implorer la paix.

Ils me dirent que les habitans de Varsovie, sans nouvellet positives du théâtre de la guerre, depuis la bataille de Dresde —ils n'en connaissaient les détails que confusément— étaient dans une grande et mortelle perplexité, que les Russes redou-

blaient de mauvais traitemens contre une population dont la
haine leur était connue, et que, sous le moindre prétexte, ils
[allai]ent arrêter ou enlever les personnes dont ils redoutaient
l'in[fluen]ce.

Pe[nda]nt cette conversation rapide, des détails sur moi, sur ma
famille, me furent demandés; ils intéressèrent vivement mes généreux protecteurs. Je n'osais leur demander leurs noms; ils me
le dir[en]t. C'est avec regret et confusion que je suis contraint
d'av[o]uer que je les ai oubliés : et, pourtant, le souvenir de ce
que je leur dois, est bien avant et pour toujours gravé dans mon
cœur! L'on verra dans la suite de mon récit que, longtemps
après, le besoin de leur témoigner ma reconnaissance m'engagea
dans une démarche que je faillis payer de ma vie.

A l'heure où j'écris ces lignes, quoique bien des années aient
passé sur les événemens que je retrace, je me trouve malheureux de mon oubli; je souffre de ne pouvoir hautement bénir
les noms de ces Polonais pleins d'une compassion si bienveillante
pour ma misère et qu'animaient des sentimens si français. Tout
ce dont je me souviens, c'est que le seigneur polonais avait fait
la campagne de Prusse en 1807, comme chef d'escadron des lanciers rouges ; qu'un de ses frères, tué à Eylau, avait un grade
éminent ; qu'un autre était, à cette même époque, aide-de-camp
du général Dombrowski. Le mari de sa sœur avait servi dans
l'état major du prince Poniatowski ; elle était veuve et paraissait avoir de vingt à vingt-un ans.

Le frère et la sœur se retirèrent : le premier me dit : « Au
revoir ! »

Le soir, vers quatre heures, beaucoup de personnes de tout
rang, de tout sexe et de tout âge, vinrent de Varsovie à Praga ;
quelques-unes, poussées par le désir curieux de voir des officiers
français, le plus grand nombre, pour nous montrer leur sympathie et nous aider de leurs secours.

La boutique du juif ne désemplissait pas ; bien des verres de
wodka furent offerts par nos frères de Pologne à leurs frères de
France; mais des Russes étaient là, sans cesse là, qui nous
épiaient et nous empêchaient d'échanger nos vœux pour notre
patrie commune, autrement que par le choc fraternel des verres
et des regards.

A cinq heures, le seigneur polonais et sa sœur parurent accompagnés de quelques autres personnes de haute qualité.
Parmi elles, était la noble sœur du brave et infortuné Poniatowski ; elle causa longtemps avec le capitaine adjudant-major
Rouquié qu'elle fit habiller complètement, ainsi que sa femme.
Plusieurs domestiques suivaient, chargés d'habits de toutes
les couleurs, de toutes les formes, de toutes les dimensions ; de
chaussures pour tous les pieds, de bonnets pour toutes les têtes, et d'une assez grande quantité de linge.

L'officier et l'employé civils russes que nous avions vus la veille, arrivèrent bientôt avec les commissaires délégués par les loges maçoniques, et l'on commença les distributions.

Je fus appelé le premier par les commissaires ; je choisis un pantalon, un gilet, trois chemises, un gilet de laine, une capote. Le seigneur polonais, jusque-là, avait affecté, ainsi que sa sœur, de ne pas me regarder; il s'avança vers moi, et, sans me saluer autrement que par un léger mouvement de tête :

— Prenez ceci, me dit-il en appuyant un peu sur le mot ; et il me présenta une pelisse en peau de mouton encore très passable, et un bonnet de paysan polonais que lui remit un domestique. On peut penser si je fus content d'un pareil cadeau ! J'emportai joyeusement mon butin dans la chambre commune, et, en moins de cinq minutes, je fus métamorphosé de la tête aux pieds, comme je l'avais été à Liégnitz par les soins de ma complaisante cousine, aux frais de son ami, M. le conseiller d'Etat de Berlin.

Je revins dans la rue, dont les deux extrémités — j'aurais dû le dire plus tôt pour l'intelligence de ce qui va suivre — étaient gardées par des soldats, et le milieu, dans la partie opposée à notre logement et un peu au dessous, par un poste. Je cherchais des yeux mon Polonais et sa sœur. Il vint à moi dès qu'il m'aperçut ; sa sœur, les yeux tournés d'un autre côté, ne bougea pas.

Nous étions près de la boutique du juif ; nous nous en rapprochions davantage ; et, pour avoir un prétexte de causer plus librement, un verre de wodka fut demandé. Après lui avoir exprimé ma profonde reconnaissance :

— Savez-vous, monsieur, lui dis-je, si nous resterons longtemps à Varsovie ?

— Je l'ignore ; l'autorité russe ne laisse rien transpirer des projets de son gouvernement à l'égard des prisonniers français ; si la guerre continue, il est possible que vous soyez envoyés en Sibérie.

— Nous sommes préparés à tout.

— Que feriez-vous pour échapper aux souffrances qui vous sont réservées et pour recouvrer la liberté ?

— Tout.

Il me regarda fixement. Il reprit :

— Même le sacrifice de la vie ?

— Même celui-là !

— Eh bien ! puisque vous êtes si résolu, je veux esssayer de vous rendre libre. La cause de la France est la cause de la Pologne... empêcher un Français de mourir sous le knout des Cosaques, dans les déserts de la Sibérie ou dans les mines de Kolivan, c'est conserver un ami à la Pologne, un ennemi à la Russie. Je voudrais pouvoir arracher aux Russes tous vos compagnons ; mais leurs espions nous entourent, leur police nous surveille ; elle visite fréquemment nos maisons. Je ne puis faire pour vos camarades ce que je veux tenter pour vous dont la jeunesse m'inspire un vif intérêt.

« Ecoutez : demain, au petit jour, dès que la porte du passage qui donne sur cette rue sera ouverte, jetez-vous dans la rue qui est en face; vous voyez qu'elle est inhabitée : elle fut détruite, ainsi que presque tout le faubourg de Praga, en 1794, par le Russe Souwaroff. — Au bout de cette rue, vous trouverez une plaine dont l'extrémité opposée est baignée par la Vistule. Franchissez cette plaine; sur les bords du fleuve il y aura une barque où vous verrez une charrette chargée de foin; entrez-y; évitez les regards du factionnaire. — Si, dans votre tentative d'évasion, vous êtes pris, je vous en préviens, vous courrez le risque de mourir sous le knouk.

— Je connais les Battoks, dis-je, et je lui racontai ma mésaventure.

Après lui avoir exprimé d'un seul mot mon éternelle reconnaissance, je lui jurai d'obéir en tout à ses instructions.

— Mais, m'écriai-je, monsieur, ne vous compromettez-vous pas au moins? Les plus horribles traitemens, les déserts de la Sibérie, la mort, je braverais tout, je supporterais tout, plutôt que la pensée que mon bienfaiteur expose ses jours ou sa liberté.

— Soyez tranquille, me dit-il en serrant ma main, mes précautions sont prises... Vous, ayez du calme et de la prudence, et tout ira bien.

En ce moment on nous apportait notre repas du soir; mes compagnons m'en avertirent. La dame polonaise s'approcha de nous :

— Dieu vous protége, dit-elle à voix basse, et tous deux se retirèrent.

Avec quelle impatience j'attendis la nuit! Avec quelle joie je la vis arriver! Il me tardait tant de me recueillir en moi-même, de me trouver seul avec mes souvenirs et mes espérances! d'échapper aux sentimens étroits et mesquins qui n'avaient trait qu'à moi, à ma conservation personnelle, à mes besoins vulgaires de tous les jours! Pour moi, tout était changé ou devait changer... J'allais être libre! libre! Ce mot, je le prononçais tout bas; je le pensais sans le prononcer. Mon cœur plein d'idées confuses et incohérentes, en proie à des sensations douces et poignantes, débordait de toutes parts. Cet état devint intolérable! j'avais beau me rappeler au calme qui m'était nécessaire pour embrasser l'ensemble de ma position d'un coup d'œil sûr, afin de peser mes chances de liberté ou de mort; le calme était loin de moi.

Puis, faut-il que je fasse un aveu qui, s'il coûte à mon amour-propre, témoignera au moins de ma sincérité?... Je n'étais pas occupé uniquement de mon évasion. Le souvenir de la jeune Polonaise me jetait en des pensées assurément fort extravagantes et indignes d'excuse chez un homme mûr, mais naturelles, je crois, et par cela même excusables chez un sous-lieutenant.

Je ne dormais donc point; je ne pouvais dormir... Un de mes camarades, M. X.... couchait à mes côtés, sur la même paille, Ma brusque agitation l'avait plusieurs fois réveillé. Réveillé de nouveau :

— Qu'as-tu donc? me demanda-t-il.
— Rien.
— Si fait, si fait.
— Bah!
— Que diable! tu te tournes, tu te retournes, tu pousses des gémissemens, tu parles tout seul, assez haut pour réveiller la chambrée; il est impossible que tu n'aies pas quelque chose. Es-tu malade?
— Mon Dieu non!
— Mon Dieu si! A moins que tu ne composes quelque mélodrame, que tu n'aies en tête quelque grand projet de fuite, de conspiration, je ne sais quoi enfin... Parle, parle donc!

M. X... élevait la voix; je craignis qu'il n'éveillât l'attention de mes camarades;... je me hâtai de le faire taire.

— Au nom du ciel! plus bas! lui dis-je.

Il me pressa, il m'accabla de questions... Y répondre avec franchise, c'était, je le sentais, une indiscrétion non seulement grave, mais condamnable; du secret de ma fuite, dépendait peut-être le repos de mon protecteur et de sa sœur, cet ange qui, pour le salut d'un Français, bravait si noblement la colère des tyrans de sa patrie. Je sentais tout cela; mais j'étais jeune, ardent, facile; mais j'éprouvais l'irrésistible besoin d'épancher mon cœur... Je cédai et je m'ouvris à M. X...

M. X... avait de l'esprit, de l'instruction, une grande douceur de caractère, des manières très polies; nous avions été camarades de spéciale (1), nous servions dans le même régiment; et je l'aimais.

M. X... écouta avec attention ma confidence. Quand j'eus fini, il vanta beaucoup le bonheur dont j'allais jouir, mais il se plaignit amèrement de l'abandon où je voulais le laisser.

Il n'avait pas d'autre ami que moi parmi les officiers du transport; que deviendrait-il quand il m'aurait perdu? quand il serait seul, lui déjà affaibli par les souffrances passées? Lui qui n'avait pas une âme forte et capable de se raidir contre le malheur? Au moment où les Russes nous avaient pris, ne nous étions-nous pas promis de courir même fortune, de nous aider en camarades, de nous aimer en frères? Ne pourrais-je pas intéresser à son sort le seigneur polonais qui me montrait une pitié si généreuse? Un

---

(1) Les élèves de l'Ecole militaire de Saint-Cyr la désignaient ainsi entre eux.

officier de plus dans sa maison ne serait pas une charge pour un homme qui paraissait riche, même opulent... D'ailleurs, lui, M. X..., savait le latin, le grec, l'italien ; il connaissait la musique et la peinture ; il pourrait tirer parti de ses connaissances et de ses talens ; il trouverait une place, sinon dans la maison de mon protecteur, du moins dans toute autre ; il ne dépendait donc que de moi de l'associer à mon sort.

Ce raisonnement, qui n'était que celui de l'égoïsme, aurait fait sourire un homme sensé et révolté un vieillard ; il me séduisit et me persuada, moi, pauvre jeune homme sans expérience des hommes. Je crus que le cœur était le seul conseiller que je devais suivre, et mes souvenirs classiques me rappelant Oreste et Pylade, Euryale et Nysus...

Ces noms sont beaux, mais ils sont dans la fable.

Je promis solennellement à M. X... de devenir libre avec lui, ou de partager sa captivité. Je fus fidèle à cette promesse...

Au point du jour, je fus réveillé par M. X... Je me levai aussitôt, et, après avoir fait ma toilette avec autant de soin que ma position le permettait, j'attendis sans impatience que le sergent du poste voisin vint rendre libre la porte du passage qui ouvrait sur la rue, et qu'il me fût permis d'y paraître.

L'incertitude est pour moi le plus épouvantable des supplices ; ce que je puis éprouver de malaise, d'anxiété, d'angoisses dans l'attente d'un événement important et décisif, ne saurait être compris que des hommes à sang chaud et à nerfs irritables. A la veille d'une entreprise hardie et dangereuse, même aujourd'hui, où les années ont calmé cette effervescence du sang et rendu paresseuse mon imagination, j'ai une fièvre d'inquiétude ; mais aujourd'hui, comme à l'époque où se sont passés les faits que je raconte, dès que ma résolution est arrêtée après un mûr examen, je redeviens parfaitement calme, et je puis ne plus m'en occuper jusqu'au moment de l'exécution.

Dans cette matinée, où j'allais jouer ma vie, non pas pour être entièrement libre—car en supposant le succès de mon évasion, je devais bien penser que je serais obligé de me cacher—mais pour échapper au fouet des Cosaques, aux battoks des Mougicks et aux horreurs de la Sibérie... dans cette matinée, qui tient une si grande place dans l'histoire de ma captivité, je conservai si bien mon sang-froid, que pas un de mes camarades ne soupçonna mon projet.

M X..., lui, était fort agité. Je le conduisis dans le passage dont il a été si souvent question, et là, je l'exhortai à se rendre maître de lui-même et à mieux déguiser ce trouble et cette émotion qui pouvaient trahir nos desseins. La veille, je lui avais donné toutes les instructions qui devaient en assurer le succès ;

je les lui répétai minutieusement. On voit que je ne doutais pas le moins du monde que le noble Polonais n'accueillît la requête que j'avais à lui présenter, je ne doutais pas davantage du succès de notre évasion.

X.

Varsovie.

Le moment favorable.—Requête par insinuation.— Réflexions posthumes.—Derniers conseils.—Mon évasion.—La Vistule.— La barque. — Le frère et la sœur. — La pipe du Mougick Polonias. — Je suis sauvé! — Je suis au corps-de-garde.

Tous nos camarades étaient encore couchés ; je restai sur la porte de la rue. La matinée était froide et sombre; il tombait quelque peu de neige ; pas une âme dehors! Le factionnaire placé dans la boutique du juif ne faisait pas attention à moi ; celui du poste voisin, au milieu de la rue, s'était blotti dans sa guérite... Quel moment favorable! Je suis persuadé aujourd'hui, comme je l'étais alors, que si je l'eusse saisi, ma fuite était assurée. Lié par ma promesse à X..., j'attendis que le Polonais, sans doute impatient de ne me point voir, vînt m'en demander la raison.

En ce moment, j'aperçus un homme au bout de la rue déserte en face de moi; ses regards étaient obstinément fixés sur les miens. Je le pris d'abord pour un Mougick polonais ; il en portait le costume; mais, en le considérant plus attentivement, je le reconnus sans peine... C'était lui! c'était mon Polonais!... Il me fit signe d'aller à lui... Un autre signe lui répondit que je ne le pouvais pas. Il lui échappa un geste d'impatience et il répéta son invitation. Je ne bougeai point ; alors il se décida, avec une répugnance marquée, à venir vers moi, par une autre rue. Dès qu'il fut dans celle où j'étais, il alla droit à la boutique du juif. La sentinelle fut invitée à prendre un verre de wodka, ainsi que plusieurs de mes camarades et quelques bourgeois qui venaient d'entrer. La conversation s'engagea entre eux. Le Polonais en profita.

— A quoi pensez-vous? me dit-il; vous avez laissé échapper une occasion précieuse, peut-être unique !... Chaque moment de retard rend votre fuite plus difficile et plus périlleuse !... Voici le grand jour! Heureusement, par ce temps rigoureux, peu de personnes sont dehors, et les factionnaires s'enferment; mais, au nom du ciel, hâtez-vous.

Il paya les verres d'eau-de-vie que nous avions bus, et il se disposait à me quitter.

Je le retins, alors, la rougeur au front et d'une voix embarrassée :

— Monsieur, lui dis-je, hier, dans les premiers moments de joie et d'ivresse que j'ai ressentis à l'espoir de fuir mes bourreaux, je n'ai songé qu'à moi ; moins égoïste aujourd'hui, je ne puis me résoudre à me séparer d'un ami faible, souffrant, malade, qui a besoin des secours et des conseils de mon amitié.

Puis, je le remerciai de ses intentions généreuses et de ses bontés, et je lui renouvelai l'assurance de mon éternelle reconnaissance.

La figure du Polonais s'était rembrunie pendant la requête que je lui présentais par insinuation.

— Je ne puis faire ce que vous me demandez, me dit-il d'un ton brusque... Il y a assez de danger à recevoir chez moi un officier français !... Je suis fâché, ajouta-t-il d'un ton plus doux, que vous pensiez ne pouvoir pas accepter mon offre ; vous m'avez inspiré un profond intérêt ; j'aurais voulu vous en donner des preuves... Ma famille aura du regret à tout ceci.

En disant ces mots, il me serra affectueusement la main, et il sortit de la boutique du juif.

M. X... vint me demander d'un air empressé le résultat de mon entrevue avec le seigneur polonais.

— Il a accepté, n'est-ce pas ? me dit-il.

— Non ; il a refusé.

Je restai seul.

Je ne serais pas sincère si je me donnais pour meilleur que je ne l'étais, et si je me montrais ici comme un martyr volontaire de l'amitié. J'avouerai donc que j'éprouvai des regrets, de cuisans regrets après le sacrifice que je venais de consommer.

J'étais depuis un quart d'heure plongé dans mes réflexions que j'appelerai posthumes, lorsqu'un homme passa près de moi. Je le reconnus à l'instant ; c'était encore lui ! mon protecteur !

— Je consens à tout, me dit cet homme généreux ; il commence à neiger beaucoup, la rue va être déserte, les sentinelles sont enfermées... Partez, vous et votre ami, l'un après l'autre... Du calme, du sang-froid, et bonne chance !

J'appelle M. X..., je lui apprends le changement qui s'est opéré dans notre situation.

— Je vais partir, lui dis-je ; cinq minutes après, suis-moi... Ne perds pas la tête !

Et je lui donne l'itinéraire que m'a tracé mon libérateur.

Me voilà sur la porte, guettant le moment propice ; il est venu. Une neige mêlée d'une pluie fine et pénétrante commence à tomber.

L'un des factionnaires est au fond de sa guérite et me tournait le dos pour éviter cette neige qui le frappe au visage ; l'autre est entré dans la boutique, personne qui puisse me voir.

En deux sauts je franchis la rue ; en quatre je suis au bout de celle qui fait face à notre logement.

Dès que je suis dans la plaine qui touche à la Vistule, je marche lentement, composant mon visage et cherchant à maîtriser les battemens de mon cœur ; enfin, j'aperçois la barque désignée... j'y entre ; il y était et sa sœur avec lui !... Je les salue du regard, et je vais m'asseoir à l'autre extrémité de la barque ; la charrette est entre eux et moi.

Un Mougick — peut-être était-il de la suite du seigneur Polonais — ôte de sa bouche la pipe en bois qu'il fume méthodiquement, l'essuie avec le bas de sa pelisse et me la présente sans mot dire. Je la prends en le remerciant par un salut silencieux, et je me mets à fumer, ou plutôt, j'en fais semblant.

Les cinq minutes d'intervalle se sont écoulées ; celles qui les suivent me paraissent plus longues que les plus longues nuits d'insomnie.

Immobile, les yeux tournés vers la plaine, j'attends d'un air calme en apparence, mais au fond avec la plus douloureuse anxiété, mon camarade, M. X... M. X... n'arrive pas !...

Le seigneur polonais passe près de moi ; ses yeux inquiets semblent m'interroger ; je baisse les miens. Il ne fait pas un geste de colère ou de reproche ; la générosité ne peut aller plus loin. Il retourne à sa place.

Quelques minutes s'écoulent encore ; peindre ce que j'éprouve de tourment et d'impatience est impossible.

Le Polonais revient ; ses yeux me disent cette fois qu'il ne peut plus attendre.

Je l'entendis donner aux bateliers l'ordre de rompre le câble ; ils obéissent, s'asseyent sur leurs bancs, prennent leurs rames, la barque fait un mouvement pour s'éloigner du rivage.

Je respire.

En ce moment, des cris... je les entends encore ! des cris retentissent à mes oreilles et figent le sang dans mes veines. Ces cris partent du rivage et, avant que j'aie tourné la tête de ce côté, un homme éperdu d'effroi se précipite dans le bateau ; c'est M. X... Un, deux, trois, quatre Russes s'y jettent après lui, le saisissent, le renversent, le traînent à terre en l'accablant d'injures, de menaces et de coups ; un officier survient qui le leur arrache des mains au moment où ils vont le massacrer, et leur ordonne de le conduire au corps-de-garde.

On conçoit ma position.

L'officier entre dans la barque, et, d'une voix menaçante, il interroge les bateliers sur la part qu'ils ont prise au projet d'évasion de mon camarade ; il nous examine les uns après les autres. Grâce à la pelisse et au bonnet que m'avait donnés le seigneur polonais — on voit maintenant dans quel but, — il voit en moi un jeune Mougick, et il passe outre.

Je me crus sauvé. J'allais l'être en effet, déjà le Russe était hors de la barque, lorsqu'un juif que je n'avais pas même remarqué, quoi qu'il fût en face de moi, l'appela, le conduisit près de moi, et me touchant de la main :

— *Eto Frantsouzkée sobaka!* dit-il — c'est un chien de Français. Qu'avais-je fait à ce misérable? Rien; mais en me livrant, le lâche montrait son zèle à l'un de ses tyrans.

L'officier, surpris, m'adressa en polonais quelques mots auxquels je ne pus répondre.

— Suivez-moi, monsieur, me dit-il en français.

Je le suivis. En passant devant mon protecteur j'éprouvai une émotion profonde; il dut la lire, je l'espère, sur mon visage sans se méprendre sur ses causes; quant à sa sœur, elle était pâle, immobile, prête à défaillir. Cette vue acheva de me troubler, et je me trouvai horriblement malheureux. Je fus plus touché de la douleur qui se peignait dans tous ses traits que du peu de succès de mon entreprise.

L'officier, à qui je venais d'être si perfidement livré, ne souffrit point, je lui dois rendre cette justice, que les Russes se permissent envers moi le moindre outrage; il passa son bras sous le mien et me conduit au poste.

J'y trouvai M. X..., triste, dolent et confus. Ses habits étaient en désordre et déchirés.

Le cœur plein d'amertume, je m'assis sur le banc où il était, sans lui dire un seul mot. Un soldat se plaça entre nous deux.

Quelques heures s'écoulèrent. De temps à autre, des sous-officiers et des soldats russes paraissaient à la porte du corps-de-garde, nous regardaient avec une curiosité méchante, et se retiraient en ricanant.

Quelquefois aussi, des Polonais montraient leurs figures bienveillantes derrière les barreaux de l'unique fenêtre qui éclairât notre prison; les vociférations et les menaces des factionnaires les forçaient à se retirer.

Je voulus interroger notre gardien sur le sort qui nous était **réservé**.

— Nieznaiou-chikoti—je n'en sais rien... tais-toi!—Telle fut sa réponse.

Tout ce que je voyais, tout ce que j'entendais, tout ce qui se passait autour de nous me paraissait d'un sinistre augure.

A dix heures, nos camarades de chambrée, instruits de notre aventure, nous envoyèrent notre déjeuner; nous ne pûmes y toucher. A quatre heures du soir, enfin, entrèrent dans le corps de garde une espèce de commissaire de police russe, un interprète, l'officier qui avait arrêté M. X... et moi, et le soldat qui était en faction au moment de la malencontreuse tentative de mon camarade.

L'identité constatée, le premier de ces personnages nous interrogea séparément dans toutes les formes. Il nous demanda si, parmi les habitans de Varsovie, un ou plusieurs avaient favorisé notre fuite, si nous avions des intelligences dans la ville, si nous connaissions beaucoup de citoyens, si nous savions que des Français fussent cachés dans leurs maisons, si nous connaissions ces maisons, si ces Français étaient venus nous voir, si nous avions, mon ami et moi, concerté le projet de nous évader, si nos autres compagnons avaient formé le même projet, et quels étaient leurs moyens d'exécution, etc.

Nos réponses à ces questions furent ce qu'elles devaient être : négatives.

L'interrogatoire, en double original, écrit en russe par le commissaire, et en français par l'interprète, fut signé par eux, par l'officier moscovite, par M. X., et par nous.

Ces messieurs se retirèrent.

La nuit vint; on nous reconduisit à notre logement. Nos camarades, fort inquiets sur notre sort, nous revirent avec plaisir, et j'éprouvai, à mon tour, en me retrouvant au milieu d'eux, la joie douce qu'on ressent à revoir des amis dont on a craint d'être séparé pour toujours.

Je ne fis aucun reproche à M. X.

Je m'étendis tranquille et content sur ma paille, et je passai ma nuit à songer à mon seigneur polonais et à cet ange qui avait tout risqué pour me sauver. Quant à M. X... silencieux à mon côté, peut-être dormit-il, ou s'il ne dormit point, peut-être mûrit-il le projet de devenir libre. Ce projet, il l'exécuta quelques jours après, mais il n'eut garde de me le communiquer; il aurait été obligé de me faire la même promesse qu'il avait exigée de moi. En se tenant sur la réserve, son égoïsme s'épargna la honte de manquer à ses engagemens. Pylade fit défaut au pauvre Oreste; Euryale abandonna le trop confiant Nisus.

XI.

Varsovie.

Préoccupation des Polonais et des Russes. — Les tambours et le canon. — Le cercueil du général Moreau. — Honneurs flétrissans. — Protestation silencieuse. — Mme la duchesse d'Abrantès. — Malheurs publiés et privés. — La femme du capitaine Rouquié. — Le chien d'Ulysse.

Deux ou trois jours s'étaient écoulés depuis ma malheureuse tentative d'évasion. Un matin, causant devant la porte de notre logis, avec quelques camarades de chambrée, nous remarquâmes sur les visages des Russes et des Polonais qui passaient devant nous, une expression singulière qui attira toute notre attention. C'était un air d'étonnement, une sorte d'inquiétude ; tous marchaient rapidement, en s'entretenant avec vivacité et à voix basse, comme des gens qui s'enquièrent de choses sérieuses et graves, et qui se communiquent des sujets de surprise et de crainte. Nous fîmes à l'instant mille suppositions, mille conjectures, mille châteaux en Espagne.

— Les Russes, battus, étaient, disaient les uns, en pleine déroute... La Pologne, debout pour les écraser, s'écriaient les autres, redevenait libre ; nous allions revoir ses nobles drapeaux si souvent et si longtemps émules et rivaux des nôtres, sur tant les champs de bataille.

Ainsi parlaient les vieux soldats qui, doués d'une foi inébranlable en l'étoile de Napoléon, croyant tout facile à son génie, étaient persuadés que cette étoile n'avait pâli un seul instant, que pour briller plus radieuse ; convaincus que ce génie n'avait failli un jour, que pour se relever plus redoutable.

Aux yeux de ces hommes, la confiance dans l'Empereur, une confiance aveugle, sans examen et sans discussion était un article de foi politique et religieux : ne pas l'adopter en entier, c'était un crime, un sacrilége, tant Napoléon les avait accoutumés à ses prodiges ! tant il avait reculé à leurs yeux les bornes de l'impossible !

Les plus jeunes étaient non moins passionnés pour la gloire militaire de Napoléon, et aussi dévoués à sa fortune et à sa personne, mais ils raisonnaient mieux leur enthousiasme, — si ces mots enthousiasme et raison ne s'étonnent pas trop de se trouver ensemble. — Pour eux, Napoléon n'était ni impeccable, ni invincible.

Ils admettaient comme possible, une suite de revers qui ne permettraient pas de sitôt à la Pologne, de relever ses drapeaux, et, à nous, de rejoindre nos aigles et de retourner dans notre patrie.

Ceux-là n'attribuaient donc pas la préoccupation qu'on lisait sur les figures des Russes et des Polonais, à un triomphe de nos armées ; ils pensaient, au contraire, d'après quelques confidences faites à la hâte, et à voix basse, par les Varsoviens qui venaient nous visiter, que les armées combinées avaient obtenu d'importans succès.

Les efforts désespérés de Napoléon à la bataille de Dresde, dont les résultats et les détails leur étaient imparfaitement connus, les confirmaient dans cette opinion. Je la partageai avec les capitaines Neigle et Jackson, le lieutenant Lemierre, l'adjudant Bruno, et quelques autres, en petit nombre à la vérité, qui mettaient des restrictions à leur amour et à leur admiration pour Napoléon ; aussi nos autres camarades nous appelaient-ils républicains.

Nous devisions ainsi, vieux et jeunes, lorsque, du côté de

Varsovie, nous entendîmes des roulemens prolongés et des batteries de tambours, auxquels se mêlait par intervalles le bruit du canon. Tout cela annonçait que des honneurs extraordinaires étaient rendus par la troupe à quelque grand personnage.

Nous voilà lancés dans mille conjectures plus extravagantes les unes que les autres; un Polonais, passant rapidement devant nous, nous dit en français, sans nous regarder :

— Le cercueil du général Moreau ! Moreau a été tué à Dresde !

Le cercueil de Moreau ! Moreau tué à Dresde dans une bataille où commandait Napoléon ! — Les restes de Moreau à Varsovie... — y recevant des Russes les honneurs militaires !

Il faudrait avoir été dans notre situation, prisonniers de l'Europe coalisée, jetés en dehors de toutes les relations sociale séparés depuis deux mois de la grande famille sans nouvelles de la patrie, pour bien concevoir l'émoi, l'anxiété, la stupeur, le bouleversement d'idées où nous plongea une telle nouvelle.

Moreau tué à Dresde! Le cercueil de Moreau à Varsovie ! Mais, — disions-nous, — depuis neuf ans le général Moreau a quitté la France et en est exilé.

— Bah ! observait l'adjudant Bruno qui avait servi sous ce général, l'Empereur l'a rappelé.

— Mais, disait-on, pourquoi son corps a-t-il été porté à Varsovie ?

— Où le porte-t-on maintenant, demandait un camarade.

— Pourquoi, disait un autre, les Russes rendent-ils des honneurs à son cercueil ?

Enfin, un d'entre nous, Hutteau, je crois, s'écria :

— Eh ! mes amis, nos malheurs ont-ils éteint notre mémoire? Ne vous souvient-il plus de ce mot de Langeron, de cette nouvelle que nous regardâmes comme une calomnie dirigée contre la France, dans la personne d'un de ses plus nobles enfans ? vous souvient-il plus que le Gallo-Russe nous dit que Moreau allait commander les armées combinées?

— Il nous dit, s'écria Jackson, que les Russes iraient tout droit à Paris.

— Et Puthod, m'écriai-je à mon tour, notre brave Puthod fit, à cette insolente jactance, une réponse que j'estime autant qu'une victoire.

— Nous nous en souvenons ! nous nous en souvenons ! dirent à l'instant tous nos camarades... Aucun de nous ne voulut croire à une trahison de Moreau.

Fallait-il donc y croire ? Fallait-il penser que le héros d'Hochstedt et de Hohenlinden, traître à sa renommée et à sa patrie, avait vendu l'une et l'autre aux despotes qu'il avait vaincus à la tête des légions républicaines?

Il avait trempé dans la conspiration de Georges et de Pichegru; mais était-il capable de commettre un parricide?

Nous doutions encore, et nous entendions toujours le roulement des tambours et le bruit du canon. Enfin les tambours cessèrent de battre et les canons de gronder, et alors, seulement alors, cessa tout à fait notre incertitude sur les circonstances de la mort du général Moreau.

Devant nous défilèrent plusieurs voitures. Dans la première, drapée de noir, était le cercueil du général; dans la seconde, nous vîmes une femme, sa veuve,—la cause et l'instigation de sa trahison,—cette veuve à laquelle Louis XVIII, rentrant en France, après dix-neuf ans de règne *in partibus in fidelium*, devait donner le titre de *maréchale*. Deux ou trois généraux russes étaient avec elle. Deux voitures étaient occupées par des personnes d'un rang moins élevé; des détachemens de cavalerie précédaient, suivaient et flanquaient la voiture de deuil, devant laquelle nous restâmes assis et couverts. Pauvres prisonniers, sans appui, sans ressources, sans protections, nous vengeâmes, autant qu'il était en nous, la patrie outragée et trahie; autant qu'il était en nous, nous bravâmes nos geôliers-bourreaux par notre attitude et notre silence.

L'indignation des Polonais était égale à la nôtre, étant comme la nôtre une énergique protestation de patriotisme.

Le mot de Langeron n'était que trop vrai, Moreau avait trahi.

Le général républicain était mort aux gages de la Russie, à la bataille de Dresde! L'Autocrate russe faisait conduire ses restes à Pétersbourg, où ils devaient être inhumés avec pompe et solennité, à côté de Poniatowski, le premier amant de Catherine, qui fut le plus aimable des hommes et le plus lâche des rois.

Mme la duchesse d'Abrantès a imprimé, dans ses mémoires, une relation peu exacte de la translation des restes de Moreau à Varsovie.—Son cercueil, dit-elle, déposé dans la salle basse d'un hôtel où l'Empereur, arrivant de Smorgoni, avait eu avec l'abbé de Pradt une conférence, l'année précédente, fut abandonné par les hommes chargés de l'escorter, ces hommes étant occupés à boire et à manger; aucun honneur ne fut rendu à ce cercueil qui partit sans escorte pour Saint-Pétersbourg.—J'en demande bien pardon à Mme la duchesse; les faits ne sont pas tels qu'elle les a racontés, mais tels que je les rapporte; elle n'était pas à Varsovie et j'y étais.

Les jours suivans nous apportèrent de nouvelles douleurs. Nous apprîmes, coup sur coup, la retraite de l'armée à travers des populations soulevées contre elle; l'abandon successif des Bavarois, des Wurtembergeois, des Badois, des Westphaliens; la défection des Saxons, les désastres de Brunswick, la mort de Poniatowski. Nos cœurs saignaient à ces tristes nouvelles. Alors je vis, dans un avenir peu éloigné, la France livrée par la trahison, à toutes les horreurs de la conquête, mais il ne me vint pas dans la pensée, que la race anti-nationale des Bourbons dût jamais régner sur cette France, qui avait fait ou sanctionné le 14 juillet et le 10 août.

Aux malheurs publics se joignirent des malheurs privés. Nous eûmes à déplorer la perte de vieux camarades qui, pour nous, étaient tout un passé de gloire et de patriotisme. Nobles débris des immortelles campagnes de la révolution, ils avaient combattu sur tous les champs de bataille de l'Europe ; ils succombèrent à une de ces maladies de l'âme dont on ne peut guérir qu'en revoyant le champ paternel, le toit de la famille dont on s'est cru banni pour toujours : la Nostalgie, appelée par nos soldats avec une énergie si touchante *le mal du pays*. Ce mal fit dans la suite de nouvelles victimes, toujours parmi les plus âgés d'entre nous, parmi ceux qui auraient dû, selon nous, montrer le plus de fermeté contre les revers ; nous nous trompions, depuis je l'ai compris. A nous autres, jeunes gens pleins de jours et d'espérance, la France apparaissait toujours au fond de notre avenir. Nous pouvions attendre. Mais pour eux, pour les vieux soldats qui, après tant de travaux et de souffrances, n'avaient demandé au ciel, que quelques instans de halte entre le clocher et le cimetière de leur village, chaque heure était comptée, chaque pas sur la terre d'exil les menait à une tombe étrangère.

Le capitaine à la petite chienne turque, Rouquié, perdit sa femme. A l'issue du combat si fatal à la division Puthod, il avait oublié de la protéger ; cet inconcevable oubli avait causé, peut-être, la mort de cette infortunée. Mais, du moins, depuis Lowenberg jusqu'à Varsovie, il fit tout ce qui dépendait de lui pour alléger les chagrins et les souffrances de sa compagne, pour soutenir son courage au milieu de si terribles épreuves ; pour diminuer autant que possible les inconvéniens de tous les jours, de toutes les heures, de toutes les localités qui rendaient la position de Mme Rouquié si gênante, si difficile et si délicate. Elle avait retrouvé en lui un ami vrai, un protecteur dévoué, un époux tendre ; à son dernier soupir, elle put lire dans ses yeux une douleur sincère et profonde.

Si je pouvais oublier un instant les tortures morales et physiques de cette triste victime des horreurs de la guerre, j'appellerais peut être l'intérêt de mes lecteurs sur le dévouement du vieux soldat pour le fidèle animal qui partagea constamment sa bonne et sa mauvaise fortune ; qu, prisonnier avec son ami, fut exposé comme lui au froid, à la faim, aux fouets des Cosaques, des Kalmoucks et des Backkirs ; parcourut avec lui deux mille lieues ; revit avec lui la France, abrita ses derniers jours sous son toit hospitalier, l'aida à manger sa modeste demi-solde, et s'éteignit doucement à ses pieds, comme le chien d'Ulysse, en caressant son maître.

Cependant l'autorité militaire russe venait de nous donner l'ordre de nous tenir prêts à marcher vers Grodno. Quelques jours après nous quittâmes Varsovie.

XII

Route de Grodno.

Adieux à Varsovie. — Coup-d'œil sur notre situation. — Les Kalmoucks et les Bachkirs. — La côte de Chou. — La chanson des Bashkirs. — Tulou, Drouet, Lays. — Cruautés des Kalmoucks. — Redoublement de misère. — Démoralisation. — La nostalgie. — Singulier contraste.

En m'éloignant de cette noble cité où j'avais reçu des témoignages d'une sympathie si généreuse, il me sembla que je quittais une patrie; était-ce le pressentiment secret que Varsovie, trahie par la fortune de la France, vaincue comme elle, subirait comme elle la loi du plus fort? Jeune et ignorant des choses du monde politique, je ne pouvais prévoir que les despotes du Nord, après un partage inique et sanglant, s'adjugeraient le pays des Jagellans, et cependant je partais de Varsovie avec autant d'amertume au cœur que si la Pologne eût été pour moi la terre de France. Je me retournais involontairement à chaque pas pour voir les sommets de ses monumens; tout bas je murmurais des vœux pour le bonheur et la liberté de la Pologne. Quand les cimes des églises et des autres édifices eurent disparu à mes yeux, je fus découragé et je me trouvai malheureux comme on l'est en se séparant des objets de ses plus chères affections.

Je pensais que je ne reverrais plus ce frère et cette sœur, dont le dévoûment avait été sur le point de briser mes fers; je leur souhaitais avec ardeur de longues années, et des prospérités dignes de leurs vertus.

— Adieu, disais-je intérieurement, adieu pour jamais! Et c'était à grande peine que je retenais mes larmes. Enfin, faisant un effort sur moi-même, je lançai un dernier adieu à la cité fraternelle et à mes généreux bienfaiteurs, et je me mis en route, en me jurant de ne pas me laisser abattre par les malheurs que me gardait ma mauvaise fortune.

Notre convoi n'était plus composé que de cent officiers et de mille à douze cents soldats.

Le séjour de Varsovie avait été funeste à bien des nôtres, surtout à nos soldats; la nuit, ils étaient entassés dans des logemens étroits et malsains; le jour, ils étaient parqués dans un champ, derrière le faubourg de Praga, et couchés dans la boue.

La charité ingénieuse et inépuisable des Varsoviens avait tout tenté pour adoucir leur misère ; elle était parvenue, à force de ruses, de dévouement et de persévérance, à donner des habillements, des chaussures, du linge, quelque peu d'argent à plusieurs d'entr'eux ; les autres, moins heureux, étaient restés dans le plus affreux dénûment ; ils succombèrent presque tous.

Ceux que les hôpitaux de Varsovie n'avaient pas recueillis, et qui partirent avec nous de cette ville, n'arrivèrent pas à Grodno, pas même à Bialistock ; la dyssenterie se déploya parmi eux avec plus de fureur qu'à Varsovie même, et les acheva par centaines dans les premières journées de marche.

Nous n'avions plus, pour nous escorter, ni Cosaques, ni Mougicks ; ces barbares avaient été remplacées par des Kalmoucks et des Bachkirs, ces derniers se montrèrent doux, bons, faciles et bienveillans. Les Kalmoucks étaient, au contraire, cupides et voleurs ; impitoyablement féroces, comme les Cosaques et les Mougicks, ils égorgeaient à quelques pas derrière nous ceux qui, pour des causes diverses, étaient obligés de s'arrêter sur la route.

Les Kalmoucks et les Bashkirs formaient l'arrière ban de la Russie. Elle s'était épuisée pour vomir contre la France tout ce que ses contrées les plus sauvages, ses déserts les plus reculés, ses steppes les plus incultes, renfermaient d'hommes en état de porter les armes. Mais, quels guerriers, grands dieux ! que ces barbares sans lois, sans frein, sans discipline ; mal équipés, mal armés, mal montés, à opposer à ce qui restait dans notre armée, des vainqueurs de Fleurus, des Pyramides, de Marengo, d'Arcole, d'Austerlitz et de Mojaïsk ! à opposer à nos conscrits déjà si instruits, si noblement jaloux de suivre et d'égaler leurs aînés.

Les Kalmoucks et les Baschkirs étaient plus mal montés, équipés et armés que les Cosaques irréguliers. Leurs chevaux maigres, fluets, de petite taille, avaient, pour bride et pour étriers une corde pour mors un morceau de bois, pour selle deux coussins de cuir placés l'un sur l'autre. Ces cavaliers juchés sur leurs coussins élevés, ces misérables montures à la tête et aux oreilles basses, cheminant péniblement sur une route fangeuse, au milieu d'une nature morte ou au travers d'une forêt de noirs sapins, présentaient une tableau bizarre, digne du pinceau de Callot et de Charlet (1).

---

(1) M. Schnitzer dit, dans son essai sur la statistique générale de l'Empire de Russie, que les chevaux kalmoucks se font admirer comme ceux des Bachkirs pour la beauté de leurs formes ; cela se peut ; mais j'affirme que les chevaux de nos Bachkirs et de nos Kalmoucks n'avaient de remarquable que leur laideur.

taient armés d'une lance et d'un sabre de facture anglaise; à côté du sabre pendaient un couteau dans sa gaîne, un fer pour l'aiguiser et un sac à tabac.

Les Bachkirs avaient de plus que les Kalmoucks, au côté de leur selle, un arc et un carquois rempli de flèches. Certes! ni Teucer, le Télamonien, ni Pandarus, de Troie, n'auraient reconnu en eux leurs rivaux; et si les Parthes n'avaient pas été plus habiles que les archers qui flanquaient notre convoi, ils n'auraient probablement pas vaincu les légions de Crassus.

Le costume de cette singulière cavalerie répondait à son équipement et à ses armes.

Bachkirs et Kalmoucks portaient sur la peau une chemise de toile enduite de graisse ou de suif; une tunique en laine bleu-pâle, coupée sur le devant par des bandes d'une étoffe de couleur tranchante, et serrée au-dessus des hanches par un ceinturon, d'où pendaient le sabre, le couteau, le fer à aiguiser et le sac à tabac, des bas de cuir, des pantalons larges qui entraient dans des bottines de cuir jaune à peine tanné, et une pelisse en peau de cheval, appelée toulou.

Les Kalmoucks étaient coiffés de bonnets plats sans visière, entourés d'une fourrure en corde.

Les bonnets des Tatares des bords de l'Oural et du Volga — le Rhymnus et le Rhao des anciens — étaient de forme conique, très hauts et très pointus; celui de leur chef était, à sa base, garni d'une fourrure d'hermine. Une tunique de même couleur que le bonnet parait ce général, car c'est le nom ambitieux que lui donnaient ses soldats qui avaient pour lui une si grande vénération, qu'ils l'appelaient aussi Aktchakal,—barbe blanche —quoi qu'il n'eût guère plus de quarante ans et qu'il portât une barbe rousse.

La laideur des Tatares des deux rives de la Couma était hideuse; elle portait le caractère de la bassesse et de la cruauté : une tête carrée, des cheveux noirs, durs et luisans, des oreilles détachées, des sourcils en l'air, des yeux étroits, avec une peau tendue extérieurement vers le canal lacrymal; un nez large et plat; ainsi que tout le visage; une barbe énorme, de grosses lèvres, des dents mal rangées; une taille sans grâce et au-dessous de la moyenne; voilà les Kalmoucks.

Les Bachkourtes, ou hommes aux abeilles — du mot tatare kourt, abeille — étaient peut-être aussi laids, mais bien moins repoussans. Quoique leur abord fût rude et grossier, leur teint bilieux et maladif, leur visage large et plat, leur physionomie ne manquait pas cependant d'un certain agrément; on y trouvait un cachet de douceur et de gaîté. Ils avaient la tête rasée, avec un seul bouquet de cheveux au sommet, et ils portaient une calotte ornée de broderies en couleurs, sous leurs bonnets; leur barbe, peu épaisse, ressemblait à celle des boucs, ou,— qu'on me pardonne la comparaison, — à celle de certains fashionables parisiens qui se dévouent si gratuitement et si généreusement à la caricature et au ridicule.

Nos Baschkirs professaient la religion mahométane, se nourrissaient selon les préceptes du Coran, faisaient les ablutions prescrites à tous les vrais croyans, ne manquaient jamais de se tourner vers la Mecque en récitant leurs prières ; mais nous remarquâmes plusieurs fois qu'ils mêlaient à leurs pieux exercices des coutumes et des cérémonies de paganisme.

La religion des Kalmoucks était celle des peuples du Thibet ; il y avait parmi eux un prêtre qu'ils appelaient Ghelune, lequel était en même temps Jemtchi, — médecin. — Ce grave personnage s'abstenait des liqueurs fortes que les Kalmoucks aimaient avec une sorte de fureur.

Le chef des Kalmoucks ne prenait pas, comme celui des Baschkirs, le titre de général ; ses soldats le nommaient *Os-Blanc*, et lui témoignaient le plus grand respect et la plus aveugle soumission, ainsi qu'au Ghelune-Jemtchi. Ils étaient ses sujets, ses esclaves, c'est-à-dire ses *os noirs*.

Telle était notre escorte ; un officier la commandait ; c'était un homme jeune encore. Sans autoriser les mauvais traitemens des Kalmoucks à notre égard, il n'avait contre eux ni ordres, ni châtimens ; j'ai oublié son nom ; il nous quitta à Grodno. Il avait avec lui une douzaine de soldats et un sous-officier d'infanterie, appelé Pouskoï, qui joue un assez grand rôle dans cette histoire.

Les Baschkirs, si j'en juge d'après les nôtres, aiment la musique ; leurs voix, agréables dans leurs divers diapazons, formaient des accords qui, quoi qu'un peu nazillards, n'étaient cependant ni sans expression, ni sans mélodie. Leurs airs simples et naïfs s'adaptaient bien aux sentimens qu'ils voulaient peindre ; la mort d'une mère ou d'une épouse, l'inconstance d'une maîtresse, les inquiétudes de l'amour, les tourmens de la jalousie, la patrie absente. Ces peuples nomades, ces tribus de pasteurs, ces Bachkourtes qui nous présentaient le tableau de la société dans son enfance ont une musique empreinte de gravité et de mélancolie, parce qu'ils puisent presque tous les sujets de leurs chants dans les affections intimes du cœur, et que toujours, au fond du cœur, de l'homme il se cache une douleur. L'air Bashekir que l'on trouvera noté à la fin de ces mémoires plaisait singulièrement à Lays, qui le trouvait plein de simplicité et de naturel, et d'une grâce à la fois douce et rêveuse. Il abrégeait l'ennui de nos marches sous les pluies sombres et froides de la fin d'octobre, et nous arrachait un moment à la triste réalité ; je ne me le suis jamais rappelé sans attendrissement.

Il n'y avait pas seulement des chanteurs parmi les Bachkirs ; il y avait encore des joueurs de flûte. Certes, Tulou et Drouet n'auraient pas craint de tels rivaux ; cependant nous les écoutions avec plaisir; nous nous surprenions même à applaudir aux sons criards, nazillards et monotones qu'ils tiraient de leurs flûtes, si l'on peut donner ce nom à des côtes de choux forées; c'est que ces sons rappelaient à quelques uns d'entre nous le doux souvenir de leurs montagnes, le flûteau, le hautbois, le chalumeau, la cornemuse, les chants et les danses des pastours.

La musique des Baschkirs suspendait donc nos chagrins; mais leurs chants et leurs accords cessèrent bientôt. Le septième ou le huitième jour de notre départ de Varsovie, un froid vif et pénétrant se fit sentir; ses premières atteintes furent cruelles et meurtrières. Ceux des nôtres qui n'étaient pas chaudement vêtus, ceux-là surtout que la dyssenterie avait attaqués y succombèrent tout d'abord. Officiers et soldats, nos rangs s'éclaircissaient de plus en plus, sous les coups redoublés de cet épouvantable fléau, et les atrocités dont les Mougicks nous avaient rendus témoins et victimes, les meurtres, les assassinats se renouvelèrent sous la main des Kalmoucks; on eût pu aisément suivre nos traces aux cadavres des traînards, sanglans jalons dont les égorgeurs marquaient notre route.

Au froid, de jour en jour plus intense, la faim joignait ses tortures.

Nous nous traînions quelquefois pendant huit ou dix lieues sans trouver une ville, un bourg, un village, un hameau, où nous pussions trouver un peu de nourriture. Partout des ruines, rien que des ruines, funestes et derniers vestiges de la grande lutte de 1812!

Quand nous trouvions un champ semé de pommes de terre, nous les arrachions avec nos ongles, si nos conducteurs nous le permettaient; les uns les dévoraient avec avidité; — ces crudités, loin de les nourrir, affaiblissaient et alanguissaient leur estomac; — d'autres, moins affamés, les conservaient précieusement dans une espèce de sac en toile qui renfermait aussi le peu de linge et d'effets dûs à la pitié fraternelle des habitans de Varsovie.

Chacun de nous avait un de ces sacs pendu à son cou et portait de plus un pot de terre où, le soir, à l'étape, cuisait son pauvre souper de choux, de betteraves ou de pommes de terre. On ne nous distribuait pas de vivres pour la journée; le soir, dans les endroits où nous devions passer la nuit—nous ne bivaquions plus depuis notre départ de Varsovie,— l'officier russe ordonnait aux paysans chez qui nous étions logés, de nous fournir du pain et de l'eau (klèba, voda) : ces braves gens nous donnaient, quand ils pouvaient se soustraire à la vigilance des Kalmoucks, du fromage — suir — et du millet — kacha — que nous mangions comme du riz cuit à l'eau, et une espèce de biscuit appelé soukaré.

Mais ces libéralités étaient fort rares, car notre escorte empêchait toute communication avec nous; on voit donc que notre pitance quotidienne ne suffisait pas à nous préserver de la faim.

Notre misère, tous les jours accrue par la rigueur de la saison, les marches forcées, le défaut de nourriture, des alimens malsains, par la recrudescence de la dyssenterie et les mauvais traitemens des Kalmoucks, dénatura enfin notre caractère. Vaincus par tant de souffrances, presque tous s'abandonnèrent eux-mêmes; nous devînmes presque tous aigres, moroses, farouches, sans pitié pour les faiblesses ou les besoins de nos camarades; dès lors, plus de courage dans ces cœurs jadis inébranlables, qui avaient bravé les sables brûlants de l'Egypte, les frimas de la Russie, les poignards espagnols et les stilets napolitains; dès lors, plus de cette gaieté française, si puissante au milieu des revers, si héroïque en face des dangers, si naturelle, en toute circonstance, à notre nation qu'elle est une des vertus du soldat.

Quelques-uns offraient un spectacle bien déplorable! Tantôt, en proie à la plus noire tristesse, ils gardaient un opiniâtre silence! Tantôt, parmi eux, comme chez de faibles femmes, on n'entendait que soupirs, gémissemens et sanglots! ils avaient perdu tout sentiment de leur dignité d'hommes. En peu de jours, leurs yeux rouges et ternes, leurs joues creuses, leurs poitrines haletantes, tout indiqua les rapides progrès du plus effrayant marasme. C'était la patrie absente!, c'était le *mal du pays*! ils en moururent

Les capitaines Thuriot et Reymacker succombèrent les premiers. Ces braves soldats, partis avec la levée en masse de 1792, avaient fait toutes les guerres soutenues par la France depuis cette époque gigantesque. Leur stature et leur force rappelaient le fabuleux Hercule. La Nostalgie brisa ces corps de fer... ils étaient époux et pères; leurs femmes, leurs enfans leur apparaissaient à toute heure, souffrant de leur absence, en proie à des besoins sans cesse renaissans, et réclamant leurs secours!

La Nostalgie enleva des officiers plus jeunes que Reymacker et Thuriot, et fit des vides profonds dans le convoi des sous-officiers et des soldats. Nous observâmes que les hommes qui résistèrent le moins à cette terrible maladie étaient nés dans les pays de montagnes. Avant d'endosser le harnais militaire, ils avaient porté le sayon du paysan et la casaque du pâtre, dans les départemens du Puy-de-Dôme, du Cantal, de la Lozère, de l'Ardèche, du Gard, de l'Hérault, des Hautes et Basses Pyrénées des Basses et Hautes-Alpes.

Ces malheureux erraient sans cesse, en idée, sous les ombrages qu'abritaient leurs cabanes au bord de ces eaux où s'abreuvaient leurs brebis; à la cime de ces rocs où ils poursuivaient l'isard d'un pied infatigable; sur la lisière de ces bois où ils avaient le soir attendu le renard et le lièvre. Ils revoyaient les compagnons de leur enfance; ils se mêlaient à ceux d'un âge plus mûr; avec eux, ils assistaient à ces fêtes du dimanche si bruyantes et si joyeuses, sous les yeux de leurs vieux pères, de leurs vieilles mères, de leurs jeunes sœurs, près de leurs premières amours... Ces souvenirs si doux, tout les leur rappelait : la vue d'un troupeau, l'aspect d'un village, la forme d'un clocher, le son d'une cloche, la rencontre d'un paysan, les aboiemens d'un chien. Nul effort ne pouvait les distraire ; alors, leurs yeux se remplissaient de larmes; plus de courage, plus de repos, plus d'appétit, plus de sommeil, ou si, vaincus par la fatigue, ils s'endormaient quelques instans, ils revoyaient dans leurs songes tous les objets aimés qu'avaient appelés pendant la veille leurs désirs impuissans et leurs vains regrets.

Quant à moi, je ne ressentis aucune atteinte de ce mal. Certes, je ne dus mon salut, ni à ma philosophie, ni à une nature forte et énergique, ni à une constitution robuste, mais à mon inexpérience de la vie et à mon insouciance, heureux défaut de la jeunesse, et à un laisser-aller qui est encore aujourd'hui, le fond de mon caractère, et qui me préservait de toute crainte sérieuse des maux à venir.

Moi et trois ou quatre de mes amis, élèves de l'école de Saint-Cyr, jeunes, insoucians, sans prévoyance, nous contrastions changement, avec ceux de nos camarades qui, plus âgés, plus réfléchis, plus prévoyans ou d'un moins heureux caractère, s'étonnaient de nous entendre parler amour, chasse, littérature, — quand la fatigue, le froid, la faim et les Kalmoucks nous donnaient quelque répit; — quelquefois même, ils s'en offensaient. Nous les laissons se fâcher, et nous devisions et nous discertions, et nous chantions ; oui, nous chantions, et souvent, très souvent, à jeun depuis huit ou dix heures.

XIII.

Route de Grodno.

Béranger. — Une chanson. — Le Kabak. — L'Os Blanc et la Barbe Blanche. — La bague de Thérèse. — Souvenirs pieux. — Triste tableau. — Les culottes de peau et les officiers de magasin. — L'état de nature.

Un soir, accroupi dans la neige sous laquelle il cherchait quelque grossier et indigeste aliment, un des plus jeunes officiers rêva poésie, amour et folie, comme s'il eût reposé sous les ombrages verdoyans de sa patrie ou s'il eût été assis près d'une table de Bignon ; et il composa quelques couplets que, le lendemain, ses camarades, aussi fous que lui, répétaient en chœur à la face des Bachkirs ébahis. Ces pauvres rimes auraient sans doute fort peu séduit les oreilles de notre Béranger, mais le génie, mais l'âme qui chanta le Romanée et le Chambertin sous les verroux des tyrans de la France, aurait, j'en suis sûr, fraternellement souri à cette audacieuse gaîté des prisonniers de la Bober. Cet officier, ce chanteur, ce boute-en-train, ce poète, c'était moi!... Qu'on me pardonne ce mouvement d'orgueil ; mais je ne me rappelle pas sans quelque superbe joie qu'en écoutant mes refrains, nos dogues confondus et surpris cherchèrent de l'œil si nous n'avions pas d'armes.

Voici ces couplets : il ne s'agit ici ni de littérature, ni de poésie, ni de vanité d'auteur ; on doit les considérer comme une action, comme un fait, non comme une œuvre d'art ; à ce titre, c'est le sous-lieutenant qu'il faut juger et non le poète :

L'AMOUR BACHKIR.

AIR : *Au son du fifre et du tambour.*

Comme aux jours rians de la Grèce,
Les dieux plus clémens et plus doux,
Daignent songer à notre espèce
Et s'humaniser avec nous.
Celui qu'adore la jeunesse,
Dans nos maux vient nous secourir ;
Pour nous l'Amour s'est fait Bachkir.

C'est lui, c'est lui, je vous l'assure,
L'enfant dont tout subit les lois ;
Voilà son air et sa tournure ;
Voici son arc et son carquois.
Ce n'est pas bien là sa figure...
Bah ! le froid a pu l'enlaidir,
Pour nous l'Amour s'est fait Bachkir.

Grâce à ce dieu qui nous visite
Dans les fers, sous un ciel d'airain,
Montrons à l'affreux Moscovite
Un cœur joyeux, un front serein.
L'ennui ! notre gaîté l'évite...
La faim ! l'amour va nous nourrir.
Pour nous, l'Amour s'est fait Bachkir.

Par lui, tout change ; le mélèze
C'est l'oranger, c'est le tilleul;
Sous son ombre, qu'on dort à l'aise,
Surtout quand on n'y dort pas seul ;
Il est minuit! Viens, ma Thérèse!
Minuit ! c'est l'heure du plaisir.
Pour nous, l'Amour s'est fait Bachkir.

À nous vos sœurs, à nous vos femmes,
À nous les plus galans succès
Messieurs du Nord, grâce à ces dames,
Vous adopterez des Français
Des gages vivans de nos flammes,
Vous forceront à nous chérir :
Pour nous, l'Amour s'est fait Bachkir.

Le Russe aux rives de la Seine
Ose, dit-on, risquer ses pas ;
Nous, vainqueurs sur une autre scène,
Songeons à d'amoureux combats ;
Le beau sexe sera sans peine
De moitié dans notre désir.
Pour nous, l'Amour s'est fait Bachkir.

La gaîté qui m'inspira cette chanson ne fut pas de longue durée ; le moment approchait où j'allais payer mon tribut à la dyssenterie qui faisait dans nos rangs de si cruels ravages ; mais, avant d'arriver à cette partie de mon récit, il faut qu'on me suive dans un méchant petit kabak (cabaret) de la ci-devant vaïvodie de Poladquie, à quelques journées de Byalistock. Là se passa une de ces étranges scènes qui peignent avec tant de vérité le joug de fer sous lequel rampe la Russie et l'abrutissement moral de ses peuplades à demi-sauvages. Le major Masson eût envié cette anecdote.

Dans une pièce de ce kabak, devant une table grossièrement équarrie, et couverte de petits morceaux de pain noir et de petits tas de sel brut, étaient assis face à face le général des Bachkirs et le commandant des Kalmoucks. La table était creuse dans le milieu : ce creux contenait le vodka que le maître du logis distribuait largement à ces deux personnages avec toutes les marques extérieures d'une profonde vénération.

L'ustensile qui servait à cette distribution était une cuillère en bois, grande à peu près comme nos cuillères à potage ; elle avait un manche foré au moyen duquel on buvait à même ; cette cuillère servait, par conséquent, de mesure et de gobelet.

L'Os Blanc et la Barbe Blanche, en fumant leur dixième pipe, arrosaient fréquemment de wodka leur pain saupoudré de sel ; ils paraissaient être de la meilleure intelligence du monde, lorsque, je ne sais à quelle occasion, il s'éleva entre eux une discussion qui, promptement changée en une dispute, faillit devenir un combat entre les deux chefs d'abord, puis entre les cavaliers qu'ils commandaient. Déjà les sabres étaient tirés, déjà entre les deux partis s'échangeaient des injures, des menaces et des hurlemens rauques et sauvages semblables à ceux des bêtes féroces, lorsqu'un nouveau personnage parut inopinément sur la scène. C'était un des sous-officiers d'infanterie qui escortaient notre convoi. Accouru à ce tapage vraiment infernal, il se fit jour promptement à travers les rangs pressés de Kalmoucks et des Bachkirs, en les frappant rudement à coups de fouet, et il pénétra dans le kabak.

A sa vue, les deux antagonistes s'arrêtèrent interdits, troublés comme les héros d'Homère à l'aspect d'un habitant de l'Olympe. Ils baissèrent, en signe de soumission, la pointe de leurs sabres, ôtèrent respectueusement leurs bonnets, et, les talons rassemblés sur la même ligne, ils attendirent, droits et immobiles, les ordres qu'il plairait au terrible sergent de leur donner.

Pouskoï s'enquit, en peu de mots, du sujet de la dispute, après les avoir préalablement, et par manière d'information, régalés de coups de fouet, de bourrades et de soufflets, il jugea sans doute que le Bachkourte avait tous les torts, car sans respect pour sa belle robe écarlate, pour son riche bonnet fourré, pour son titre de général, il lui appliqua de nouveau une cinquantaine de coups de fouet, puis il lui lia les mains derrière le dos et l'attacha à la voiture de l'officier russe qui parut très satisfait de cette justice brutale et expéditive. Nulle résistance, pas la moindre réclamation de la part du pauvre Atchukal qui, ainsi lié, fit quatre à cinq lieues, marchant à reculons, trébuchant souvent, tombant quelquefois et traîné pendant quinze à vingt pas sur la route boueuse qu'il labourait avec son visage.

Je m'avisai, avec un de mes camarades, de l'aider à se relever ; ce charitable office nous valut des injures et des menaces de la part de l'implacable sous-officier.

Le lendemain, cependant, M. le général marchait à la tête de sa troupe, les mains meurtries, la figure enflée, la tunique souillée, mais fort content, du reste, de sa personne et de son importance... Il n'avait perdu, aux yeux de ses soldats, aucun des droits de son grade, aucune des prérogatives de sa dignité. Il était toujours pour eux la *Barbe Blanche.*

Quelques jours après cette scène qui donne une idée de ce qu'était et pouvait être la cavalerie bachkirc ou bachkrienne, comme on voudra, la faim me réduisit à une dure nécessité ; je vendis à un juif, pour quelques kopeks, la bague de ma jolie cousine, de ma charmante Thérèse. Le sacrifice de ce gage d'une affection d'abord si tendre, si pure, qui avait répandu tant et de si douces illusions sur les rapides années de mon adolescence, qui m'avait révélé une autre vie en éveillant en moi un homme nouveau, à laquelle se rattachait le souvenir des sentimens les plus exquis qui ennoblissent la plus heureuse des passions de l'homme, ce sacrifice m'arracha des larmes... il me semblait que je me séparais d'elle pour la deuxième fois.

Le pain que j'achetai du prix de la bague fut fraternellement partagé entre Jackson, Hutteau, De Camps et moi. Je n'étais pas assez dégradé par la misère pour ne m'occuper que de moi seul ; à l'heure dont je parle, tout ce qui m'appartenait appartenait à mes camarades les plus chers. Il y avait à cela quelque mérite peut-être ; si je cédai plus tard que d'autres à cet égoïsme humiliant pour la pauvre humanité, je le dus aux principes reçus au foyer de famille, à ces principes qui font l'homme moral, parce qu'ils lui apprennent qu'il ne doit pas vivre exclusivement pour lui. Amour et reconnaissance à toi, mon père! à toi, ma mère! dont les leçons et les exemples avaient déposé dans mon âme ces germes d'une philosophie généreuse, m'avaient enseigné à voir des amis dans mes semblables, et des frères dans les malheureux ! Reconnaissance à tous deux! reconnaissance éternelle! Si une fois j'ai oublié et vos exemples et vos leçons, c'est qu'il est des malheurs hors de proportion avec les forces humaines.

J'ai un tableau triste, révoltant même, à tracer de la décomposition morale que présentait notre convoi.

Chez la plupart de mes compagnons, le caractère national, je l'ai déjà dit, était effacé. Cet abandon de soi-même devint bientôt contagieux ; tous les liens de camaraderie et de fraternité furent rompus. Les officiers se reprochaient les uns aux autres les fautes les plus légères qu'ils avaient pu commettre dans leurs régimens respectifs avant leur captivité. Ils se disputaient, ils s'injuriaient sans raison, sans mesure ; ils gâtaient leur malheur par l'oubli de ce qu'ils se devaient mutuellement, par l'oubli de ce qu'ils se devaient à eux-mêmes.

Les officiers de fortune faisaient un crime aux élèves de Saint-Cyr de leur inexpérience et de leur jeunesse : leurs grades étaient un vol fait à des sous-officiers plus anciens et, par conséquent, plus recommandables.

A leur tour, les élèves de l'Ecole humiliaient leurs agresseurs par des reproches assez fondés : le manque de formes, l'ignorance et la grossièreté.

Les premiers appelaient les Saint-Cyriens officiers de magasin ; ceux-ci leur rendaient épithète pour épithète, les traitaient de vieilles bêtes, de ganaches, de culottes de peau, etc. Ni les uns ni les autres ne savaient se respecter, ni respecter leur infortune.

Les officiers de la garde impériale étaient, en général, querelleurs, orgueilleux, pleins de dédain pour ceux qui ne servaient pas dans ce corps d'élite. On avait eu souvent à se plaindre d'eux, dans la dernière campagne, surtout pendant la retraite ; l'armée avait beaucoup souffert de l'arrogance de la vieille garde, et murmuré de la préférence que l'Empereur lui accordait sur es autres corps.

Les élèves de Saint-Cyr, moins un ou deux que je m'abstiens de nommer, conservèrent de la dignité ; ils n'attaquaient point leurs camarades peu sociables, ils se contentaient de leur répondre et de se défendre.

Ces luttes de paroles étaient reproduites sans cesse, sous toutes les formes et pour les moindres sujets. Le soir, l'entrée au logis, quelques brins de paille brisée, un coin à côté du poêle, une place au feu où devaient cuire nos misérables alimens, amenaient régulièrement des querelles, presque des coups. On ne saurait croire combien les rapports des prisonniers entre eux devinrent pénibles et compliqués ! Notre vie que nous disputions au froid, à la faim, à la dyssenterie, au mal du pays, et, s'il faut le dire, à la vermine qui nous dévorait, devint en quelque sorte celle de la brute occupée seulement de pourvoir à sa conservation.

XIV

Route de Grodno.

Byalystock. — Réclamations. — Promesses. — Les deux émigrés. — Un autre marquis de Carabas. — Un volume de Gressel. — Départ de Byalistock. — Physionomie du convoi. — Je ne suis plus un homme.

Nous arrivâmes à Byalistock, ville considérable de l'ancienne Podlaquie. On nous logea dans une espèce de cave au-dessous d'un grand bâtiment occupé par des officiers supérieurs russes ; nous y demeurâmes un jour, couchés sur de la paille qui devait avoir reçu des milliers d'hommes. Je puis dire, sans exagération, qu'elle contenait un si grand nombre d'habitans, qu'on la voyait se mouvoir et marcher.

Le lendemain de notre arrivée, un général russe nous passa en revue ; il nous demanda si nous avions quelques réclamations à faire, quelques plaintes à lui adresser, puis il nous annonça qu'arrivés à Grodno, nous recevrions de la générosité du gouvernement russe une gratification et une solde quotidienne.

Nous parlâmes avec indignation et douleur de nos frères égorgés par les Kalmoucks. — Les Kalmoucks nous quitteraient à Grodno.

Nous nous plaignîmes de notre logement. — On nous en assignerait un autre.

Nous demandâmes que nos soldats malades fussent admis dans les hôpitaux de Byalistock. — On ne pouvait accueillir cette demande ; il n'y avait point d'hôpitaux militaires à Byalistock ; mais nous en trouverions à Grodno, où tous les malades seraient reçus et bien soignés.

Hélas ! bien peu de ces malheureux arrivèrent jusque-là, et ceux qui obtinrent la faveur d'entrer dans ces asiles, où ils devaient trouver des soins si actifs et si pieux, n'y trouvèrent que la mort! La dyssenterie et les Kalmoucks les avaient épargnés, les hôpitaux de Grodno les tuèrent. Bagnes infects, les soins donnés aux malades semblaient être une atroce dérision.

Cependant le général russe nous fit donner un logement passable; nous y trouvâmes des officiers français faits prisonniers avant nous; parmi eux était un capitaine appelé M. de Récald, d'Alençon.

M. de Récald, ancien émigré, rentré en 1800, servait sous les drapeaux de la patrie pour expier, autant que possible, disait-il lui-même, le crime qu'il avait commis en s'armant contre elle. A une valeur brillante qui lui avait mérité la croix d'Honneur, le capitaine joignait des formes très polies, de l'esprit et de l'instruction; nous nous convînmes dès le premier moment, et notre liaison devint de l'amitié. J'aurai à parler de lui dans la suite de ces souvenirs; dès à présent je veux rapporter un trait qui l'honore et qui lui acquit l'estime de tous ses camarades.

Un jour, parmi les curieux Russes ou Lythuaniens qui venaient nous voir et causer avec nous, le capitaine reconnut dans un officier moscovite un de ses compagnons d'émigration; celui-ci le remit au même instant. Dans un premier entraînement ils s'embrassèrent avec tout le plaisir que ressentent deux amis qui ont combattu, qui ont souffert ensemble et qui se retrouvent loin de la patrie commune. De Récald n'était pas aussi misérablement vêtu que nous, mais ses habillements usés et rapiécés en plusieurs endroits, attestaient qu'il n'était guère plus riche.

Son ancien ami attaché à l'état-major du gouverneur militaire de Bialistock, avec le grade de colonel, était dans une position brillante; il offrit spontanément sa bourse et son appartement à notre camarade qui se laissa emmener.

Le lendemain, nous le revîmes.

— Je viens, dit-il, reprendre ma place au feu, à la chandelle, à la paille et à la gamelle de mes frères d'armes. Vous le voyez, ajouta-t-il en riant et en frappant sur son gousset vide, et en nous montrant ses habits de la veille, vous la voyez! ma bourse et mon costume sont toujours dans le même état.

— Et les offres amicales de votre ancien camarade? lui dis-je tout étonné.

— Mon ancien camarade reprit-il; nous n'avons pu nous entendre. L'émigration, la Révolution, les princes, l'Empereur, la France, les armées ennemies ont été bientôt sur le tapis. M. de X... a maintenant les préjugés qu'il avait en 89. Le siècle a marché, lui n'a pas plus bougé qu'un paralytique. Il croit encore ce qu'il croyait, ce que nous croyions tous au commencement de la Révolution, nous autres gentilshommes sans expérience et sans cervelle; il croit que la France est en révolte ouverte et permanente contre ses rois légitimes; que Napoléon est un usurpateur; qu'officiers et soldats, nous sommes les seules d'un brigand ; il est convaincu que les Russes et leurs alliés envahiront notre territoire et ramèneront à Paris le frère de Louis XVI ; il désire ce triomphe de la barbarie sur la civilisation, cette victoire du despotisme sur la souveraineté du peuple! Selon lui, les émigrés rentreront dans leurs fiefs et priviléges. Ils traiteront le peuple comme les nobles le traitaient aux temps féodaux. Le peuple sera taillable et corvéable, sans merci ni miséricorde. Enfin, il m'a blessé dans mon amour-propre militaire, dans mes sentimens de Français ; nous nous sommes quittés brouillés.

J'ai eu le malheur de croire en 89 que la patrie était le roi, que l'honneur d'un gentilhomme lui ordonnait de suivre des transfuges et de lâches princes sur la terre étrangère ; j'ai cru que ce même honneur lui commandait de verser le sang de ses concitoyens... Dieu merci ! je n'ai plus les dix-huit ans que j'avais quand je pensais ainsi. Russes, Autrichiens ou Français, tous ceux qui veulent le retour de l'ancien régime sont mes ennemis. Je préfère cent fois mon épaulette de capitaine à mes parchemins de gentilhomme... Ma croix d'honneur, voilà les seules armoiries, voilà le seul blason dont je sois fier !

Ainsi nous parla M. de Récald. Nobles paroles qui nous pénétrèrent jusqu'au fond de l'âme et que nous couvrîmes d'applaudissemens et de bravos!

Son camarade était un de ces émigrés qui, en 1814, sont revenus en France avec les bagages ennemis, et dont notre grand chansonnier a donné le type dans le marquis de Carabas. Nous trouverons plus tard, à Tchernigoff un hobereau de cette étoffe, un marquis, je crois, ou quelque chose d'à peu près, — dont l'outrecuidance nobiliaire fit ressortir encore une fois le patriotisme de M. de Récald.

Jusqu'ici, j'ai parlé souvent, trop souvent de mes chagrins et de mes misères ; voici enfin un moment de joie, voici un éclair de bonheur au milieu de tant de maux soufferts ou près de m'atteindre!

Quelques jours après notre rencontre avec M. de Récald, je trouvai... quoi ?... Oh ! ce ne fut pas une maison bien chaude, une table délicatement servie ; je ne trouvai ni habits élégans, ni bottes fourrées, ni rien enfin de ce qui aurait pu rendre ma position moins précaire et plus supportable ; je n'avais pas trouvé une jeune et jolie compatriote, une autre Thérèse qui m'offrît avec des baisers mêlés de larmes

Bon souper, bon gîte et le reste.

Pourtant j'avais trouvé un trésor !
Un trésor !... Voici :
Nous avions la permission de sortir du logis depuis neuf heures du matin jusqu'à six heures du soir. Lorsque le temps n'était

point par trop rigoureux, j'allais me promener dans le parc du château de Byalistock. Ce parc et le château, quoi qu'à moitié détruits par le temps et surtout par la guerre, offraient de remarquables, de nobles vestiges d'une antique magnificence; les jardins avaient été respectés. Ces belles allées, ces jets d'eau, ces quinconces, ces massifs de verdure, ces carrés de fleurs, ces groupes, ces statues me rendaient dans des proportions moins grandioses sans doute, surtout avec des souvenirs moins glorieux, les Tuileries, Versailles et Chantilly. Cependant — disais-je dans une de mes promenades solitaires — la Pologne, mutilée et sanglante eût, elle aussi, comme la France qui lui a donné un roi, ses jours de gloire et de puissance ! La Russie d'Europe, dont elle est devenue la proie, s'est longtemps courbée sous son glaive ! Peut-être, lorsque je m'attriste sur ces ruines, la torche et e fer des barbares détruisent les monumens de notre génie et de notre gloire !

Je fus distrait de ces tristes rêveries par le salut respectueux de l'unique gardien que le propriétaire du château eût laissé dans son domaine. C'était un vieux soldat lithuanien qui avait suivi son maître dans ses campagnes contre la France. La maisonnette de cet homme était placée à l'entrée du parc; toutes les fois que je passais devant sa porte, il ne manquait pas d'accourir et de me saluer. Etonné du respect qu'il me témoignait, j'en cherchais vainement la cause. Un jour, enfin, il m'engagea par signes à entrer chez lui. Je cédai à son invitation; d'abord, il m'offrit un verre de wodka; j'hésitais à l'accepter; il me prit la main, la baisa, toucha de ses deux mains ses genoux à la façon des paysans lithuaniens et polonais, en répétant ces mots : « Poliack bouïte Frantsouz; Frantsouz bouïte Poliack, » un Polonais est Français, un Français est Polonais, et me présenta de nouveau son verre de wodka. Je l'acceptai; il me remercia avec la plus vive expansion.

Appelant à mon aide les quelques mots russes, slavons, polonais, allemands que j'avais retenus, le tout entremêlé de français, et principalement la puissance du geste, je lui fis comprendre que j'étais surpris de son obligeant accueil; à son tour, son expressive pantomime, appuyée de quelques mots français et italiens, m'apprit que, blessé et fait prisonnier à Zurich, il avait été conduit en France ; qu'il n'avait eu qu'à bénir l'humanité de mes compatriotes. Depuis ce moment, lui, Lithuanien, attaché par le cœur à la cause de la vieille Pologne, avait voué à tous les Français une reconnaissance dont il cherchait sans cesse à leur donner des preuves selon ses faibles moyens. C'était un verre de wodka, c'était un morceau de bon pain, c'était un fromage anisé, c'était une pipe de tabac; peu de chose enfin, mais c'était un véritable présent pour de pauvres prisonniers, et qui honorait la main qui l'offrait.

Le récit de ce brave homme m'avait touché ; il s'aperçut de mon émotion ; elle le flatta sans doute, car, au présent du verre d'eau-de-vie, il crut devoir ajouter celui d'un objet auquel il paraissait cependant attacher un grand prix. Mais avec un tact et une délicatesse bien rares chez un homme de sa sorte, il comprenait de quelle consolation puissante serait un tel don pour un malheureux captif.

D'un air de mystère qui semblait me préparer à quelque importante communication, il me présenta...

Un livre !... un livre !... écrit en français, par un auteur français. Ce livre était mutilé, déshonoré, chaque page portait l'empreinte des doigts qui l'avaient tournée et retournée mille fois ; reliure affreuse, titre rouge, date en romain; texte entouré de vignettes, impression plus exécrable que celles de Limoges et d'Avignon... une édition de La Haye de M. D. C. C.... Mais que m'importait que ce livre fût écorché, sale, indigne de s'étaler à côté des bouquins à quatre sous du quai Malaquais ? c'étaient des caractères français, des vers français d'un auteur français ! C'était un des meilleurs compagnons de ma jeunesse, un ami, un frère que je retrouvais à mille lieues de mon pays natal !

C'était un Gresset. Ce volume contenait *Édouard*, *Vert-Vert*, la critique du *Vert-Vert*, la *Chartreuse* et le *Méchant* ; les chefs-d'œuvres du poète.

Avec quelle reconnaissance j'acceptai ce présent ! Ce fut plus que de la joie, vous dis-je, ce fut du bonheur.

Je savais par cœur *Vert-Vert*, la *Chartreuse* et le *Méchant*; je les lus, je les relus et les relus encore avec l'avidité d'un adolescent qui reçoit un billet parfumé de son premier rendez-vous d'amour.

Dix ou onze mois après, en rentrant en France, je repassai par Byalistock ; je revis cet excellent homme, mon honnête Lithuanien ; ce fut moi, cette fois, qui le régalai d'un verre d'eau-de-vie et qui l'invitai à déjeuner ; je n'étais pas aussi misérable qu'à notre première entrevue ; j'avais quelques copecks à mon service. Je lui montrai son cadeau et je lui promis de le conserver toujours.

Mon vieux Gresset de Lithuanie est encore dans un coin réservé de ma bibliothèque, parmi mes quelques livres les mieux choyés et les plus chéris.

Peu de jours après nous partîmes de Byalistock.

Notre convoi avait fait des pertes dans cette ville, comme à Varsovie, moins nombreuses cependant et moins douloureuses pour moi. Je n'eus à regretter aucun de mes amis particuliers. Beaucoup de soldats avaient péri. Ceux qui partirent de Byalistock étaient si faibles, si exténués, qu'il était aisé de prévoir qu'ils n'arriveraient pas à Grodno ; leur démarche avinée, leur teint livide, leurs yeux égarés, leurs lèvres convulsivement contractées par un sourire sardonique, tout annonçait qu'ils avaient peu de jours à vivre.

Notre marche vers Grodno présente les mêmes incidens que notre marche vers Byalistock : le froid, la faim, des soldats laissés mourans sur les chemins et de Kalmoucks les achevant à coups de lance.

A quelques lieues de Grodno je ressentis les premières atteintes de la dyssenterie ; ses effets furent prompts et terribles.

J'aurais infailliblement péri, si l'officier qui conduisait notre transport eût été aussi cruel que son prédécesseur ; il me fit placer sur la charrette des bagages, et il donna l'ordre aux paysans russes qui la conduisaient et aux sous-officiers qui veillaient sur elle, de m'en laisser descendre toutes les fois que ma maladie l'exigerait, et de me protéger contre les Kalmoucks.

Hutteau, de Champs, Neigle et Jackson me montrèrent alors une amitié dont le souvenir m'attendrit aussi profondément aujourd'hui qu'à l'époque où ils m'en donnèrent les touchantes preuves.

Exemple unique de dévouement et d'abnégation, au milieu de cet entraînement d'égoïsme dont j'ai tracé le triste tableau.

Mes amis ne m'abandonnaient point un moment ; ils puisèrent dans leur ardente affection la force de supporter le dégoût inséparable des soins qu'ils me prodiguaient avec un empressement, une activité, une tendresse ingénieuse et éclairée dont on ne pourrait trouver le modèle que chez les sœurs de charité, ces anges de l'hospice. Mais le lendemain ou le surlendemain des premières attaques de la dyssenterie, je les priai de m'abandonner à la férocité des Kalmoucks. Mes souffrances étaient devenues si atroces, elles avaient tellement abattu mon courage que, pour la seconde fois depuis ma captivité, je désespérai de ma vie ; je n'étais plus un homme.

XV.

Grodno.

Le couvent de Bernardins. — Lavelaine, Hutteau, de Champs. — Le frère. — L'hôpital. — Le médecin saxon et l'infirmier polonais. — Les capitaines de Récald et de Mouger. — Le pauvre Merchini. — Le caporal et le tambour. — *Nous sommes donc pays !...* — Mon légataire universel. — Recommandation d'un mourant.

J'étais dans un état presque désespéré quand nous arrivâmes à Grodno, vers le milieu de novembre. Nous fûmes logés dans un couvent de moines de l'ordre de Saint-Bernard, à peu de distance du Niémen, le Chronus des anciens. De Champs, Hutteau, un officier de Saint-Cyr nommé Lavelaine et moi, nous occupâmes la même cellule. Il n'y avait là ni four, ni poêle, ni cheminée ; quelques brins de paille hachée menu nous servaient de lit. J'étais sans force, presque sans vie. Mes camarades ne pouvaient me donner aucun secours. Bientôt, De Champs tomba malade; la maladie le réduisit, dès le premier jour, à l'état de prostration physique et morale où je me trouvais.

Pour lui et pour moi la mort paraissait inévitable ; elle s'avançait à grands pas ; nous l'appelions comme un bienfait.

Un jour—Lavelaine et Hutteau venaient de sortir—nous vîmes entrer dans notre réduit un moine dont la face vermeille et enluminée contrastait d'une manière tout à fait pittoresque avec notre figure have et nos joues creusées par la fièvre. Il s'approcha de notre paille après nous avoir bénis; puis, il nous souhaita le bonjour en latin, et il accompagna son bonjour d'un *pax vobiscum!*

Je lui répondis d'une voix très faible, et avec assez d'à propos, ce me semble : — *Et cum spiritu tuo.*

Nous entrâmes en conversation, autant du moins que ma faiblesse me le permettait.

Le digne frère nous fit beaucoup de questions sur l'armée française, sur l'Empereur, sur notre famille, sur notre patrie. Je lui répondis du mieux qu'il me fut possible. Il nous exhorta à la patience, à la résignation, à une humble soumission à la volonté de Dieu!.. *le pauvre homme!*

Je le remerciai de ses pieuses exhortations, et je lui demandai pour mon camarade de Champs et pour moi, une cellule avec une cheminée, ou un poêle, ou un four ; une couverture, du bois, un peu de nourriture, quelques secours enfin. Je le suppliai dans les termes les plus pressans de tenter ou de faire tenter quelques démarches auprès du gouverner de Grodno pour que nous fussions transportés dans un hôpital; il ne daigna pas me répondre; mais, avec un nazillement fort dévot, avec des paroles pleines d'onction et de charité chrétiennes, il insista sur la nécessité où nous étions de songer à sauver notre âme.

— *Fratres!* nous dit-il en se retirant et en nous donnant de nouveau sa bénédiction : *Fratres! modo morituri estis.*

Nous fûmes fort peu touchés de ses paroles charitables démenties par la dureté de son cœur. Ce moine si gras, si fleuri, si personnel, si égoïste, nous rappela la fable du Rat qui s'est étiré du monde, et nous répétâmes ces vers du Bonhomme qui n'était pas bon :

Il était gros et gras : Dieu prodigue ses biens
À ceux qui font vœu d'être siens.

Quelques jours après la visite du frère Bernardin, ma maladie empira si visiblement, avec des symptômes si alarmans, que mes deux camarades, Hutteau et Levelaine, coururent prier le chef de notre convoi de me faire transporter à l'hôpital. Je n'ai fait cette démarche, qui fut suivie d'un prompt succès.

Ce moment j'étais si accablé par mon mal, que j'avais perdu la connaissance de ce qui se passait autour de moi. Je fus de ce porté, ainsi que de Champs aussi malade que moi, à l'hôpital et déposé dans une chambre où gisaient déjà huit fièvres. Je ne recouvrai que longtemps après l'usage de mes sens, et alors, j'étais encore si faible que je ne pouvais me rendre compte de rien de ce qui m'était arrivé. Je ne me souvenais ni du couvent de moines, ni de mes camarades de chambrée, ni de mes autres compagnons d'infortune. Je ne savais pas où j'étais. Je voyais à mes côtés des hommes couchés sur des grabats; je n'en reconnaissais pas un ; je les entendais se plaindre, et je me demandais s'ils étaient malades pour se plaindre ainsi.... Je ne me plaignais pas, moi, je n'en avais point la force.

Un homme entra dans la chambre, un autre le suivit. Je voulus parler, je n'eus point de voix. Le premier de ces deux hommes s'avança vers moi, prit ma main, tâta mon pouls, regarda ma langue, examina mon corps, haussa les épaules, hocha la tête, et dit deux mots à l'autre dans un idiome que mes organes affaiblis ne me permirent pas de distinguer.

Le second souleva ma tête, et, passant dessous son bras gauche, me maintint sur mon séant, et de la main droite, présentant à mes lèvres un petit gobelet d'étain, me fit boire trois ou quatre gouttes d'une liqueur amère. Ils se retirèrent tous deux.

Je sus, après leur départ, que l'un était le médecin de l'hôpital et Saxon, que l'autre était l'infirmier attaché au service de ma chambre et Polonais. Je sus que les quelques gouttes que l'un avait ordonnées, que l'autre m'avait fait avaler, étaient des gouttes de menthe. La menthe était pour la dyssenterie, la nostalgie, les différentes fièvres, pour toutes les maladies enfin, le seul spécifique qui fût dans la pharmacie de l'hôpital ; c'était le remède universel, c'était l'eau chaude et la saignée de Sangrado.

Le médecin m'avait condamné à mort sans appel ni sursis ; je n'étais pas homme à me pourvoir contre sa sentence.

J'ignore si je dus à la potion de menthe le mieux sensible que j'éprouvai, ou si, par toute autre cause, une crise salutaire s'opéra en moi ; mais peu de temps après le départ de mon Esculape, je retrouvai mes souvenirs. Je fus en état de réfléchir, de raisonner, de comparer, de juger, de parler enfin ; j'étais rentré dans la plénitude de mes facultés intellectuelles... J'avais recouvré aussi un peu de forces ; j'en profitai pour m'asseoir sur mon lit, jeter un coup d'œil sur mon lit d'abord, puis sur l'appartement où je me trouvais, enfin sur le personnel de cet appartement. Voici le résultat de mes investigations :

Mon lit consistait en une couche de paille éparse sur quelques planches; sur cette paille, une paillasse ; sur la paillasse, une couverture de laine percée de trous comme un crible. Je vis à mon chevet, au lieu d'un traversin ou d'un oreiller, mes habits roulés ; j'avais été déshabillé par les personnes qui m'avaient porté à l'hôpital ou par l'infirmier ; je ne m'en étais pas aperçu.

Ma chambre était petite et garnie de neuf lits occupés par autant de malades. Ces lits, sur la même ligne, faisaient face à une porte qui donnait dans une pièce également habitée par des officiers. Parmi eux, je devais retrouver des connaissances et des amis : une croisée ouvrant sur le Niémen éclairait ma nouvelle demeure.

Mon lit était le second, en comptant par la droite et en entrant dans la chambre ; à ma gauche je reconnus le capitaine de Monger, jeune Liégeois rempli de douceur et de courage, et que nous aimions tous dans le convoi ; à ma droite était le capitaine de Récald ; je ne connaissais pas les six autres. Je me souvins pourtant, quelques jours après, avoir vu l'un d'eux à l'école de Saint Cyr ; c'était un Corse qui s'appelait Meschini. Ce pauvre garçon avait tous ses membres paralysés ; je le laissai dans cet état quand je sortis de l'hôpital ; je ne l'ai pas revu depuis et j'ignore ce qu'il est devenu.

Le capitaine de Récald m'adressa la parole.

— Eh bien ! me dit-il, il paraît que vous n'êtes pas encore mort ?...

J'en suis, pardieu ! bien aise. Vous avez été très bas, savez-vous ? Quand je vous ai vu entrer ici, porté sur un brancard, j'ai cru qu'il y avait quelque méprise, et qu'on aurait tout aussi bien fait de vous porter au cimetière. Vous étiez plus d'à demi-mort.

— Je ne suis pas trop sûr d'être encore en vie, lui dis-je... j'ai la tête en feu, une soif ardente attache ma langue à mon palais.

— Si vous avez soif, répliqua de Récald, avec le ton caustique qui lui était ordinaire, mais qu'adoucissait sa politesse naturelle, vous n'avez qu'à boire !

— Eh ! que boirais-je ?

— Ce que vous boirez ? Est-ce que Sa Majesté russe laisse des prisonniers malades sans secours ? Est-ce qu'il n'y a pas de tout ici ? Chambres calfeutrées, lits excellens, poêles bien chauds, nourriture abondante et saine, médicamens de toutes sortes, tisanes au choix... — Ce que vous boirez ? — Vous n'avez donc pas vu ? Retournez-vous.

Je me retournai, et derrière mes vêtemens, je vis deux ou trois pains noirs, quelques morceaux de viande salée et un pot d'étain. Je le portai aussitôt à mes lèvres et je bus avidement quelques gorgées du liquide qu'il contenait. Je le rejetai avec dégoût. C'était de la bière.

L'infirmier entrait.

— Voda! m'écriai-je; voda, pajalesta!... (de l'eau! de l'eau! je vous prie.)

Il m'en apporta; elle était trouble et nauséabonde! Je me laissai retomber sur mon grabat, découragé et avec un redoublement de fièvre.

Je restai je ne sais combien de jours dans cet état. Le docteur saxon nous faisait régulièrement deux visites matin et soir; il nous demandait avec une gravité tout à fait germanique si nous nous trouvions mieux que la veille, si nous avions suivi ses ordonnances et pris les médicamens prescrits. Il nous examinait avec un soin plein d'intérêt, puis, avec un phlegme imperturbable, il dictait à l'infirmier de nouvelles ordonnances et prescrivait des médicamens nouveaux suivant ses connaissances et ses observations. Matin et soir, nous recevions une distribution de pain, de viande salée et de bière. Deux fois par jour, enfin, et très régulièrement, notre infirmier nous portait un petit verre de menthe, la panacée de l'hospice.

Un matin, j'étais plus accablé, plus malade que les jours précédens; des réflexions plus tristes préoccupaient mon esprit; je me trouvais plus faible en présence de la mort qui se montrait à moi dans toute sa hideur; je me surprenais plus attendri en songeant à mon père, à ma mère, à ma famille, à la France... Je vis sur le seuil de la porte de la chambre deux hommes qu'aux traits de leurs visages, plus encore qu'à leurs capotes et à leurs bonnets de police d'infanterie, je reconnus pour des soldats français.

— Ce sont des officiers, dit l'un d'eux, qui portait des galons de caporal. Ils entrèrent en ôtant leurs bonnets.

Après s'être approchés tour à tour des différens lits, ils s'arrêtèrent près du mien et se parlèrent tout bas, mais pas assez toutefois pour que je ne pusse les entendre; je fermai les yeux et je prêtai une oreille inquiète à leur conversation.

Leurs premières paroles me causèrent une émotion profonde et firent bondir mon cœur; elles avaient été prononcées dans l'idiome de mon pays natal. Les deux interlocuteurs ne remarquèrent pas ce mouvement, ou l'attribuèrent à un effet de la fièvre qui me consumait; quoi qu'il en soit, voici la traduction littérale de leur dialogue:

— Dites donc, caporal, cette pelisse ne m'irait pas mal tout de même?

— Il est bon là, le tapin! Moi aussi, je la troquerais bien contre ma capote qui n'est bonne qu'à mettre sur un arbre pour faire peur aux oiseaux.

— Nous ferions aussi bien de la lui chiper, car je veux bien que le diable me croque s'il la remet sur le dos!

— Pourquoi donc, tambour?

— Tiens ! pourquoi ! Est-il bête le camarade ! C'est qu'il est flambé ! rien que ça !

— Tu crois ?

— Parbleu !

— Pauvre B...!

— Bah ! qu'est-ce que ça lui fait ? Qu'il crève ici ou ailleurs ! qu'il fume des mauves ici ou là, c'est égal pour lui... A toi, à moi, la maille de fer...

— Cré coquin !...

Je n'avais pas perdu une syllabe de cet entretien qui me révélait toute l'imminence du danger que je courais. J'ouvris les yeux, et de la main j'invitai ces deux prophètes de malheur, qui s'éloignaient, à revenir près de moi. Dès qu'ils se furent rapprochés, je leur adressai la parole dans l'idiome languedocien dont ils venaient de se servir. Ils furent atterés.

— Il nous a compris, se dirent-ils.

— Oui, répondis-je ; oui, je vous ai compris, trop bien compris ; mais, rassurez-vous, je n'ai rien appris que je ne susse déjà. *Je suis flambé !*... comme disait le tambour.

— Monsieur ! me dit le caporal en m'interrompant, si nous avions pensé que vous entendissiez notre patois, nous n'aurions point parlé comme nous l'avons fait. Nous avons été bien étourdis, ajouta-t-il, mais n'ayez pas peur ; vous n'êtes pas bien malade ; vous n'êtes pas *mortel !*... Nous ne pensions pas ce que nous disions... Le camarade parlait comme ça pour la frime.

Je fus touché de son pieux mensonge. — J'essayai de sourire à tous les deux.

— Mes camarades, leur dis-je, ne vous faites aucun reproche ; vous ne pouviez lire sur ma figure que je suis Gascon comme vous tous avez été des prophètes de mort ; mais vous ne m'en avez pas plus dit que la physionomie du médecin. Ne parlons plus de cela. Voyons, caporal, d'où êtes-vous ?

— Du Bas-Languedoc, mon lieutenant.

— De quel département ?

— De l'Hérault ; le camarade aussi ; il est de Pommerols, près de Montagnac, près de Pézénas.

— Et vous, quel est votre pays ? demandai-je tout troublé.

— Je suis de Saint-Pons, mon officier.

— De Saint-Pons ! ne dites-vous pas que vous êtes de Saint-Pons ?

— Oui, mon lieutenant.

— Mais il y a deux villes de ce nom dans l'Hérault ?

— Je suis de Saint-Pons de Thomières, entre Saint-Chinira et La Salvétat.

— Nous sommes donc pays ! m'écriai-je en fondant en larmes ; et je me levai à moitié sur mon lit, en lui tendant les bras ; il s'y jeta en pleurant.

Après ce moment de joie, la plus douce et la plus pure peut-être qu'il m'ait été donné de goûter dans le cour d'une vie souvent agitée :

— Comment vous appelez-vous ? dis-je au caporal.

— Etienne Rieux, mon lieutenant.

Je ne connaissais pas ce nom-là ; je lui dis le mien. Il lui était inconnu !

— Vous n'êtes donc pas de Saint-Pons ? m'écriai-je désolé. A Saint-Pons, mon nom est connu de tout le monde.

Rieux me dit qu'il était de Fraisse, village distant de ma ville natale de deux lieues seulement ; et il me nomma plusieurs personnes de Saint-Pons dont quelques-unes étaient liées avec moi et avec mes parens, en me faisant remarquer que, dans un pays éloigné du nôtre par plus de huit cents lieues, nous devions nous considérer comme pays. — Vous avez raison, lui dis-je.

Nous nous embrassâmes une seconde fois. Le tambour, qui se nommait Jacques Perrin, pouvait passer aussi pour *mon pays*, puisqu'il était des environs de Montpellier ; je lui serrai la main avec attendrissement ; puis, m'adressant à son camarade :

— Rieux, lui dis-je, je sais, puisque pas un mot de votre conversation avec Perrin n'a été perdu pour moi, que ma pelisse vous fait grande envie. Si je ne dois pas sortir vivant de cet hôpital, j'aime mieux que vous l'ayez que qui que ce soit ; ce sera une consolation pour moi de vous laisser ce souvenir ; donc, autant qu'il est en moi, en présence de votre camarade, je vous la donne ; partegez mes autres effets avec Perrin. Mais, en attendant que la mort arrive, restez avec moi ; notre médecin est un brave homme ; j'obtiendrai de lui, pour vous et le tambour, deux billets d'hôpital.

Si la dyssenterie m'épargne, nous ne nous quitterons plus ; nous passerons ensemble le temps de notre captivité, nous rentrerons ensemble en France ; ensemble nous reviendrons, vous à Fraisse, moi à Saint-Pons. Je ne serai pas votre lieutenant, mais votre camarade ; vous ne serez pas mon domestique, vous serez mon ami. Si, au contraire, il est écrit là-haut que mes os resteront ici, quand vous retournerez à Saint-Pons, allez voir ma mère, mon père, mes frères !... Portez-leur mes adieux ! dites-leur que vous m'avez vu mourir à Grodno, dans un hôpital, sur un grabat ; assurez-les que mes dernières pensées ont été pour eux et pour mon pays... Ajoutez que vous m'avez vu mourir calme et résigné.

Jacques Perrin était ému. Etienne Rieux pleurait.

— Voilà une reconnaissance tout à fait dramatique, dit le capitaine de Récald ; elle fait pleurer M. de Monger... Savez-vous que vous venez de faire votre testament dans toutes les formes... un testament *in articulo mortis* ou *in extremis*, comme on dit au Palais ? Mais pardieu ! votre légataire universel attendra longtemps votre succession; encore huit jours, et vous serez gras et vermillonné comme ce coquin de moine dont vous m'avez raconté l'histoire.

— Où avez-vous été pris? dis-je à Perrin.

— Au passage de cette chienne de rivière qui n'est qu'un ruisseau auprès de l'Hérault, au passage de la Bérésina, mon lieutenant.

— A Studzianka donc?

— Oui, mon officier, à Studzianka ousque j'ai vu le petit caporal pour la dernière fois, il n'avait pas chaud tout de même, allez!... Nous avons crié vive l'Empereur! comme si ça nous avait chauffé le corps et rempli le ventre. J'aurais bien battu aux champs, sans faire des *flis pour des ras*, car je suis bon là et je m'en vante; mais, bon soir, les amis! mon tambour n'avait plus de voix, il était gelé, quoi!

La musique des grenadiers de la garde jouait : *Où peut on être mieux?*... Non, mes enfans, qu'il a dit l'Empeerur; non ce n'est pas ça; jouez-moi : *Veillons au salut de l'Empire!* c'est un air de circonstance.

— Et vous, Rieux, demandai-je au caporal, où avez-vous été fait prisonnier?

— Sur la route de Kalouga, le 25 octobre.

— Quel diable de chemin vous a-t-on fait faire?

— Je me trouve à Grodno par une suite d'aventures que je vous raconterai quand vous serez guéri. J'ai échappé aux Russes; mais ces gredins m'ont repris, il y a deux mois, dans la Pologne autrichienne, ce qui prouve que les Russiens et les Kinserlicks font semblant d'être ennemis pour tromper l'espion, et qu'ils nous font la queue, les cornichons!

— Tous les Allemands marchent contre nous avec les Russes, mon camarade; mais laissons cela. Vous entrez tous deux à l'hôpital, n'est-ce pas? c'est convenu.

— Je le crois bien, s'écria Perrin; millezyeux! nous allons vous soigner aux oiseaux.

— Eh bien! mes amis, adieu... à demain.

Le lendemain, le docteur Saxon eut la complaisance de recevoir à l'hospice le caporal et le tambour; mais je ne les revis pas. Le gouverneur de Godno défendit aux sous-officiers et aux soldats l'entrée des chambres habitées par les officiers.

XVI.

Effet de ma rencontre avec Etienne Rieux. — Le médecin saxon. — Le prêtre lythuanien. — Mes idées religieuses. — Eugène de Champs. — La salle. — Les deux kopecks. — Les trois pommes cuites. — Notre camarade d'Escott d'Estrées. — Egoïsme. — Lasalle. — Repentir.

Cependant la rencontre si inopinée, si heureuse d'Etienne Rieux faillit m'être funeste. Après cette rencontre, je fus, en effet, plus malade ; le docteur, d'un ton qui attestait son humanité, avec des ménagemens qui faisaient honneur à son cœur, ne me cacha point que je devais avoir peu d'espoir de me sauver.

La médecine ne pouvait rien faire pour moi ; il n'y avait aucun médicament dans la pharmacie de l'hôpital ; si ses ordonnances m'en prescrivaient tous les jours quelques-uns, c'était pour l'acquit de sa conscience ; pour remplir les devoirs de son état en cherchant à éveiller dans le cœur du gouverneur de Grodno des sentimens de pitié pour nous.

— La nature, ajoutait ce digne, cet excellent homme, ne vous a pas abandonné jusqu'ici, mais je crains qu'elle ne cède bientôt, si la dyssenterie continue. Vous êtes jeune, monsieur ; vous appartenez sûrement à une famille honnête ; votre éducation me fait penser que vous avez été élevé dans des idées religieuses... Il en est temps ; je vous le conseille en ami, en père, songez à sauver votre âme, si vous ne pouvez sauver votre vie.

Ce langage ne m'effraya point ; je m'étais familiarisé avec la pensée d'une mort obscure et hideuse. Je remerciai mon médecin de l'intérêt qu'il me témoignait, et des conseils que cet intérêt venait de lui dicter, sans lui dire si je les suivrais.

Le lendemain matin, il revint à l'heure ordinaire de ses visites. Un prêtre lythuanien l'accompagnait ; celui-ci, après des phrases banales en latin qui exprimaient son intérêt pour ma patrie, sa sympathie pour ma jeunesse, arriva au but ; il me parla de confession ; je l'écoutai sans l'interrompre.

Je répondis au Lithuanien poliment, mais avec fermeté, que je le remerciais de ses conseils, mais que, pour mourir en homme, je n'avais pas besoin de me confesser.

— Si vous ne succombez pas à votre maladie, me dit-il, je vous recommanderai à une dame charitable qui aime la France ; à votre sortie de l'hôpital, elle vous recueillera chez elle ; pour hâter votre convalescence, elle vous donnera du vin de France !

— Du vin de France ! répondis-je ; ce vin serait fort bon ! Tout malade que je suis, j'en boirais un verre avec délices : il y a si longtemps que je n'en ai bu !... mais au prix que vous y mettez, je m'en passerai.

Il voulut insister.

— Mon père, lui dis je, laissez-moi mourir tranquille.

Il se retira avec le docteur.

J'étais donc bien averti, je ne devais sortir que mort de cet horrible lieu où mouraient tous les jours tant d'infortunés ! Je m'examinai, je me sondai, je me tâtai pour ainsi dire ; je descendis dans ma conscience, je refeuilletai ma vie, hélas ! à peine commencée et dont je voyais le terme ; je ne trouvai dans ma conscience et dans ma vie rien qui dût troubler mes derniers momens ; aussi n'éprouvai-je pas de lâches terreurs. Coupable seulement des fautes et des erreurs d'un jeune homme, quel châtiment avais-je à craindre d'un Dieu qui ne m'avait pas créé faible pour me punir de mes faiblesses ? Mais la mort !...

Je ne cherchai point à approfondir ce terrible problème, et, sans même penser à me réfugier dans cette touchante croyance, la bonté paternelle de l'être suprême, je n'invoquai que la paix de ma propre conscience ; je ne demandai qu'à ma nature une résignation toute mondaine.

Mais mon pays que je ne reverrais plus ! mais ma famille que ma mort plongerait dans le deuil !... A cette pensée, je me sentis faiblir, et je cherchai à l'éloigner.

Mais la vie !.. avais-je donc tant de motifs de la regretter ?... Mes souffrances présentes, celles qui m'attendaient si, contre tout espoir, j'échappais à la maladie qui me clouait sur un misérable grabat, l'incertitude de mon avenir, tout me la faisait prendre en dégoût ; et c'était avec une sorte de rage joyeuse que je la sentais approcher du terme.

Enfin, je redevins plus calme, et, soit résignation philosophique, soit plutôt indifférence due à mon affaissement moral, je n'envisageai plus la mort que comme un événement nécessaire et de peu d'importance.

J'aurais bien voulu voir Etienne Rieux pour lui faire mes dernières recommandations, le mettre en possession de son legs, et serrer une dernière fois la main d'un compatriote.

Rieux ne vint pas... La mort ne vint pas non plus

Comme pour donner un démenti au moine de l'ordre de Saint-Bernard, au caporal, au tambour, à l'Escu'ape saxon, au prêtre lithuanien, *et tutti quanti*, tandis que je me préparais à mourir de mon mieux, une crise s'opérait, la nature venait à mon aide... je n'étais pas guéri, mais j'allais l'être.

Quelques jours après les prédictions terribles de mon docteur, je me sentis assez d'appétit pour essayer de mordre dans le pain et la viande de l'hospice, et assez de forces pour me lever. Les capitaines de Monger et de Récald me félicitèrent sur ce qu'ils appelaient ma résurrection. Je mis mes habits, fort satisfait, comme on peut croire, de frustrer le caporal Etienne Rieux de son legs universel, et je passai dans la chambre à côté, espérant y trouver quelques compagnons de malheur. Mon espoir ne fut point trompé ; j'y trouvai Eugène de Champs.

La joie de nous revoir fut vive et réciproque ; il avait craint pour mes jours, j'avais tremblé pour les siens.

— J'allais te chercher, me dit-il.

— Je te cherchais, lui dis-je.

Et nous nous embrassâmes en frères, et ces mots s'échappèrent de nos cœurs : « Ne nous séparons plus ! »

Après ces premiers momens d'effusion, nous parlâmes de Hutteau, de Jackson, de Neigle, de Lavelaine, d'Adrien, nos meilleurs amis ; nous ignorions l'un et l'autre ce qu'ils étaient devenus. Si nous n'avons pas eu leur visite c'est que sans doute ils étaient malades ; peut-être n'avaient-ils pu obtenir l'entrée de l'hôpital, peut être encore avaient-ils quitté Grodno ; nous ne craignions certainement pas qu'ils enssent cessé de penser à nous.

— Il y avait là, dans ce lit, à la droite du mien, me dit de Champs, un camarade de Saint-Cyr, Lasalle. Dans un moment de transport au cerveau, il s'est précipité par cette croisée, et il s'est brisé le crâne sur la glace qui couvre le Niémen ; il est resté sur le coup... Il n'a pas souffert, ajouta de Champs.

— Il ne souffrira plus !...

Nous soupirâmes tous deux !

Après une longue conversation, il fut convenu, que celui qui serait le mieux portant irait tous les jours visiter l'autre.

— As-tu de l'argent ? me demanda de Champs.

— Pas un kopeck ! et toi ?

— Nima ! niétou ! — Point, non.

Le lendemain, de bonne heure, après que le docteur, enchanté de s'être trompé dans ses pronostics, eut fait sa ronde, l'infirmier le plus complaisant, le meilleur des hommes, vint me dire que de Champs me priait d'aller le trouver ; j'y courus.

La figure ordinairement pâle et mélancolique de mon ami exprimait la satisfaction et la joie.

Je m'approchai de son lit.

— Qu'y a-t-il ? lui dis-je.

— Penche-toi, me dit-il tout bas ; j'ai une grande nouvelle à t'apprendre.

— Une nouvelle?

— J'ai de l'argent.

— De l'argent?

— Oui.

— Beaucoup?

— Oh ! non.

— Combien?

— Oh! deux kopecks.

— Vrai? Qui te les a donnés?

— Le capitaine Leclerc qui est venu me voir ce matin. Tiens, les voici : qu'en ferons-nous?

— Ce que tu voudras; vois.

— Vois, toi.

— Eh! non; eh! non, décide.

— Veux-tu que nous achetions des pommes cuites?

— Des pommes cuites! Pourquoi des pommes cuites?

— Notre infirmier en mangeait hier; depuis, j'en ai envie.

— Eh bien! faisons acheter des pommes cuites.

L'infirmier fut appelé, reçut les deux kopecks, partit pour faire sa commission, et revint un instant après avec les précieuses pommes cuites.

Je m'assis sur le lit de de Champs.

— Prends-en une, me dit-il.

Je la pris; je commençais à la mordre... Une voix faible, une voix de malade, de mourant, m'appela par mon nom. Je me retournai; dans le lit laissé vacant par la mort du malheureux Lasalle... je vis un homme... je vis un cadavre vivant!

— Tu ne me reconnais pas, dit la voix? Tu ne reconnais pas d'Escott-d'Estrées?

— J'avais oublié de te dire que d'Estrées était là, me dit de Champs un peu embarrassé.

J'adressai à notre camarade de Saint-Cyr quelques paroles de consolation et d'amitié; ma figure tournée vers lui, et ma main droite, la main qui tenait la pomme cuite, cachée derrière mon dos.

D'Estrées me répondit quelques mots, et je repris ma place sur le lit de de Champs qui mangeait sa pomme.

J'entamai la mienne, non sans éprouver une secrète honte de ne pas en offrir la moitié à mon camarade d'Estrées.

— Bah! me souffla tout bas l'égoïsme; il est trop malade pour avoir envie de manger la moitié d'une pomme cuite.

Cependant, d'Estrées se parlait à lui-même : « Si quelqu'un,
» disait-il, voulait me prêter de l'argent, je m'engagerais à lui
» en payer, à ma rentrée en France, l'intérêt à cent pour cent!
» Je suis riche, fils unique; mon père serait plein de reconnais-
» sance envers celui qui me rendrait un pareil service. Je
» paierais cinq francs, je paierais dix francs une pomme cuite!
» j'en donnerais un Napoléon! »

Ces paroles de d'Estrées prouvaient clairement qu'il avait entendu notre conversation, ou que, malgré nos précautions pour n'être pas aperçus, il nous avait vus mangeant nos pommes.

— Lui donnerons-nous celle-ci? dis-je à de Champs.

— Il n'a pas été bon pour nous.

— Cela est vrai.

— Il avait de l'argent, puisqu'il n'avait pas été pillé et dévalisé par les Cosaques, et il l'a gardé pour lui.

— Cela est vrai ; ta musette était pleine, ajoutai-je ; nous n'avions plus de chemise, toi et moi...

— Et il a gardé pour lui celles qu'il avait ; observa de Champs.

— Cela est très vrai ; dis-je encore ; et nous achevâmes chacun notre pomme.

D'Estrées, par insinuation, nous reprochait notre égoïsme, et continuait ses plaintes. Nous ne l'entendîmes pas sans émotion ; plus d'une fois nous fûmes sur le point de lâcher la troisième pomme ; mais nous nous raidîmes contre cette louable intention, nous résistâmes à notre nature de jeunes hommes, bonne, généreuse d'ordinaire, même un peu prodigue : la troisième pomme fut partagée et mangée.

Il m'en a coûté pour rapporter ce trait d'insensibilité, de froid égoïsme ; qu'on ne me juge pas sur ce trait, cependant, qu'on ne croie pas qu'Eugène de Champs fût un de ces êtres sans entrailles, sans cœur, qui voient d'un œil sec les souffrances et les malheurs de leurs semblables ; on nous calomnierait l'un et l'autre à nous juger aussi sévèrement ; nous sommes dignes de compassion, non de blâme. Nous offrons une preuve de plus de cette triste vérité, attestée par une expérience de tous les jours, et dont les annales judiciaires offrent si souvent de si funestes exemples. L'extrême misère détruit peu à peu tout ce qu'il y a d'aimable, de bon, de généreux, de noble dans le cœur de l'homme.

Le pauvre d'Estrée — je le dis avec un sentiment de profonde tristesse — mourut quelques jours après. La pomme qu'il avait implorée de notre amitié, de notre pitié, cette pomme que nous avions impitoyablement dévorée à ses yeux, ne l'aurait pas sauvé ; cependant, nous nous reprochâmes, en quelque sorte, sa mort... Bien des années après, nous nous sommes fait le même reproche, et cette voix intérieure, cette voix accusatrice, suffirait pour me convaincre que le remords de la conscience n'est pas un vain mot, et qu'il est au dedans de nous un juge clairvoyant, sévère, inflexible, qui condamne les méchantes actions, alors même que la loi les absout.

Notre camarade d'Escott d'Estrées était du département de l'Allier. Son père, maréchal de camp avant la Révolution, était député à l'Assemblée législative, où il faisait partie de la minorité.

XVII.

Sortie de l'hôpital. — La neige. — Le traîneau. — Le juif. — Les carmélites. — Etienne Rieux. — Le palais du gouverneur. — Argent bien employé. — Commun ménage. — Bonheur relatif. — Joseph et sa famille.

Nous n'étions pas entièrement rétablis, de Champs et moi, lorsque nous résolûmes de sortir de l'hôpital, tombeau de tant de camarades, et qui avait failli devenir le nôtre.

Après avoir fait nos adieux à l'excellent docteur saxon, — je regrette d'avoir oublié son nom, — après avoir dit adieu à notre infirmier, à qui je paie un dernier tribut de reconnaissance, nous franchîmes le seuil de l'hospice, par une matinée froide et neigeuse du mois de décembre.

Saisis tout d'abord par le froid, éblouis par la neige qui couvrait la terre, nous entendions à nos oreilles un bourdonnement continuel et importun; nos jambes tremblaient; vingt fois nous fûmes sur le point de tomber. Nous suivîmes, comme des gens ivres, le chemin tracé qui conduisait au château bâti par Auguste III; c'est là que logeait le gouverneur militaire.

Comme nous longions le Niémen couvert de glace, marchant lentement, à grand'peine, nous soutenant l'un l'autre, nous vîmes venir un traîneau des plus élégans, à trois chevaux. Sur le siége de derrière, était un officier russe, enveloppé de riches fourrures. Son coutchet (cocher) nous cria de loin d'un ton de menace de nous écarter du chemin frayé. Nous le voulions bien, mais nous étions si faibles que nos jambes nous refusant leur office, nous n'en eûmes pas le temps.

Le traîneau approchait rapidement; quand il fut près de nous, l'officier russe se leva de son siége, prit des mains de son koutchet les rênes du cheval de gauche, et, par ce mouvement le poussa sur nous. Le cheval heurta de Champs à l'épaule droite et le jeta sur moi avec violence. Nous roulâmes tous deux dans la neige, complétement évanouis.

Un juif avait été témoin de l'action lâche et brutale de l'officier moscovite; il nous fit transporter dans sa maison. Là, les soins qui nous étaient nécessaires nous furent prodigués. Nous étions fortement ébranlés, moins par la secousse que nous avions éprouvée que par la crainte d'être foulés aux pieds des chevaux. De Champs avait une forte contusion à l'épaule droite et un coup de pied de cheval à une jambe. Le juif — il s'appelait Joseph — bassina lui-même avec de l'eau-de-vie et entoura de compresses les parties malades, et nous fit donner à manger dans la pièce où l'on nous avait déposés. Elle n'était séparée de celle où la famille prenait ses repas que par un énorme poêle en faïence qui servait en même temps de cloison.

Après notre repas, nous voulions prendre congé de notre hôte; il ne le permit pas. Nous demeurâmes donc dans sa maison, nourris, chauffés, comme si nous avions fait partie de la famille. Elle se composait d'une fille appelée Sara, âgée de 17 ans, et d'une belle-sœur sexagénaire.

Peu de jours après, Joseph nous apprit que des religieuses Carmélites, d'un couvent voisin, donnaient à tous les officiers sortant de l'hôpital, un bon dîner et un rouble en argent (karbovantsc), quatre francs et quelques centimes de notre monnaie.

Un rouble d'argent et un bon dîner! L'une et l'autre chose pouvaient bien tenter de pauvres diables qui, depuis longtemps, moins les kopecks du capitaine Leclerc, n'avaient pas eu un sou vaillant à leur disposition; qui, excepté les pommes cuites dont il a été parlé, n'avaient mangé que des pommes de terre crues ou à moitié cuites et gelées, et la viande coriace de l'hôpital.

Joseph nous engagea à faire comme nos camarades, à profiter de la libéralité des bonnes religieuses carmélites. Nous ne voulûmes pas humilier notre fierté jusque-là. Nous avions plusieurs fois accepté des secours; dans la suite, la dure nécessité nous obligea d'en accepter encore; jamais nous n'en demandâmes, jamais nous ne tendîmes la main, quels que fussent nos besoins, quoique souvent exposés à mourir de faim.

Le froid nous tenait renfermés dans la maison de Joseph depuis une semaine, lorsqu'un matin Etienne Rieux, qui m'avait enfin retrouvé, vint avertir de Champs et moi que les officiers français se rendaient au gouvernement; il ne savait pour quelle cause.

Nous y allâmes aussitôt.

Dans une salle immense et fort belle, nous trouvâmes plusieurs de nos compagnons de route; entre autres: Jackson, Neigle, Lefèvre, Leclerc, de Récald, de Monger, Ramondt, Adrien, Sempaul, Lavelaine, Bruno, le chef de bataillon Gilbert, le capitaine adjudant-major Rouquié et sa petite chienne, et Hutteau. Nous fûmes heureux de nous revoir; ceux qui ont vécu loin de la patrie, sur une terre ennemie, sous un ciel d'airain, comprendront ce qu'il y a de douceur dans l'accueil, dans le regard, dans le son de la voix d'un concitoyen.

Nous ignorions pourquoi nous avions été appelés chez le gouverneur; nous le sûmes enfin... Un personnage fort impertinent nous annonça que le gouvernement russe, plein d'humanité envers ses ennemis vaincus, daignait accorder aux capitaines, lieutenans et sous-lieutenans, prisonniers de guerre, une gratification de cent roubles en papier et une solde quotidienne de dix petacks (50 centimes). Je ne saurais dire quelle gratification et quelle paie furent données aux officiers supérieurs.

Après cette annonce, fort bien reçue de nous, le même personnage officiel nous requit de signer, sur un registre ouvert à cet effet, la déclaration que nous avions touché les cent roubles à nous octroyés par la munificence de S. M. Alexandre Ier, empereur autocrate de toutes les Russies. Nous signâmes, et la somme nous fut immédiatement livrée en assignats.

J'eus, en ce moment, un véritable chagrin; plusieurs de nos camarades ne surent pas signer leurs noms. Des officiers russes, et il y en avait beaucoup dans la salle, riaient dans leurs moustaches, et se permettaient des railleries et des quolibets. Oh! si un champ clos avait pu s'ouvrir, avec quelle joie nous aurions châtié ces insolens esclaves dont pas un, avec ses titres, ses cordons, ses croix et ses médailles, ne valait ces braves fils de paysans qui n'avaient pas eu besoin de savoir lire et écrire pour les vaincre sur tant de champs de bataille!

La générosité russe se manifestait bien tard, et, certes, elle ne se montrait pas magnifique; mais toute tardive, toute mesquine qu'elle était, nous la regardâmes comme un bienfait inespéré de la Providence.

La solde des sous-officiers et soldats, sans distinction d'armes, fut fixée à un petack par jour.

Le petack vaut deux sous environ de notre monnaie, le kopeck un sou. On voit que nos appointemens n'étaient pas considérables, et que le personnage cité plus haut aurait pu se passer de faire mousser la munificence de l'autocrate; cependant, si nous n'avions pas été obligés d'acheter des habits, du linge, des chaussures, des ustensiles de cuisine, nos dix petacks auraient presque suffi, non pour nous faire vivre dans l'abondance, mais pour nous donner à vivre. Cela se conçoit; le pays étant pauvre, l'argent monnayé y était rare et les denrées à bon marché.

Nous avions donc trois cents roubles en papier, Hutteau, de Champs et moi. — Hutteau se réunit à nous pour faire commun ménage. — Trois cents roubles! c'était une fortune! Nous nous hâtâmes de les négocier; notre honnête Joseph se chargea de ce soin. Peut-être les fit-il escompter lui-même, car dans la Lithuanie, dans la Pologne, dans les parties de la Russie où leur présence est tolérée, les Juifs sont tous marchands, brocanteurs, courtiers, banquiers, agens de change.

Je ne me souviens plus du prix que nous retirâmes de nos assignats; je sais seulement que nous en fîmes un bon usage, comme Gil-Blas des doublons de la signora doña Mencia de la Mosquera. Nous achetâmes chez un fripier des vêtemens chauds et commodes, du linge dont nous avions grand besoin et des ustensiles de ménage.

Quoique je n'eusse pas la moindre notion sur l'art culinaire, comme les rôles entre les trois amis devaient être également répartis; comme dans toute société bien constituée, chacun de ses membres, pour jouir des bénéfices qu'elle présente, est tenu de supporter les charges qu'elle impose, je fus investi des importantes fonctions de chef de cuisine. J'avouerai, et cet aveu n'humilie pas mon amour-propre, que ma cuisine ne valait pas celle que la dame Léonarde faisait pour le capitaine Rolando et ses cavaliers, et que la chaste Jacinthe préparait pour le licencié Sedilles. Je n'avais étudié sous aucun grand maître ; je n'avais lu ni le *Cuisinier impérial*, ni la *Cuisinière bourgeoise*, ni M. Grimod de la Reynière ; Brillat-Savarin et M. le comte de Cussy n'avaient pas encore publié leurs savantes dissertations gastronomiques ; je n'étais, en un mot, qu'un apprenti ; toutefois, je m'acquis une sorte de réputation pour la manière dont j'accommodais le kacha (blé de sarrasin) ; mes hachis (roublénoié méco) me firent également beaucoup d'honneur ; et aucun des officiers chargés dans leurs escouades respectives des mêmes fonctions que moi n'aurait désavoué mes ogourékhi et mes gorokhi (mes concombres et mes pois chiches).

C'est au surplus à préparer ces différens mets que consistait mon talent ; nous mangions le plus souvent des alimens qui n'exigeaient aucune préparation : de la viande salée (solonina), du porc (svinina), des saucisses (saciski), du boudin (kalbaça) ; notre boisson ordinaire était de la bière (pivo) et de l'eau-de-vie (wodka) ; quelquefois nous nous permettions un peu d'hydromel (kislichtchi).

Eugène de Champs, plus posé, plus réfléchi, et, il faut le dire, plus sage que Hutteau et moi, avait été nommé notre dvorctskoï, notre pravitel et notre kaznatseki (notre maître-d'hôtel, notre intendant et notre trésorier). En la première de ces qualités, il achetait nos provisions ; en la seconde, il administrait nos finances. Il était de plus notre portnoï (tailleur).

Hutteau, transformé en aide de cuisine, fut aussi chargé du blanchissage de la société.

Les divers emplois, ainsi réglés, assez bien vêtus, ayant quelques pétacks à notre service, grâce à la prudente administration de notre trésorier, nous nous trouvâmes heureux en comparant notre sort actuel à notre position passée ; nous ne faisions qu'un vœu, demeurer à Grodno jusqu'à ce que la paix nous rendît à notre patrie.

Nous avions voulu quitter la maison de Joseph, mais il s'y était opposé de toutes ses forces ; nous aurions sans doute été remplacés par d'autres prisonniers — il en arrivait tous les jours à Grodno — il aimait mieux nous conserver. Nous n'avions qu'à nous louer de lui, il n'avait qu'à se louer de notre conduite ; nous restâmes chez lui.

Notre chambre était petite, mais chaude et propre ; nous n'avions pas de lits ; — un lit est un meuble inconnu en Pologne et en Russie ; — mais la paille sur laquelle nous couchions, dans des sacs de toile à capuchons, était fraîche, parce que nous la renouvelions souvent, et nous y dormions fort bien ; dans la journée, nous la relevions et la serrions avec soin, par mesure d'économie et de propreté.

Le poêle avait de notre côté une ouverture qui nous servait de cheminée et de fourneau ; c'est là que je faisais cuire les repas de la communauté.

Le vendredi soir, après le coucher du soleil, la famille juive célébrait le sabbat jusqu'au lendemain à la même heure. Toute la maison avait un air de fête ; la famille revêtait ses plus beaux habits, la table, plus proprement servie que d'ordinaire, était chargée de mets plus recherchés ; les pains azymes n'étaient pas oubliés. Au repas du soir, le chandelier à sept branches était allumé. Nous conformant aux usages religieux de nos hôtes, nous écoutions, nous suivions leur prières avec attention ; nous étions recueillis pendant leurs cérémonies, et nous prenions nos places à la table commune. Joseph nous servait les premiers, avec affection et cordialité, comme si nous eussions été ses enfans ; seulement nous ne touchions à aucun des ustensiles de table qui appartenaient à la famille ; nous nous servions de nos assiettes, de nos fourchettes, de nos verres, de nos couteaux. Joseph ne nous avait accordé qu'avec répugnance la permission de manger dans notre chambre de la viande de porc, en abomination chez la nation juive.

XIX.

Grodno.

Notre genre de vie. — Le commandant Gilbert.— Restaurant à l'instar de Paris. — Les trois officiers russes. — L'insulte. — Le général russe. — Double toast.

Notre genre de vie à Grodno était fort régulier, par conséquent fort monotone. Le froid nous claquemurait une partie de la journée chez notre hôte ; nous n'en sortions que pour aller prendre un verre de wodka et une demi-tasse dans un café borgne tenu par une vieille Polonaise qui nous accueillait avec bienveillance et nous vendait les objets de consommation à meilleur marché qu'aux Lithuaniens et aux Russes.

Grodno est une ville fort médiocre, quoi qu'elle soit la plus considérable de la Lithuanie, après Vilna et Minsk, et capitale de la Russie-Noire.

Elle ne compte guère plus de 3,000 âmes ; les Juifs forment près du tiers de la population, ils y ont une synagogue en pierre.

La ville est bâtie près du Niémen, en partie sur une montagne et en partie dans un fond entouré d'autres montagnes. Son ancien château, entouré d'un fossé large et profond, est entièrement ruiné. Le nouveau, dont j'ai déjà parlé, est grand et assez beau. En face est un noble édifice affecté à la chancellerie. Le palais de la famille Radziwill, celui de la famille de Sapiaha, sur le marché, sont vastes et réguliers.

Il y a, dans la ville, neuf ou dix églises catholiques romaines, et deux grecques ; les plus belles sont celles du ci-devant collège des jésuites et des religieuses carmélites.

Le marché, la place du château et la rue qui porte ce nom, si je ne me trompe, sont pavés ; les autres places et les autres rues sont horriblement sales et presque impraticables pour les piétons.

Grodno, autrefois siége de la diétine du Grod et de la Starostie, est un chef-lieu de district.

Je parlerai pour mémoire seulement de l'incendie qui détruisit cette ville — à ce que me dit un moine de l'ordre grec de Saint-Bazile — de sa reddition aux chevaliers teutoniques en 1283 et du siége qu'elle soutint en 1306 contre les Prussiens, mais je raconterai un épisode de notre séjour à Grodno, je le crois, de nature à faire connaître parfaitement l'arrogance brutale et sauvage des Russes, et à donner une idée juste de la position précaire et humiliante des Français que le sort des armes avait fait tomber dans les fers d'ennemis si peu généreux.

Je rencontrai un jour le brave commandant Gilbert.

— Avez-vous dîné? me dit-il.

— Non, répondis-je.

— Eh bien! venez avec moi ; je veux vous mener dans un restaurant qui vous rappellera les restaurans de Paris. Nous entrâmes dans une assez jolie maison ; dans un appartement au premier, chaud et bien décoré, je vis plusieurs tables fort propres. Dès que nous fûmes assis à l'une d'elles, un garçon nous présenta une carte peu étendue, mais indiquant des mets confortables.

Le commandant Gilbert et moi, nous mangeâmes de fort bon appétit un très bon dîner qui, me dit mon amphytrion quand nous fûmes sortis, n'avait coûté que dix kopecks par tête.

Le soir, le récit de ce repas affriola la sensualité de de Champs et de Hutteau. Il fut arrêté incontinent qu'une fois la semaine nous irions dîner au restaurant français de Grodno ; ce jour-là serait jour de gala pour la société et de repos pour le chef de cuisine.

Un jour, nous entrâmes tous trois au restaurant vers deux heures après midi, heure ordinaire de notre dîner. Dans une première salle que nous trouvâmes, sans nous y arrêter, trois officiers russes en uniforme étaient devant une table chargée de verres et de bouteilles vides, leurs paroles hautes, leurs éclats de voix annonçaient que ces messieurs avaient arrosé leur repas de copieuses libations; ils n'étaient pas ivres, mais ils étaient bien près de l'être.

Du cabinet où nous étions occupés à expédier notre dîner, nous voyions tout ce qui se passait dans la salle où nos voisins, de plus en plus bruyans, semblaient disposés à faire une orgie. L'un d'eux, ayant tourné la tête de notre côté, appela un domestique et lui donna en polonais, du ton d'un maître à un serf, un ordre que celui-ci ne paraissait pas très pressé d'exécuter. Cet ordre, nous l'avions parfaitement entendu : il avait empourpré nos visages de colère et d'indignation. Le domestique hésitait encore ; le Russe se leva et vint à nous.

—J'ai ordonné à cet esclave, que je ferai mourir sous le bâton, nous dit-il en français, de vous prévenir que votre coiffure n'est pas décente.—En achevant ces mots, il fit sauter ma casquette de dessus ma tête et la jeta loin de moi.

L'excès de fureur dont je fus saisi m'ôta d'abord la parole ; l'insulteur se méprit sur la cause de mon silence.

— Quand des officiers russes, continua-t-il, sont quelque part, des officiers français, des officiers de Napoléon ne devraient pas s'y montrer.

Je me levai ; mes camarades aussi ; la parole m'était revenue.

— Vous êtes un lâche ! m'écriai-je hors de moi... Oui, il n'y a qu'un lâche qui ait pu se permettre l'insulte que vous venez de faire à un officier prisonnier qui est malade, qui n'a aucune arme, qui n'a ni le droit, ni le pouvoir de châtier votre insolence!

Il leva la main ; je saisis un couteau... le sang allait couler... Les deux autres Russes s'emparèrent de leur camarade ; des Lithuaniens qui dînaient dans la grande salle me désarmèrent; je m'assis en pleurant de rage.

En ce moment, un général moscovite et deux officiers supérieurs entrèrent dans la première pièce.

Je courus au premier, et d'une voix altérée et entrecoupée :

— Monsieur le général, lui dis-je, entendez-vous le français ?

Étonné de ma demande, et plus encore de l'état où il me voyait, il demeura une minute sans répondre.

— Qui êtes-vous, monsieur? me dit-il en français.

— Je suis un prisonnier, un officier de Napoléon ; — j'appuyai sur ce nom. — Cet homme — lui montrant celui qui m'avait insulté — cet homme est un lâche!

Le général fit un mouvement de colère qu'il réprima aussitôt.

— Parlez, monsieur, me dit-il.

Je continuai.

— Cet homme vient de me faire un outrage que je ne puis

venger, et il le sait bien — Je lui racontai ce qui venait de se passer.

— Nous avons salué ces messieurs en entrant, ajoutai-je ; j'ai gardé ma casquette sur la tête, parce je suis récemment sorti de l'hôpital ; je l'ai gardée parce que cela me convenait, après tout ! Monsieur le général, je suis sans armes ! Pour avoir raison de l'insulte qui m'a été faite, je m'adresse à votre loyauté ! Vous ne voudrez pas qu'un officier français désarmé soit déshonoré par un officier russe ; vous me donnerez les moyens de venger mon honneur. — En France, nos ennemis prisonniers, loin d'être insultés, sont traités en amis et en frères.

Le général russe m'avait écouté avec une émotion visible.

— Monsieur, calmez-vous, me dit-il.

Puis, s'adressant à l'homme qui m'avait manqué, il lui dit en russe quelques mots qui le firent rougir et pâlir.

L'insulteur ramassa ma casquette restée à terre, et me la rendit en balbutiant des excuses. Ensuite il sortit de la maison avec ses deux amis aussi confus, aussi honteux que lui.

J'étais vengé !.. Je remerciai le général, et je me remis à table.

Un instant après nous fûmes très surpris de voir la maîtresse du logis entrer dans notre cabinet avec une bouteille de vin et trois verres.

— C'est M. le général qui vous prie d'accepter ce vin de France, nous dit-elle.

Nous nous regardions, incertains si nous devions accepter ou non cette politesse.

Le général et les deux officiers supérieurs vinrent à nous.

Six verres furent remplis, et tous debout !

— A l'empereur Alexandre et à la Russie ! dit le général.

Elevant nos verres, nous dîmes :

— A la France ! A l'empereur Napoléon !

Ces deux toasts portés, ces messieurs se retirèrent en nous laissant le reste de la bouteille, que nous bûmes sans scrupule avec un plaisir accru par une longue privation de ce liquide.

Ce général, revêtu de l'uniforme russe, paré d'insignes et de décorations russes, était un Français ; je me trompe, c'était un émigré français.

XX.

Sara.

Pendant les repas auxquels nous admettait l'hospitalité de Joseph, j'étais assis à côté de sa fille Sara. L'imagination du sculpteur, du peintre, du poète et de l'amant ne saurait enfanter une créature plus ravissante. Bien souvent Rébecca, cette autre création délicieuse du chef-d'œuvre de Walter Scott, m'a rappelé la charmante jeune fille de mon hôte de Grodno.

Un matin, seul dans notre chambre, je lisais pour la centième fois peut-être mon Gresset, lorsque, sans que je l'eusse vue ni entendue entrer, je sentis son souffle dans mes cheveux et sa joue près de ma joue. Elle essayait de lire dans mon livre.

— C'est moi, me dit-elle en français ; c'est moi ! Vous ai-je fait peur ?... Moi, je n'ai pas peur des officiers français ; je les aime ; mais les officiers russes, je ne les aime pas.

Puis, sans me donner le temps de répondre, et d'un air qui annonçait qu'elle était tout heureuse, tout enchantée de me montrer son petit savoir, elle ajouta :

— Oh ! je sais bien des mots français.

— Vraiment ! Et quels mots savez-vous ?

— Mon père, ma mère, ma sœur, mon frère, mon ami, mademoiselle, vous êtes aimable, vous êtes jolie, vous avez de beaux yeux, je vous aime... et d'autres, d'autres encore.

— Qui vous a appris tout cela ?

Elle rougit un peu, baissa les yeux avec un embarras charmant.

— C'est un Français, dit-elle... un officier, ajouta-t-elle aussitôt.

— Qui vous aimait ?

— Oui.

— Que vous aimiez ?

— Oh ! oui !

La pauvre enfant fondit en larmes.

— Comment appelez-vous cet officier ?

Elle tira de son sein un petit portefeuille soigneusement enveloppé dans un morceau d'étoffe bleue et me le présenta. Je lus :
« Paul Vernon, lieutenant en second au premier régiment des
» grenadiers à cheval de la garde impériale, né à Paris, le 1er
» mai 1785.—Donné à Sara le 14 juillet 1812, à Vilna. »

Au-dessous de ces lignes, la jeune Israélite avait écrit en hébreu et en allemand, en caractères corrects et hardis, son nom et son prénom, le nom et le prénom de mon compatriote. Sa jolie main les avait aussi griffonnés en français.

Sur une autre page, Paul Vernon avait écrit et signé cette sorte de déclaration :

« Je dois la vie à l'humanité de Joseph et de sa famille ; je dois le bonheur à Sara. »

Plus bas était une date. Je demandai à Sara quel souvenir s'y rattachait. Elle essaya de parler, elle ne put que balbutier quelques mots. C'était me répondre. Je respectai son trouble et son embarras.

Avec ce tact sûr, cette finesse instinctive qui ne manquent jamais à une femme, Sara comprit que je l'avais devinée ; son regard et son sourire me remercièrent de ma discrétion.

Nous gardâmes quelque temps le silence.

— Pourquoi, lui demandai-je, ne m'avez-vous jamais dit que vous parliez un peu le français?

— Nous n'avons pas été seuls... et, devant mon père, je n'aurais osé...

— Votre père ne sait donc pas votre amour pour M. Vernon?

A cette question, Sara pâlit, je crus qu'elle allait se trouver mal. Enfin des larmes abondantes inondèrent ses joues et tombèrent sur son sein. Par degrés elle devint plus calme. J'étais ému, mon émotion ne lui échappa point.

— Merci, dit-elle monsieur; je vois que vous êtes bon, vous pouvez me rendre le repos, le bonheur. Je vous dirai tout demain, après-demain, quand nous serons seuls.

Elle me dit adieu du regard et du sourire et me quitta.

— Elle a été séduite, me dis-je, rien n'est plus clair; ses pleurs me l'ont avoué; mais ces pleurs, qu'annonçaient-ils? de l'embarras, de la confusion. — Dans la confidence qu'elle me garde, il y a un violent chagrin, un grand malheur. Pour éclaircir ce mystère, il me faut obtenir un aveu plus complet de l'aimable juive.

Peu de jours après, je rencontrai Sara à quelque distance de la maison.

— Suivez-moi de loin, me dit-elle. — Sa marche était si rapide, que je l'aurais perdue de vue, si les empreintes de ses jolis pieds sur la neige ne m'eussent servi de guides.

J'entrai après elle dans une maison que je reconnus pour celle d'un juif; dans une pièce étroite, basse, enfumée dont l'ameublement n'indiquait pas que le propriétaire fût dans l'aisance, je vis une femme israélite. Je lui dis bonjour en allemand ; elle me remercia dans cette langue, m'invita du geste à m'asseoir sur un banc, près du poêle et se retira. J'allais l'appeler quand Sara entra dans l'appartement, portant dans ses bras une jolie petite fille d'un an environ.

— Monsieur est un Français, dit-elle à l'enfant, comme si l'enfant eût pu la comprendre. — C'est une Française! ajouta-t-elle, rouge de confusion et de bonheur.

Je savais tout; Sara n'avait à m'apprendre que des circonstances et des détails.

Elle me raconta son histoire, histoire simple et attachante; c'était celle de sa vie, c'est-à-dire celle de son cœur et de son amour. Il y avait dans cette histoire une faute prévue, une félicité passagère, un regret durable, un long repentir, un malheur sans réparation.

Si mon récit pouvait s'impressionner du ton à la fois naïf et passionné de la jeune juive, s'il pouvait lui emprunter sa grâce simple et modeste, s'il m'était possible de rendre le son doux et pénétrant de sa voix et l'indéfinissable expression de ses regards et de ses traits où se reproduisaient tous les sentimens qui l'agitaient, je serais sûr de faire passer dans l'âme de mes lecteurs l'intérêt profond qui saisit la mienne; alors, les malheurs de l'humble fille d'un juif de Grodno leur arracheraient des larmes d'attendrissement et de pitié.

Paul Vernon, blessé au commencement de la campagne de 1812, avait été transporté à Vilna et déposé dans un hôpital de cette ville. A sa sortie, faible encore et à peine convalescent, il fut logé chez le juif Joseph qui, bon, humain, attaché à la fortune de la Pologne et de la France, lui prodigua, ainsi que sa femme, les soins et les secours que son état exigeait.

Sara sortait de l'enfance. Son père, riche à cette époque, estimé de ses coreligionnaires, jouissant parmi eux d'une grande influence, l'avait fait élever sous ses yeux. Elle dut à son éducation, à son heureuse nature, à ses sentimens élevés et généreux, de n'avoir aucun des préjugés qui dégradent, qui avilissent le peuple juif et le rendent l'ennemi des autres peuples. Sara était la plus aimable, la plus belle, la plus modeste et la plus instruite des jeunes israélites de Vilna; elle était aussi une des plus riches. Vernon s'en fit aimer. Joseph ne s'aperçut pas de leur intelligence, et ne vit comme sa femme, dans cet officier, qu'un officier dont il avait en quelque sauvé les jours, et qui, par reconnaissance, enseignait la langue française à sa fille. La vieillesse manque de pénétration et de prévoyance.

Les jours, les mois s'écoulèrent. Vernon ne pouvait songer à rejoindre nos aigles; une blessure au bras droit, non cicatrisée, le retenait à Wilna. Il y était encore lorsque l'incendie de Moscou força l'Empereur à abandonner sa superbe conquête. Cet acte, d'un patriotisme sauvage, annonçait qu'une haine implacable ulcérait les cœurs moscovites et présageait à l'armée française d'incalculables malheurs.

L'incendie, qui avait dévoré Moscou *la sainte*, refléta ses flammes sur toutes les villes de l'empire russe. Les populations entières s'armèrent pour punir ce sacrilége, car l'incendiaire Rostopchine, cet homme que M. Philippe de Ségur a loué avec une complaisance si peu française, avec une partialité si peu digne de l'histoire, n'osant assumer sur lui la responsabilité de son épouvantable sacrifice, l'avait rejetée sur Napoléon et sur ses soldats.

Rostopchine fit plus dans la suite. Après un séjour de plusieurs années à Paris, il n'osa retourner en Russie que précédé de la publication d'une brochure où il attribuait l'incendie de l'ancienne capitale de Russie, à des causes indépendantes de sa volonté. Il voulait désarmer la colère d'Alexandre par cette abnégation d'esclave. Bassesse inutile! le despote ne lui pardonna pas d'avoir sauvé son empire. Rostopchine mourut dans la disgrâce de son maître et dans l'oubli.

On connaît les désastres qui signalèrent notre retraite.

Les débris de l'armée arrivèrent à Vilna ; là nous attendaient des malheurs inouïs, sans exemple dans les fastes des nations; là nous trouvâmes des ennemis qui ne s'étaient jamais offerts à nos baïonnettes. Les juifs qui, à l'ouverture de la campagne, nous avaient accueillis comme des libérateurs, pour faire oublier leur défection aux Russes, devinrent pour eux des auxiliaires plus sûrs et plus impitoyables que le froid qui nous décimait.

Ces monstres attiraient dans leurs maisons, par des promesses de vivres, par l'appât de l'hospitalité, les malheureux Français affamés, exténués, à demi-morts. Quelques uns les dépouillèrent de leurs vêtemens et les jetèrent nus dans les rues ; d'autres les égorgèrent et suspendirent leurs cadavres aux fenêtres. Horribles trophées de nos misères et de leur barbarie!

Ces forfaits sont connus de l'histoire ; elle les a dénoncés à l'exécration des siècles. Peut-être ces abominables juifs resteront-ils impunis sur cette terre ; mais ils tomberont un jour sous la main de Dieu ; alors leur châtiment commencera, alors leurs victimes seront vengées!

Au milieu de ces horreurs qui flétrissent l'âme, il est doux d'avoir à citer des actions généreuses qui la consolent.

Joseph, que je ne sais quelles entreprises commerciales et quels marchés avec notre armée avaient appelé à Moscou, revint à Vilna pour y être témoin des lâches fureurs des juifs contre les misérables restes de nos troupes. Ce ne fut pas sans danger qu'il leur arracha l'officier français son hôte. Il leur devint suspect; des soldats russes pillèrent sa maison ; il fut ruiné. Contraint de fuir de Wilna, il se réfugia à Grodno.

Vernon avait échappé à la rage des Juifs ; mais il était perdu pour Sara. La malheureuse enfant expiait alors bien cruellement, et par toutes les peines qui peuvent torturer un cœur, l'imprudence de son amour et de son bonheur de peu d'instans... elle était enceinte! son malheur n'avait point de remède... Sa mère lui restait qui, seule, pouvait la sauver du désespoir et cacher son déshonneur ; elle la perdit et, peu de jours après, lorsqu'elle même semblait toucher aux portes du tombeau, elle donna le jour à une fille. Une sœur de sa mère, que celle-ci, peu d'heures avant sa mort, avait mise dans la confidence, reçut l'enfant et le confia à une pauvre juive qui venait de perdre son nourrisson.

Joseph était à Grodno ; il ignora tout. Le séjour de Wilna lui était devenu odieux ; il se fixa à Grodno et y appela sa famille. Sara, de son côté, y fit venir sa fille et sa nourrice.

Telle fut l'histoire de Sara. Elle me quitta un instant et revint avec une petite cassette. Elle l'ouvrit ; je vis l'habit d'uniforme, l'épaulette, la contre-épaulette, la dragonne, l'aiguillette, d'un officier de grenadiers à cheval de la vieille garde.

— Voilà, me dit-elle en me montrant ces objets et sa fille qu'elle pressait sur son cœur avec une tristesse passionnée..., voilà tout ce qui me reste de lui !

Puis, avec l'éloquence que l'amour vrai peut seul donner, elle me parla de la bonté, de la douceur, des qualités aimables et séduisantes de son amant. Elle me fit son portrait avec une complaisance naïve qui m'attendrit presque autant que son récit et ses pleurs, et elle me demanda si je connaissais M. Paul Vernon d'un ton et d'un air de confiance qui rendaient ma réponse difficile et délicate, car je vis qu'elle attendait une consolation et une espérance.

Je ne connaissais pas M. Vernon ; je le dis à Sara, mais je l'assurai avec une chaleur qui dut la convaincre de la vérité de mes paroles que je ne négligerais rien pour me procurer des renseignemens sur le sort de son amant. Nous nous séparâmes ; je rentrai chez Joseph, fort touché de tout ce que je venais de voir et d'entendre.

Le lendemain, quoique le froid fût très rigoureux, je courus dans les maisons où logeaient des officiers français. J'entrai dans les cafés, dans les kabacks qu'ils fréquentaient ; je visitai les hôpitaux pour avoir des données sur M. Vernon. Mes courses et mes recherches furent pendant quelques jours sans résultats. Enfin, j'appris qu'échappé aux massacres partiels des Français par les juifs de Vilna, cet officier était tombé au pouvoir des Russes ; qu'après un court séjour dans un hôpital, il était parti, tout à fait rétabli, pour Tchernigoff, en passant par Bobruisk et Borisof, noms funestes et trop connus dans les malheurs de la grande armée !

Sara, à qui je fis ce récit chez la nourrice de sa fille, pleura beaucoup en m'écoutant ; je la consolai du mieux qu'il me fut possible en l'exhortant à la résignation et à la patience.

Nous nous rencontrions souvent, Sara et moi, chez la nourrice. Je n'étais plus pour elle un inconnu, un étranger, un homme que les préjugés de sa religion lui ordonnaient de regarder en ennemi ; j'étais son confident, son ami en quelque sorte, son protecteur. Aussi, les règles que nous imposaient d'abord la différence des sectes, celle des mœurs et celle du langage, se modifièrent-elles peu à peu sensiblement. Nos causeries devenaient douces et intimes comme les causeries de deux amis.

Alphonse Hutteau, à qui je racontai en partie l'histoire de Sara, me plaisanta beaucoup sur ma modestie et ma délicatesse.

— Pardieu ! me dit-il en éclatant de rire, tu aurais dû naître au temps de la chevalerie... Le paladin Roland, le bel Alcindor n'étaient pas plus respectueux envers cette friponne d'Angélique et cette bégueule d'Arsène que toi avec cette petite juive. Qui aurait pu penser que l'amant de Thérèse tomberait dans l'amour platonique?

— Eh! mon ami, lui dis-je, je n'aime point Sara; je la plains, je l'estime.

— Eh! mon cher Valère, souffrez, s'il vous plaît, que je vous dise avec Cléon :

> Feu Céladon, je crois, vous a légué son âme;
> Il faudrait des six mois pour aimer une femme.
> Ayez-la, c'est d'abord ce que vous lui devez,
> Et vous l'estimerez après si vous pouvez.

Au moment où Hutteau, le meilleur et le moins sentimenta des jeunes gens de notre âge, me récitait ces vers du *Méchant*, dont l'application nous faisait rire comme des écoliers, de Champs entra dans la chambre.

— Fâcheuse nouvelle! dit-il.
— Qu'y a-t-il donc?
— Il y a que demain nous quittons Grodno.

Le lendemain, en effet, nous étions sur la route de Minsk.

FIN DE LA PREMIÈRE PARTIE.

DEUXIÈME PARTIE.

Route de Borisof.

Regrets de quitter Grodno. — Sara. — Rieux. — Le docteur Saxon. — Personnel du convoi. — Notre escorte et leur chef. — L'étape. — Le capitaine de Récald et son camarade. — La sainte Vierge, l'enfant Jésus et saint Nicolas. — Nowogrodec. — Justice russe. — L'homme au manuscrit.

La nouvelle que nous avait annoncée de Champs était, en effet une fâcheuse nouvelle !

Nous nous étions familiarisés avec l'espoir de passer à Grodno tout le temps de notre captivité ; nous y avions fait des connaissances, des amis ; nous nous y étions créé des habitudes ; les rapport des officiers entre eux étaient devenus agréables et faciles par un échange journalier de politesses, de procédés et de services ; nous avions retrouvé la gaîté nationale, nous étions rentrés dans le caractère français.

Notre position à Grodno était donc, sinon heureuse, du moins tolérable. Et il nous fallait, au mois de décembre, par un froid cruel qui pouvait devenir plus cruel encore que le froid de l'année précédente, rentrer dans cette Moskovie dont les neiges avaient, en quelques jours, dévoré quatre cent mille hommes ! Nous allions parcourir des pays dévastés où nous pourrions à peine nous procurer notre nourriture ! un pays dont les habitans nous traiteraient en ennemis, se montreraient d'autant plus implacables dans leur haine qu'ils verraient en nous les auteurs de leurs désastres et de leur misère !

C'est ce que pensaient et disaient à leurs camarades ceux qui avaient fait la campagne de 1812 et échappé aux horreurs de la retraite ; leurs paroles n'étaient que trop vraies ! Leurs prédictions ne devaient que trop s'accomplir ! Leurs tableaux, si tristes, n'étaient malheureusement pas trop chargés !

J'avais peut-être plus de motifs qu'un autre de regretter le séjour de Grodno.

La pitié que m'avait d'abord inspirée Sara était devenue de l'amitié. Cette affection se serait-elle transformée plus tard, par la nature de nos rapports, en un sentiment plus tendre et plus exclusif ? Je n'en sais rien. Ce que je sais, parce que je l'ai vu, parce que je l'ai senti, parce que, quoique jeune et confiant, je n'étais pas assez l'un et l'autre pour me laisser prendre, comme à la glu, au manège d'une coquette, aux larmes d'une hypocrite ; ce que je sais, c'est que Sara, séduite et coupable, n'était pas une fille perverse et perdue, n'était pas une de ces femmes que des chutes honteuses et des défaites répétées livrent au mépris public; ce que je sais, c'est que malgré sa faute Sara méritait les égards et le respect d'un galant homme. Aussi, lorsque mon brave et loyal ami, Alphonse Hutteau, traitant sans conséquence une aventure d'amour, jugeant Sara à un point de vue qui était bien loin du mien, me reprocha en riant de n'être ni de mon siècle ni de mon pays ; me dit que j'aurais dû venir au monde au temps d'Amadis des Gaules, de Palmerin d'Olive et du chevalier du Soleil, et que j'avais été bien bon de traiter une petite drôlesse comme les *Hymnes sacrés de Lefranc de Pompignan*.

— Sacrés ils sont, car personne n'y touche.

Je ris de ses plaisanteries, mais elles ne me convainquirent point que j'eusse joué le rôle d'un sot.

Pendant que nous faisions chez Joseph nos préparatifs de départ, Etienne Rieux vint s'offrir avec empressement pour notre domestique. Hutteau et de Champs l'acceptèrent comme un commensal, moi, comme un ami.

Rieux était un homme fidèle, dévoué, plein de courage et d'intelligence ; il avait, dans des circonstances difficiles, prouvé qu'il possédait ces deux qualités; il prouva, dans la suite, qu'il ne manquait ni de sang-froid, ni d'adresse, ni d'habileté pour ses petits intérêts. Rieux était un véritable industriel, dans l'acception le plus honorable du mot; il fut pour nous une espèce de *maître Jacques*, dont le zèle, les soins et les services nous furent très utiles et très précieux.

Ce qui ajoutait à notre regret de nous éloigner de la France, c'était notre ignorance complète de la situation de notre armée et de notre patrie ; le médecin saxon, que je rencontrai quelques heures avant notre départ de Grodno, ne put m'en donner aucune nouvelle.

— Je ne resterai pas longtemps ici, me dit-il ; dans quelques jours je vous suivrai. Je pourrais retourner en Saxe, le gouverneur russe me l'a proposé. Je ne veux pas, ai-je répondu, m'associer à la défection de mes compatriotes sur le champ de bataille de Leipsick; je prends mon roi pour modèle; comme lui je resterai fidèle à la fortune de Napoléon et au drapeau de la France.

Cette réponse a irrité le Moscovite.

— Vous irez en Sibérie, m'a-t-il dit.

— Eh bien! j'irai.

« Il m'a chassé de ses appartemens. »

Nous nous embrassâmes, le digne docteur et moi, avec une véritable affection, et nous nous dîmes adieu avec l'espoir de nous retrouver un jour.

Après avoir exprimé à Joseph et à sa famille toute notre reconnaissance pour les services que nous avions reçus d'elle et de lui, nous nous rendîmes sur la place du Château. Là étaient des traîneaux ou sani attelés chacun d'un cheval ou cogna. Les officiers avaient un sani pour deux et un domestique; les sous-officiers et les soldats étaient obligés de marcher à pied. Nous partîmes. Une cinquantaine d'officiers et deux cent cinquante soldats, c'était là tout ce qui restait de vingt et un mille hommes qui, à la reprise des hostilités, après la dénonciation de l'armistice de Pleswitz, formaient la division Puthod! Ce misérable reste fut encore réduit. Des officiers partis de Breslaw et arrivés à Grodno, de Champs, Hutteau, Jackson, Neigle, Rouquié, Peyre, de Monger, Ramondt, Dératté, Bruno, Semepaul, Duthilt, Evrard, Lemierre, Contou, Fleury, Jumello, Terrin, Fays, de Récald et Adrien furent les seuls qui arrivèrent à Kosfof, terme de notre voyage. Les autres furent obligés de s'arrêter malades à Novogrodeck, à Minsk, à Borisof, à Bobruisk, à Tchernigoff, à Novogorod, à Obrinka, à Koursk, à Voronèje, à Tamboff, à Borisoglebsk, et d'entrer dans des hôpitaux. Beaucoup y moururent.

Depuis 1815, j'ai parcouru bien des départemens, visité bien des villes de garnison, je n'ai trouvé de mes anciens compagnons de captivité que quelques-uns de ceux que je viens de nommer, et ces officiers n'en ont pas rencontré d'autres.

Quant aux sous-officiers et aux soldats, le caporal Etienne Rieux est le seul, à ma connaissance, qui ait revu la France; il est plein de vie et de santé à l'heure où j'écris ces lignes; j'espère que la lecture de ces souvenirs, où il joue un rôle si honorable, distraira sa famille et ses amis assis à son foyer pendant les longues soirées d'hiver, et sera l'amusement de sa vieillesse.

Notre escorte était composée de cent cavaliers bachkirs, de quatre sergens et d'une vingtaine de soldats d'infanterie, qui retournaient en Russie pour y former des colonies militaires; un officier d'une trentaine d'années, parlant très bien le français, poli et d'une humanité relative, le commandait. Il s'appelait Lukoy.

Le temps était très froid, le soleil éclairait sans échauffer; ses rayons, que nous renvoyait la neige brillante comme un miroir, éblouissaient et fatiguaient nos yeux.

Nous arrivâmes vers quatre heures, plus d'une heure après le soleil couché, dans un misérable village où nous eûmes assez de peine à nous procurer, pour nos kopecks et nos pétacks, de la viande de porc et du wodka.

Nous venions de nous étendre sur la paille, quand nous entendîmes des cris de fureur et de détresse ; ils partaient d'une maison contiguë à la nôtre, où étaient logés le capitaine de Récald et un officier saxon, demeuré attaché à notre fortune. Nous y courûmes : ces deux messieurs étaient ivres, ou, à peu près. Oubliant ce que leur position leur imposait de réserve et de prudence, ils avaient voulu forcer leur hôte, russe et marchand d'eau-de-vie, à leur donner du wodka à discrétion, pour un prix évidemment insuffisant. Irrités de son refus, et incapables de calculer les suites de leur action, ils avaient arraché de leurs niches l'image de la Sainte-Vierge portant l'enfant Jésus, et celle de saint Nicolas, patron de la Russie, qui décorent inévitablement la pièce principale de toutes les chaumières moscovites et de tous les palais. Ce sacrilége avait exaspéré le marchand qui, appelant à son aide quelques Mougicks russes et les soldats de l'escorte, allait faire un mauvais parti à nos camarades, quand nous arrivâmes sur le lieu de la scène. Notre présence ne les aurait pas sauvés, si l'officier russe ne fût accouru à son tour ; il apaisa ses compatriotes.

Les deux capitaines durent se trouver très heureux d'en être quittes pour la réprimande sévère, bien méritée certes, que leur infligea le chef du transport.

Quelques jours après, nous arrivâmes à Novogrodeck, ville du gouvernement de Grodno, à cent cinquante verstes de cette capitale. Plusieurs soldats et quatre ou cinq officiers entrèrent à l'hôpital, entre autres un lieutenant élève de Saint-Cyr, natif de Grenoble, nommé Facoz, aimé et estimé de tous pour son instruction et la douceur de son caractère.

Le surlendemain, nous n'attendions pour partir que l'arrivée d'un de nos compagnons en retard, quand nous le vîmes accourir à toutes jambes, les vêtemens en désordre, les traits décomposés, dans un état, enfin, qui nous fit penser qu'il avait été victime de quelque acte de violence ; il se précipita au devant du chef du convoi, et, d'une voix étouffée par l'émotion et la rapidité de sa course.

— Monsieur ! monsieur ! Je vous demande justice et vengeance.

— Justice et vengeance ? répondit M. Lukoï ; vous aurez l'une et l'autre, s'il y a lieu. Expliquez-vous.

— Monsieur, on m'a volé.

— Volé ?

— Oui, monsieur ! oui, on m'a volé !

— Que vous a-t-on volé, monsieur ?

— Monsieur, on m'a volé tout ce que je possédais ; on m'a volé toute ma fortune.

— Vous l'aviez donc dans votre poche, toute votre fortune ?

— Dans ma poche, quoi, monsieur, ou plutôt dans le portefeuille qui était dans ma poche.

La figure de l'officier russe s'anima.

Chez qui étés-vous logés? demanda-t-il au plaignant.

Chez un juif.

Un juif! vous étiez logé chez un juif? Oh! oh!

Il fit un signe.

Un sergent, notre ancienne connaissance Pouskoï, celui qui avait bien traité l'Atchakal Bachkir, quitta sa place avec quatre fantassins et deux Bachkirs, il revint un instant après, conduisant par le collet un juif à moitié mort de frayeur. Ce juif était suivi de sa femme, de ses enfants, de ses parens et amis éplorés; il va sans dire qu'il avait reçu quelques gourmades en à-compte sur le châtiment qui l'attendait.

Son juge, car c'en était un, jugeant sans appel et en dernier ressort, demanda à notre camarade si ce juif était son hôte.

Il lui fut répondu affirmativement.

— As-tu logé cet officier la nuit dernière? demanda M. Lukoï au juif, lui parlant allemand.

— Ia mein herr! balbutia le juif qui, ne pouvant se soutenir tomba aux pieds de l'officier qu'il voulut baiser.

Le Russe le repoussa d'un geste de mépris et de dégoût.

— Chien! lui dit-il, debout et à distance! Tu as volé ce Français? continua-t-il; rends lui à l'instant ce que tu lui as volé, et tu en seras quitte pour cent coups de battoks; si tu nies le vol, tu en recevras trois fois autant, sans compter le reste.

Le juif qui, sur l'ordre du Russe, s'était relevé, retomba la face contre terre en bégayant des protestations de son innocence.

Sa famille et ses amis faisaient chorus.

Le juge, sans laisser voir sur son visage le moindre mouvement d'impatience, donna cinq minutes à l'accusé pour se décider à faire l'aveu de son crime. Ce délai passé, il prononça sa sentence avec la terrible concision du préteur romain (1).

— Sergent, saisissez-le, dépouillez-le, liez-lui les mains, placez-le sur les épaules de ce Bachkir, prenez les batocks, commencez la danse, comptez les coups.

Cette sentence fut exécutée par Pouskoï avec cette précision que donnent l'habitude et le goût.

— Mais qu'ai-je donc fait? criait le juif, à chaque coup... Qu'ai-je donc fait, mon Dieu! mon Dieu!

— Chien! fils de chien! payen! athée!... Veux-tu rendre les assignations que tu a volées à cet officier?

— Des assignations! hurlait le patient, des assignations!...

---

(1) *I lictor, colliga manus, alliga ad pallum deliga fases, expedi securem.*

Est-ce que ce mendiant de Français avait des assignations? Il n'a pas eu un petak pour payer le wodka qu'il voulait prendre; il n'a pas eu deux kopecks pour acheter du tabac!... Des assignations! mein Gott! des assignations!

Il y avait un tel accent de vérité dans les exclamations du malheureux israélite, que son juge en fut frappé. Il se tourna vers l'accusateur.

— De quelle valeur était chaque assignation, dit-il, et combien vous en a-t-il volé?

— Des assignations! mais monsieur, je ne vous ai point parlé d'assignations!

— Ne vous a-t-on pas volé votre portefeuille?

— Certainement.

— Eh bien! que diable peut-on vous avoir volé dans votre portefeuille, sinon des assignations, des roubles en papier, si vous voulez, des billets de banque, si vous aimez mieux?

— Monsieur, on m'a volé mon manuscrit qui vaut toutes les assignations de la Russie.

Nous partîmes d'un éclat de rire.

M. Lukoï ne rit pas, lui. Sur un signe qu'il fit, Pouskoï, qui pendant le dialogue du juge et du patient n'avait pas cessé de frapper en cadence en comptant les coups avec la précision d'un chef d'orchestre qui marque la mesure et règle le mouvement, Pouskoï s'arrêta; le Bachkir, qui tenait le juif sur son dos, le lâcha.

— Comment! s'écria M. Lukoï, vous me laissez interroger, juger, condamner et exécuter ce chien...

— Mais, monsieur, est-ce ma faute? Vous ne me donnez pas le temps de vous dire qu'on m'a volé un manuscrit, contenant des odes, des romances, des chansons, des acrostiches, des poésies enfin, qui étaient ma fortune présente et ma fortune à venir. Vous interrogez le juif en allemand, vous le jugez en allemand, vous le condamnez en allemand, et vous le faites fustiger en allemand, une langue que je ne comprends pas. Est-ce ma faute, à moi, encore une fois?

Nous rîmes de nouveau, et pour le coup, le juge, désarmé, rit avec nous.

— Va-t-en, chien! dit-il au juif, si heureux de n'avoir reçu qu'une cinquantaine de coups de battocks sur trois cents qui lui revenaient, qu'il se confondit en remercîments, en révérences et en bénédictions; il s'en alla sans demander son reste. Le Russe ne daigna pas lui faire la plus petite excuse.

— Je suis pourtant fâché, nous dit-il en allumant sa pipe, je suis fâché d'être allé si vite. Mais, bah! ajouta-il en montant dans son traîneau et en donnant le signal du départ, il n'y a pas de mal : *Ce n'est qu'un juif.*

Nous quittâmes Nowogrodeck.

L'homme au manuscrit que j'ai laissé à Tchernigoff, et que je n'ai pas revu, a-t-il retrouvé le précieux recueil qui devait lui ouvrir les portes des temples de la fortune et de la gloire ? Je n'en sais rien. Ce qui me fait croire que ses chefs-d'œuvre sont perdus, c'est que je ne vois pas son nom resplendir entre les noms des quarante Immortels qui ont leur Olympe à l'Institut.

II.

Minsk.

Notre logement. — Mme Michel. — La borgne. — Levrouski. — Disposition de l'autorité russe. — Les Dennchicks. — Eugène de Champs. — Monsieur Kerkoff. — Macédoine littéraire.

Le convoi arriva à Minsk sans avoir fait de nouvelles pertes.
Nous fûmes, Hutteau, de Champs, Etienne Rieux et moi assez mal logés à Minsk

Pour entrer dans notre chambre qui n'avait pour tous meubles qu'un énorme poêle en terre, et un banc de bois, il fallait traverser une pièce où notre hôte, misérable serf lithuanien, serrait ses instrumens aratoires, un moulin à bras, de rares provisions de bouche et de pauvres ustensiles de cuisine.

Cette pièce servait en même temps d'étable à deux vaches aussi maigres que celles qu'avait vues en songe le roi Pharaon, et un cheval qui, pour le moins, avait vingt ans.

Le Lithuanien, sa femme, ses fils et sa fille étaient logés dans une chambre contiguë aussi délabrée, aussi nue que la nôtre.

Nous couchions sur la paille, comme de raison ; mais cette paille fraîche, renouvelée tous les jours ne faisait pas un bien mauvais lit ; nous y trouvions le repos et le sommeil.

Je dirai peu de chose de Minsk, chef-lieu de gouvernement, et, après Wilna, la ville la plus considérable de la Lithuanie. Elle ne compte que dix à douze mille habitans, dont les deux tiers sont juifs, race plantureuse, plus funeste et plus dévorante pour le pays où elle pullule que les sauterelles d'Egypte.

Il y avait à Minsk quatre églises qui n'offraient rien de remarquable : une synagogue en pierres, quelques couvens assez bien bâtis et une salle de spectacle passable, où jouaient alternativement des acteurs français et une troupe allemande.

Le jour de la Saint-Joseph est, à ce que j'appris de notre hôte, un jour de fête pour la noblesse du pays et des environs ; les nobles se rendent ce jour-là à Minsk, avec leurs familles, pour régler leurs affaires particulières ; ces réunions donnent lieu à des banquets, à des bals, à des réjouissances de toute espèce.

Le temps était très rigoureux et nous consignait au logis; notre vie aurait été très monotone, si nous n'eussions trouvé une distraction puissante dans un cabinet de lecture tenu par une Française de Metz, appelée Mme Michel. Je négligeai, pendant mon séjour, mon précieux Gresset, pour lire tout ce qui me tomba sous la main, bon ou mauvais.

Il n'aurait tenu qu'à moi d'avoir un autre genre de distraction, qu'un adolescent devait trouver de son goût.

La fille du logis, blonde, grasse et fraîche, me montrait une bienveillance toute particulière. Chaque fois que nous nous rentrions dans la pièce commune, elle m'adressait des paroles que, sans vanité, je pouvais regarder comme des avances dont je ne fus pas tenté de profiter. Pour être exact, je conviendrai que ma conquête n'était pas superbe : ma blonde n'avait qu'un œil.

Eugène de Champs m'a raconté depuis que la borgne de Minsk avait reporté sur lui la bonne volonté dont je n'avais pas voulu ou su faire mon profit. Étienne Rieux n'avait pas été plus mal traité que mon ami, et si je dois ajouter foi à ce qu'il m'en a dit, ils n'auraient pas eu seuls part à ses bonnes grâces, qu'ils auraient pu payer bien cher quoiqu'elles ne leur eussent rien coûté. Si cette complaisante Lithuanienne eût, comme c'était l'usage jadis dans son pays, porté une clochette sur ses habits pour avertir ses parens qu'elle sortait de la maison, ou pour les prévenir de l'endroit où elle était occupée, il est probable que le nombre des heureux qu'elle faisait eût été moins grand.

Nos journées étaient assez bien remplies, lorsque notre bonne fortune nous envoya une distraction de plus, et mieux que cela, certes! nous envoya un serviteur et un ami. Un des quatre sergens russes qui étaient venus avec nous de Grodno à Minsk, le même, toujours le même dont j'ai parlé lors de l'exécution et la déconvenue du pauvre Atchakal de Byalistock, et du malheureux juif de Novogrodeck, Pouskoï se présentait, tous les matins, dans notre taudis, pour constater notre présence, s'enquérir de notre hôte s'il était content de nous, et, de nous, si nous n'avions pas à nous plaindre de notre hôte. Il tomba malade et fut remplacé par un soldat, nommé Lévronski. C'était un homme de trente-cinq ans, d'une taille colossale, d'une figure si luisante qu'elle semblait frottée de lard ; au reste, d'un caractère jovial et facétieux, parfaitement d'accord avec son visage.

A la première vue, il se prit pour nous d'une véritable passion, et, bon gré malgré, il nous fallut accepter un verre de wodka qu'il alla chercher au kabak voisin. Il n'en demeura pas là, avec Rieux ; il l'y mena, et ne nous le rendit, le soir, qu'à moitié ivre; il l'était, quant à lui, très complétement. Son ivresse ne lui ôtait pas l'usage de la raison, au point de l'empêcher de reconnaître qu'il n'était pas dans son état normal et qu'il nous manquait de respect. Il en convenait avec toutes les marques d'un vrai repentir ; il en demandait pardon avec un air de componction si comique, des gestes si grotesques, des larmes qui contrastaient d'une façon si plaisante avec sa face joyeuse et enluminée, et avec son ivresse, que, non seulement nous acceptâmes ses excuses, et lui accordâmes son pardon, mais que nous en rîmes de tout notre cœur. Levronski parut avoir une illumination soudaine.

— Attendez nous, dit-il. — Une cruche pleine était dans un coin ! il la saisit, et se versa l'eau qu'elle contenait sur la tête, comme l'ermite de Copmanhurst, de grivoise et belliqueuse mémoire ; puis il se jeta à genoux, fit quarante fois le signe de la croix, se frappa quarante fois la poitrine, en disant : Gospodi! Pomilouïc! — Seigneur! ayez pitié de moi. — Après ces actes de dévotion, il se releva d'un air satisfait et nous déclara d'un ton convaincu qu'il n'était plus ivre, ensuite il nous salua et sortit en faisant des zig-zag.

Il revint le lendemain matin à l'heure où le sergent faisait sa visite. C'était l'heure de notre déjeuner ; il s'assit, sans y être invité, autour d'une table qu'il n'aurait tenu qu'à nous de comparer à celle de Philémon et de Baucis, et mit bravement sa lojka (cuiller) dans un énorme plat de kopouste (choux). Quand ce fut son tour, il accola résolument la cruche de piva et la bouteille de wodka, bourra sa pipe avec tout notre tabac, l'alluma sans mot dire, la porta gravement à sa bouche, la posa sur la table, après la quatrième aspiration, se leva, mit la main droite à son schakos, et nous déclara, qu'à compter de ce jour, il devenait le cinquième membre de notre escouade.

Il y avait tant de franchise et de cordialité dans cette manière sans façon de s'impatroniser chez nous, cette outrecuidance était si drôle et si naïve à la fois, que nous en fûmes tous plus touchés que surpris. Son admission dans la communauté fut prononcée à l'unanimité des voix.

Levronski doutait si peu du succès de sa déclaration que, sans attendre le résultat du scrutin, il était sorti de la chambre pour aller à l'ordre chez le commandant du convoi.

Quelques explications sont nécessaires pour motiver l'entrée en scène de ce nouveau personnage qui reparaîtra plus d'une fois.

Pendant que nous vivions au logis, retirés, claquemurés comme des marmottes, Hutteau et moi, vrais *phullivores*, dévorant tous les livres de Mme Michel, quels qu'ils fussent ; de Champs, distrait par les complaisances de sa borgne, ignorant tous trois ce qui se passait au dehors, notre départ de Minsk avait été arrêté par l'autorité russe, et fixé à une époque très prochaine. Le gouverneur avait décidé en même temps qu'un soldat moscovite serait attaché à chaque ménage d'officiers, en qualité de dennchick (1), pour nous surveiller, pour nous pro-

---

(1) Domestique miliitaire.

léger contre la haine fanatique des populations que nous allions traverser, et nous faire vendre par les paysans et les juifs, au prix que fixerait le chef du transport, les denrées nécessaires à notre subsistance.

Lévronski, après l'ablution dont j'ai parlé, s'était présenté chez son officier, et avait obtenu facilement d'être notre dennchick. Ceci explique, sans l'excuser au moins pour la forme, la manière tout à fait détachée avec laquelle il s'était en quelque sorte imposé à notre société. Nous n'eûmes qu'à nous en féliciter... Lévronski fut pour nous ce qu'était Vendredi pour Robinson Crusoë, ou, si l'on aime mieux, ce qu'était Caleb pour le sire de Ravenswood.

Quelques jours après il amena à de Champs, notre intendant, on ne l'a sans doute point oublié, un officier bachkir avec qui, disait-il, notre ami devait conclure une excellente affaire ; il s'agissait de vendre un bacourte, un manteau de soldat du train d'artillerie. La vente fut consommée moyennant quatre roubles en argent ; excellente affaire selon la prévision de Lévronski, dont l'officier bachkir fit tous les frais.

Le lendemain, nous fûmes avertis de nous tenir prêts à partir le jour suivant pour Borizof. Le jour suivant, c'était le 21 janvier 1814 ; les soldats devaient partir à neuf heures du matin, les officiers à midi.

Nos préparatifs furent bientôt faits ; le 21 janvier, à onze heure et demie, nous étions sur une place couverte de traîneaux. Levronski, en dennchick intelligent et fidèle, en avait choisi deux commodes et solides, garnis de paille, attelés chacun d'un cogna (1) fort éveillé ; un était pour Hutteau, de Champs, Etienne Rieux et le Mougick, son propriétaire ; je devais monter dans l'autre avec le conducteur et Lévronski.

Sur la place, nous trouvâmes l'officier chargé de la conduite du convoi.

C'était un jeune homme de vingt-cinq ans, d'une taille élevée, élégante, d'une figure dont les traits gracieux et nobles, respiraient la douceur et la bonté ; j'ai vu peu d'hommes aussi aimables, aussi instruits, aussi distingués que M. de Kerkoff, dont le nom peu euphonique était un parfait contraste avec l'aménité de ses mœurs, la politesse de son langage, le dandysme de ses manières. Il parlait avec une grande pureté, sans aucun mélange d'accent, le français, l'allemand, l'italien et le latin ; et il connaissait la littérature des peuples dont il parlait la langue.

Nous fîmes cercle autour de lui.

---

(1) J'appellerai de ce nom, qui est polonais, les chevaux russes qui, par la petitesse de leur taille, ressemblent à ceux de la Pologne. C'est d'ailleurs ainsi que les Français les nommaient.

— Messieurs, nous dit-il, mon gouvernement m'a chargé de vous conduire à Koursk. J'espère que nous n'aurons, les uns et les autres, qu'à nous louer de nos rapports respectifs ; vous me trouverez toujours prêt à écouter vos réclamations et vos plaintes, et disposé à y faire droit. Pour éviter toute discussion avec les Mougicks russes, ignorans, grossiers, brutaux et fanatiques; pour n'en pas être insultés ou maltraités, mettez-vous le moins possible en contact avec eux. Ayez affaire aux juifs le moins possible pour n'en être pas volés. — Vos dennchiks ont ordre de vous montrer les égards et le respect qu'ils doivent à des officiers ; ils n'y manqueront pas ; vous aurez en eux moins des surveillans que des protecteurs. Tous les jours un de vous ira en avant, avec un de mes sergens, pour faire les logemens, et fixer d'avance, d'après le tarif que j'aurai arrêté, le prix des vivres et des objets nécessaires à votre consommation et à vos besoins, que devront vous fournir les habitans. On prendra les mêmes mesures pour vos sous-officiers et pour vos soldats.

— Messieurs, ajouta-t-il d'un ton pénétré, mon père, dont je porte encore le deuil, mon père a été prisonnier de guerre en France ; il m'a parlé de l'hospitalité de ses habitans avec reconnaissance, de leur génie avec enthousiasme, de leur gloire avec admiration !... C'est vous dire que, par respect pour une mémoire si chère, je ne vous traiterai pas en ennemis !

Ces paroles bienveillantes, ces précautions affectueuses nous touchèrent profondément.

M. Kerkoff mérita tous les jours davantage notre confiance, notre estime, j'oserai dire notre amitié. De son côté, il s'attacha véritablement à nous, comme s'il n'eût pas été russe, comme si une guerre d'extermination n'eût pas divisé nos deux nations.

Cet officier n'avait avec lui que les sergens et les fantassins dont j'ai parlé ; les Bachkirs restèrent à Minsk pour attendre un autre convoi. Notre escorte diminuait au fur et à mesure que nous avancions dans l'intérieur de la Russie ; elle avait moins de prisonniers à conduire.

Nous laissions à Minsk trois de nos compagnons, le capitaine Lefèvre, Lavelaine et un officier de Bruxelles, Blandiguies, dont le frère était mort sous mes yeux, à l'hôpital de Grodno. Lefèvre avait presque perdu la vue; Lavelaine avait perdu la lumière d'un œil... L'aspect de la neige sur laquelle les rayons du soleil se réfléchissaient comme dans une glace, quand le soleil éclairait ces régions mortes et désolées, affectait à la longue cet organe délicat et produisait sur lui le même effet que l'aspect des sables brûlans d'Egypte et de Syrie.

Après l'allocation de M. de Kerkoff, je courus, au grand mécontentement de notre intendant, et nonobstant son opposition, au cabinet de lecture, pour renforcer ma bibliothèque de voyage composée en tout, on le sait, d'un tome dépareillé.

Mme Michel se montra fort accommodante; elle me livra pour quelques pétacks trois volumes de comédies, d'opéras-comiques, de tragédies, de drames, où étaient pêle mêle entassés: le *Fénelon*, de M. Joseph Chénier, les *Fausses infidélités*, de Barthe, la *Didon*, de Marmontel, les *Deux avares*, d'Anseaume, *Robert, chef de brigands*, de la Martellière, la *Belle Arsène*, de Favart, le *Déserteur*, de Sedaine, l'*Habitant de la Guadeloupe*, de Mercier, la *Jeune Indienne*, de Champfort, la *Rosière de Salency*, de M. de Pezay, la *Mélanie*, de M. de La Harpe, les *Aqueducs de Cozenza*, de je ne sais qui, et pour que rien ne manquât à cette *olla podrida* littéraire, des tragédies de Retrou, de Voltaire, de Corneille, de Racine, de La Mothe, de Lemierre, de Blanc, de Laignelot, de Fénouillot, de Folbaire et de Dubellay.

Mme Michel me donna par dessus le marché *les Chevaliers du Cygne*, de Mme la comtesse Brûlard-Sillery de Genlis, ce méchant roman qui devrait être mis à l'index avec les honteuses et cyniques productions de la moitié du dix-huitième siècle.

Joyeux, j'emportai ma bibliothèque sous mon bras, et je repris en toute hâte le chemin de la place où j'avais laissé mes camarades prêts à partir.

Mon amour pour la lecture faillit me devenir bien fatal, ainsi qu'on le verra dans le récit qui va suivre.

III.

Route de Borisof.

Le 21 janvier 1814.—La place de Mensk.—Le Mougick.—Résolution. Le sani brisé.—Le cogne boiteux.—La neige.—La nuit.—Les loups.—Le capitaine Jackson.—Lévronski.—Sauvés!

Quand j'arrivai sur la place, midi et demi sonnait à l'horloge de l'église catholique.

Pas un camarade, et un seul traineau, que son propriétaire emmenait malgré mes réclamations! J'étais fort embarrassé; heureusement le capitaine Jackson, en retard comme moi, vint à mon aide; nos efforts réunis contraignirent le Mougick récalcitrant à monter sur son traineau et à prendre la route de Borisof. Il était une heure. Le froid était à trente degrés.

Nous nous convainquîmes bientôt que nous n'atteindrions pas le convoi avec un sani disloqué et un cogne affreusement boiteux. Notre conducteur paraissait d'ailleurs si peu disposé à braver le froid de cette cruelle journée, que Jackson, plus grand et plus vigoureux que moi, fut obligé de s'asseoir près de lui, et de le forcer, par ses menaces, à continuer son chemin. Il s'y résigna de bonne grâce, ou du moins, il en fit semblant; il prit même un air de gaîté qui nous fit espérer que nous vivrions bien ensemble. Son cheval, comme pour nous faire repentir de nos préventions, dépassant notre attente, marcha d'un assez bon train ; il continua ainsi pendant douze verstes.

À trois heures il commença à neiger, le cogne ralentit son allure, et le Mougick montra des intentions malveillantes dont nous fûmes alarmés. Feignant d'être engourdi par le froid et de céder au sommeil qui suit un pareil engourdissement, il laissait sa tête ballotter d'une épaule à l'autre, et lâchait les rênes de son cheval qui s'arrêtait aussitôt, et refusait obstinément de marcher, malgré les coups de fouet dont mon camarade sillonnait ses flancs décharnés.

Cependant il neigeait toujours, en peu de temps la neige couvrit, sans les effacer entièrement, les empreintes des pieds de nos soldats, et les traces des traîneaux. Le Mougick, cessant de feindre, nous déclara qu'il voulait retourner à Minsk.

Nous ne pourrions gagner la couchée, la nuit était là, nous perdrions notre chemin ; nous resterions ensevelis dans les fondrières qui le bordaient de chaque côté, ou nous deviendrions la proie des loups qui, nous devions le savoir, suivaient à la piste notre convoi pour dévorer les cadavres que nous laissions sur la route.

Joignant l'action aux paroles, le Lithuanien arracha le bitche des mains de Jackson et fit faire volte-face à son cheval qui, aussi malicieux que son maître, prit au grand trot la route de Minsk.

Il nous fallut engager, corps à corps, une lutte avec notre conducteur ; il nous donna des coups de poing qui lui furent libéralement rendus, par Jackson surtout ; je sautai à la tête du cogne et je le remis sur le chemin de l'étape.

Jackson occupé à contenir le Mougick, je pris les rênes; mais le cheval n'en pouvait plus. Nous vîmes que nous devions renoncer à ses services, et nous résigner à continuer notre route à pied ; encore cela était-il impossible sans un guide ; le Mougick seul pouvait nous en servir.

— Il faut l'y forcer, dit Jackson.

Nous l'essayâmes.

Un nouveau combat à coups de poing était inévitable; celui-ci fut furieux, acharné. Le Mougick se battit en désespéré ; nous le battîmes sans pitié; notre excuse était dans notre position ; c'était une question de vie ou de mort ; sans le secours de cet homme, nous ne pouvions nous procurer un gîte pour la nuit ; nous devions infailliblement mourir de froid dans la neige ou être mangés des loups.

Nous ne cessâmes de lutter contre le Mougick pour le retenir, que lorsque nos forces nous abandonnèrent; il nous échappa enfin, et nous le vîmes, avec désolation s'éloigner et prendre sa course vers Minsk; au même moment, son cheval s'abattit pour ne plus se relever; il était gelé.

D'un coup d'œil nous mesurâmes l'horreur de notre situation. Retourner à Minsk, impossible! marcher vers l'étape, impossible encore! Quelque parti que nous prissions, nous devions nous égarer et nous perdre dans la solitude immense qui était devant et derrière nous, où l'œil, à la clarté du jour, n'aurait pu apercevoir une habitation, un accident de terrain, les vestiges d'un être vivant; table rase, océan de neige où s'agitaient encore deux hommes qui allaient mourir.

Nous nous regardâmes sans nous parler, immobiles, glacés come le cogne qui gisait mort à nos pieds. Après quelques instants d'un silence morne, stupide, je m'assis dans le traîneau, m'y pelotonnant, m'y rapetissant comme si le froid devait avoir moins de prise; il m'engourdit tout à fait; je sentis mes yeux s'appesantir et se fermer peu à peu; je sentis ma tête tourner et mon cœur s'alanguir; il me sembla que je dormais.

Jackson me secoua rudement.

— Levez-vous, me dit-il, agitez-vous, marchez; le sommeil serait la mort!

Voyant que je ne répondais rien, il me frappa assez fort pour m'arracher une plainte. Je descendis du traîneau.

— Il faut prendre un parti, me dit Jackson. Voyons, délibérons : allons-nous en avant? rétrogradons-nous? Encore une fois, il faut prendre un parti; nous ne pouvons rester ici; dans dix minutes, nous ne verrons plus les verstes.

La parole de Jackson était brève, ferme, accentuée; elle annonçait la résolution et le courage. Le mien m'abandonnait. Je voulus rentrer dans le sani et m'y coucher. Jackson s'y opposa avec autorité.

— Le froid vous saisira, dit-il, dès que vous cesserez de vous mouvoir; si vous vous endormez, ce sera pour ne plus vous réveiller... Marchons! marchons!...

— Marchons!... répondis-je. Eh! ne voyez-vous point que je ne puis pas marcher? Mes jambes sont mortes, mes pieds sont morts. Laissez-moi ici... Rester près de moi, ce serait vous perdre sans me sauver.

Jackson haussa les épaules.

— Ce que vous me dites là, répliqua-t-il, serait une insulte, si ce n'était une bêtise. Savez-vous ce que vous me proposez? une lâcheté et une infamie, rien que ça! Le capitaine Jackson n'abandonne pas un camarade, un ami dans les circonstances où nous nous trouvons! il le sauve ou il meurt avec lui. Allons, enfant... car tu te conduis en enfant quand tu devrais être un homme. Allons, suis-moi.

Il renversa le traîneau sur le peu d'effets qui constituaient sa garde-robe et sur les livres que je payais si cher après les avoir achetés à si bon marché.

— Nous viendrons chercher tout cela demain, dit-il ; puis, tournant le dos à Minsk, il ajouta : Suis-moi ! et il marcha droit devant lui d'un pas délibéré.

Je me traînai à sa suite.

La nuit était venue.

Après une centaine de pas mes jambes faiblirent.

— Je ne puis aller plus loin, dis-je à Jackson.

— Bois quelques gouttes de wodka et marche. Telle fut sa réponse.

Je n'entreprendrai point de décrire ce que je souffris de douleurs physiques, ce que j'endurai de souffrances morales pendant une marche de quelques heures, et ce qu'il fallut au capitaine irlandais de volonté sur moi pour m'empêcher de m'abandonner tout à fait, et, d'empire sur lui-même pour ne pas s'abandonner à son tour. Il fut, dans cette occasion, tel qu'il s'était montré sur les champs de bataille, et dans le cours d'une vie semée d'accidens, d'aventures et de dangers ; tel qu'il se montra plus tard et jusqu'à sa mort digne de sa vie, si tôt, si malheureusement et si tragiquement finie !... homme de cœur !

Nous avancions dans les ténèbres, glissant presque à chaque pas, faisant des chutes fréquentes. En me relevant d'une de ces chutes, je sentis sous ma main quelque chose de raide et de flasque ; je sentis, je distinguai des formes humaines ; je fis un cri.

— Qu'est-ce ? me dit Jackson.

— Un cadavre !

— Un cadavre ? Voyons.

Jackson se baissa sur la neige qui cachait un corps, se pencha sur ce corps...

— C'est un Russe, dit-il en se relevant. Quand je ne le reconnaîtrais pas à son fourniment, je le reconnaîtrais à ses cheveux courts et déliés ; marchons.

— Peut-être est-ce Lévronsky ?

— Non ; celui-ci avait trois pouces de moins que notre dennchick ; nous sommes sûrs d'être dans notre chemin ; marchons.

Nous marchâmes.

Au bout de quelques instants, nous bronchâmes tous deux contre une petite élévation.

— En voilà encore un ! dit le capitaine avec le plus grand calme ; nous sommes sur la route.

— En es-tu sûr ?

— Pardieu ! si nous pouvions percer cette croûte de neige, nous trouverions la trace des traîneaux.

Sous nos talons nous brisâmes la neige plus dure que le marbre, et, après les avoir cherchés longtemps, nous trouvâmes des sillons qui attestaient le passage des traîneaux.

— Nous jouons de bonheur, dit encore le capitaine d'un ton joyeux. Marche. En avant !

Nous nous battîmes les flancs avec nos bras pour nous réchauffer, pour rétablir la circulation du sang, nous frottâmes de neige nos visages et nos mains ; nous bûmes une gorgée d'eau-de-vie afin de nous reconforter, et nous reprîmes notre marche nocturne, allant droit devant nous, comme des sous-officiers qui, chargés de conserver l'alignement, en tête de leurs pelotons, se dirigent vers un point fixe.

Quelle situation ! Nous en étions réduits à désirer presque de trouver des cadavres pour être sûrs que nous suivions le convoi. Vingt fois nous acquîmes cette horrible certitude.

Cependant le froid redoublait, et la neige condensée qui fouettait notre visage retardait notre marche et la rendait plus douloureuse. Pour la huitième fois je me laissai tomber. Pendant que mon compagnon m'aidait à me relever, de longs hurlemens se firent entendre du côté de Minsk. Notre cœur cessa de battre et notre sang de couler. Jackson, Jackson lui-même, jusque-là inébranlable et rempli de confiance, sembla désespéré de notre salut ; il se frappa le front, et d'une voix altérée qui trahissait une émotion que toute sa fermeté était impuissante à maîtriser :

— Que deviendrons-nous ! disait-il ; des bandes de loups nous suivent ; les enragés sentent nos morts !... Mais bientôt, rentrant dans son caractère, d'une voix raffermie et me serrant la main.

— Oui ce sont des loups ! A cette heure ils s'acharnent après les premiers cadavres que nous avons laissés derrière nous... vingt cadavres, sais tu ? Voilà une pâture assez abondante pour les occuper. Pendant qu'ils seront à leur besogne, nous avons le temps de leur échapper ; mais, pour Dieu ! redeviens un homme ; aie du cœur au ventre ! Plus de délai ; chaque minute de retard diminue nos chances de salut. Lève-toi ! allons, lève-toi ! nous ne pouvons être loin de la couchée ! lève toi donc ! Poussons des cris ; nos camarades les entendront. De Champs, Hutteau, Neigle, ne sont pas de ceux qui oublient leurs amis absens par une nuit aussi terrible, entourés de dangers que leur affection leur fait deviner ! Et Rieux, et Levrouski, crois-tu qu'ils se chauffent auprès d'un bon feu, ou, qu'après leur repas, ils dorment sur leurs oreilles, quand ils ne nous voient pas au milieu d'eux ; quand ils doivent craindre que nous ne mourions de froid ou que nous ne soyons mangés des loups ? Allons donc ! crois-tu que les uns et les autres soient demeurés dans leurs baraques.

Allons donc ! te dis-je ; ils viennent à nous, marchons à eux ; lève-toi, et crie avec moi.

J'appelai à mon aide tout ce qui me restait de forces au physique et au moral ; je sentis que ma vie dépendait de ma fermeté ; je me levai.

Nous poussâmes des cris de détresse et d'alarme, nous criâmes jusqu'à ce que nos voix s'éteignissent, expirassent dans notre gorge. Pas une voix ne répondit à la nôtre! Pas un être ne semblait soupçonner que deux malheureux invoquaient sa pitié, imploraient son secours! Pas d'autre bruit dans ce vaste désert de glace, où nous allions mourir d'une mort affreuse, que les hurlemens des bêtes fauves qui se disputaient les cadavres de nos frères!...

Dans ce moment suprême, nous crûmes voir loin, bien loin devant nous, briller des feux mouvans et de rapides éclairs ; nous crûmes entendre une faible détonation.

— Qu'est-ce? mon Dieu! qu'est-ce? N'avons-nous pas aperçu des feux, des éclairs, n'avons-nous pas entendu une explosion ? Crions! crions! Nous criâmes! nous criâmes! L'instinct de la conservation décuplait, centuplait nos forces. Nos voix, tout à l'heure éteintes et comme étouffées dans notre gosier, retentirent au loin, fortes, sonores, vibrantes, et nous avancions haletans d'angoisse et d'espoir, et nous ne cessions de crier.

Des voix nous répondirent. Ces feux, ces lueurs que nous avions aperçus se rapprochèrent, et nous entendîmes plus distinctement les détonations qui avaient éveillé notre attention.

Ces feux provenaient de faisceaux de paille enflammée que des mains agitaient et promenaient çà et là. Nous étions donc près d'un lieu habité!

Ces lueurs, ces détonations étaient produites par des armes à feu. Ah! les soldats russes étaient donc là, près de nous ; et, avec eux, nos concitoyens, nos camarades, nos amis, nos frères!

Nous ouïmes des pas pressés accourir vers nous.

Jackson et moi, nous nous précipitâmes dans les bras l'un de l'autre.

— Sauvés! sauvés! disions-nous.... Sauvés ; mon Dieu! sauvés!

— Ici! ici! criâmes-nous, ici!

Un homme s'élança à notre rencontre ; ce n'était pas de Champs, ce n'était pas Hutteau, ni Neigle, ce n'était pas un Français.

— Padiié, souda!. (venez ici) s'écria Levronski. Nous l'embrassâmes en pleurant.

Premiers embrassemens. — La couchée. — Le pansement. —
Présence d'esprit de Lévronski. — Une larme honteuse. — Dobre-
motché. — Humanité de M. Kerkoff.

Lévronski cherchait à se dérober à nos caresses, non qu'il y
fût insensible. Le brave homme pleurait comme un enfant; mais
par respect pour nos grades et par le sentiment de l'humilité de
sa condition. Nous avions, nous, complètement oublié, dans l'effusion de nos cœurs, dans les transports de notre reconnaissance, que nous pressions contre nos poitrines, que nous baignions
de nos larmes, un esclave, un russe, un ennemi de la France.

Malheur à l'homme qui, dans de pareils momens, conserverait
assez de sang-froid et d'empire sur ses sentimens, pour se ren-
fermer dans sa dignité, comprimer ses émotions, et tenir à distance l'être que le hasard aurait placé dans une condition infime.

Après ces témoignages si doux de reconnaissance

— Où sont-ils? demandâmes-nous à Lévronski.

— Ils sont là?

Ils étaient là, en effet.

Ils étaient là, nos compagnons d'armes, d'infortune, nos amis
de cœur, Hutteau, de Champs, Neigle, Adrien, Souquié, de Récald, aussi heureux de nous revoir que nous l'étions de les retrouver. Les soldats russes eux-mêmes et les Mougicks lithuaniens paraissaient joyeux de la joie commune.

L'étape n'était pas loin. Lévronski m'y porta sur ses épaules,
et me déposa dans notre logement. Il visita mes pieds malades, les
réchauffa dans ses mains, les frotta avec de la neige, les bassina
avec du wodka tiède, les enveloppa de linge fin et chaud, et me
dit, d'un ton satisfait et capable

— Dobrél nic moroze (c'est bon ; ils ne sont pas gelés)

Le pansement fini, Étienne Rieux, qui des premiers, était
venu à notre secours, et que j'aurais dû nommer plus tôt, servit notre modeste souper. Jackson, dont la présence d'esprit, le
courage et la fermeté m'avaient arraché à une mort inévitable,
resta avec nous ; nos autres camarades se retirèrent dans leurs
logemens.

Nous racontâmes à nos amis les incidens de cette cruelle journée, dont leur amitié dévouée et la fidélité intelligente de Lé-
bronski avaient amené l'heureuse péripétie.

A leur tour, Eugène de Champs et Hutteau nous dirent qu'ils
s'étaient aperçus que nous n'étions pas dans le convoi à une
courte halte, dans un kaback, sur la droite du chemin. Ils nous
y avaient attendus assez longtemps, et n'en étaient partis, après

tous nos camarades, que sur l'assurance de Rieux et de Lévronski, que nous avions un bon traîneau et un bon cheval, et que nous les atteindrions avant leur arrivée à l'étape. Au reste, le soleil, quand ils avaient quitté le keback, brillait de tout l'éclat que peut avoir un soleil d'hiver dans ses affreuses contrées.

— Oui, dit Etienne Rieux en interrompant ce récit, avant de partir de Minsk, nous avons choisi, sur les traîneaux qui étaient de reste sur la place, un sani très bon, muni d'un fort bon cogné. Le Mougick qui en était le maître nous a menés au kaback, nous deux Lévronski, et nous a juré de vous attendre, mon lieutenant. Pour mieux nous faire la queue, pour mieux nous enjôler, le gueusard m'a dit à l'oreille : je suis aussi Français qu'un Polack ; le paroissien nous a mis dedans, quoi !

— Mais, reprenant nos deux amis, lorsqu'après avoir fait une lieue, nous avons vu la neige cacher le chemin frayé, lorsqu'après une demi-heure consacrée à vous attendre, nos regards tournés vers Minsk n'ont pu vous découvrir, nous avons craint un malheur. Arrivés à l'étape à la nuit fermée, nous avons laissé Lévronski en védette, près des premières maisons. Jugez de nos appréhensions, de nos regrets, nous dirions presque de nos transes, lorsqu'il est venu nous dire que ses cris s'étaient perdus dans l'espace ! — Nous étions consternés ! Tout à coup un rayon de joie a brillé dans les yeux de notre dennchick.

— Venez ! nous a-t-il dit. Il est allé chercher sept ou huit de ses camarades, s'est fait suivre d'une douzaine de Mougicks et les a amenés hors du Sélo : les soldats ont déchargé leurs armes ; les paysans ont allumé des brandons de paille, et les ont portés de côté et d'autre. Nous suivions, tendant une oreille inquiète... Rien ! rien ! aucun bruit ne venait de la plaine. Nous avancions toujours, nous arrêtant presque à chaque pas, pour écouter encore... Mais rien ! rien !

Trois fois, les Russes ont fait un feu de peloton ; vingt ou trente fois, nous avons poussé des cris d'ensemble ; ces cris restaient sans réponse... nous n'espérions plus. Lavronski nous précédait de quelques pas. Il s'est arrêté ; de la main il nous a imposé silence ; nous avons obéi ; il s'est jeté à plat-ventre, a collé son oreille sur la neige, et a écouté, immobile, pendant quelques minutes qui ont duré des heures. Soudain il s'est relevé, il a sauté de joie, il a bondi ! — Je les entends ! je les entends !... ce sont eux !... ce sont les officiers ! Après ces paroles, il s'est mis à genoux, a fait le signe de la croix, s'est frappé la poitrine... Gospodi ! boge-moi ! disait-il à chaque coup. Puis, se redressant, il s'est élancé à votre rencontre, comme un cheval de race qui veut gagner le prix de la course. Vous savez le reste.

Pendant ces récits, Lévronski, les yeux attachés tantôt sur Jackson et sur moi, tantôt sur Hutteau et de Champs, épiait tous les mouvemens de notre visage pour y lire les sentimens qui nous agitaient. Il les devina : une larme coula.

— Oh! oh! s'écria-t-il d'un air de triomphe, Roussianini dobrei (les Russes sont bons!) Il essuya sa larme honteuse du revers de sa main large et rouge et éleva cette main à la hauteur de l'œil droit : dobré notche! (bonne nuit!) dit-il.

Nous lui rendîmes son salut et son souhait; après quoi il sortit de la chambre et alla se coucher.

Après une journée remplie d'incidens si terribles, agitée d'émotions si déchirantes, suivies d'un bonheur si inespéré, nous avions tous besoin de repos ; nous le trouvâmes sur de la paille étendue dans notre chambre par les soins d'Etienne Rieux et de notre hôte, honnête paysan dont nous n'eûmes qu'à nous louer et qui, à défaut du français, parlait le latin mieux que beaucoup de curés de paroisse.

Je m'assure que, bien souvent, des lits magnifiques ont reçu des gens puissans et enviés qui ont dormi d'un sommeil moins tranquille que le nôtre.

Le lendemain, à notre réveil, Lévronski nous porta une bonne nouvelle de la part de M. Kerkoff. Cet officier, à qui notre dennchick avait raconté les événemens de la veille et représenté que nous avions besoin d'un jour de repos, nous en accordait deux. Il vint nous voir dans la journée, voulut visiter mes pieds malades, et poussa la bienveillance jusqu'à s'excuser d'avoir donné l'ordre du départ de Minsk, sans s'être assuré par lui-même qu'aucun officier ne manquait à l'appel.

M. Kerkoff nous réconciliait presque avec sa nation que le monstre, dont j'ai stigmatisé la férocité dans ma première partie, nous avait fait prendre en horreur.

V

Route de Borizoff.

Terrible journée. — Le Christ. — Les cœurs enflammés. — Ascendant de Napoléon sur les destinées de son siècle. — Souvenirs de Naples. — La chemise de Lévronski. — Usages, mœurs et coutumes de la Lithuanie. — Condition des serfs. — Les descendans des Jagellons. — Les fils de Sobieski.

Les deux jours de répit que nous accorda M. Kerkoff furent un acte d'humanité qui, très certainement sauva la vie à ceux des nôtres qui avaient plus particulièrement souffert du froid depuis notre départ de Minsk ; il m'eût été, quant à moi, complétement impossible d'y résister. Pendant ces deux jours, la température descendit jusqu'à 28 degrés Lévronski avait dit vrai, mes pieds n'étaient pas gelés; je perdis seulement trois ongles du pied droit. Un sous-aide-major de cavalerie, *quelque peu clerc*, me fit les opérations nécessaires en pareil cas avec assez de dextérité. Le troisième jour, je pus aller jusqu'à mon traineau, en boitant, les pieds dans des sandales d'écorce de bouleau, entourés de morceaux de drap et de chiffons ; j'avais pour compagnons de route de Champs et Lévronski.

Cette journée fut une des plus cruelles de l'hiver de 1812 ; le froid resta constamment au-dessous de trente degrés. Sur notre chemin, nous vîmes plusieurs de nos soldats gelés. L'un d'eux respirait encore ; Lévronski le mit sur notre saut. Nous essayâmes de le réchauffer, de le ranimer en frictionnant son visage et ses mains avec de la neige, du linge et de l'eau-de-vie, en lui insufflant notre haleine ; soins inutiles ! Ses mains se raidirent, sa face se contracta comme celle d'un épileptique, ses lèvres se couvrirent d'écume, des larmes, de véritables larmes de sang sortirent de ses yeux ; il expira.

Profondément affectés de ce spectacle qui cependant n'était pas nouveau, nous laissâmes le corps de cet infortuné sur la neige, après que Lévronski eût fait un acte de propriété très légitime et très légal, selon lui.

Les vêtemens du mort n'étaient pas mauvais ; le Russe, en faisant la remarque judicieuse que le pauvre diable n'en aurait plus besoin, les lui enleva.

— Ils seront bons, dit-il, pour votre denntchik, voulant parler d'Étienne Rieux.

Il ne se réserva que la chemise qui lui parut assez en état. Ce dernier vêtement ôté, les bras et la poitrine du défunt fortement tatoués, nous offrirent des images de dévotion, des Christs, des croix, des cœurs enflammés ; nous jugeâmes que ce malheureux était Espagnol, Portugais, Italien ou Napolitain. Nous sûmes, en effet, le soir, qu'il était des environs de Naples.

Singulière et bizarre destinée humaine ! ou, plutôt, inconcevable ascendant de la destinée d'un homme sur les destinées d'un siècle ! Pour que celle de Napoléon s'accomplît, selon les desseins et les décrets de la Providence, il fallait que des hommes qui avaient dansé la tarentelle sous le ciel embaumé de Naples, qui avaient respiré le parfum des orangers sur les bords enchantés du Guadalquivir, sur les délicieux rivages de l'Arno, vinssent mourir sous un ciel âpre et sauvage, sur un sol habité par les descendans des Sarmates, non loin de cette funeste Bérésina qui avait été l'écueil de la plus haute fortune qui, dans la succession des siècles, eût étonné l'univers !

Comme j'écrivais ces lignes où le souvenir de Naples est rappelé, mes yeux se sont portés sur un ouvrage dont l'auteur décrit ce pays, le plus beau qui soit sous le ciel, en artiste et en poète ; il m'est impossible de résister au plaisir de signaler des strophes qui semblent avoir été écrites sur les lieux mêmes qu'elles peignent, tant elles sont pleines de grâce et de cette douceur rêveuse mêlée de volupté qu'on respire avec l'air dans ces ravissantes contrées (1).

Je demande humblement pardon à mes lecteurs si, sans transition aucune, je les arrache à ces tableaux si frais et si suaves pour les rendre à la réalité de ma misère ; si, de ces souvenirs riants et poétiques, je les ramène aux souvenirs d'un prisonnier ; si, d'Homère, de Cicéron, de Virgile et du Tasse, je les force à revenir brusquement à Lévronski.

Le brave garçon s'était donc approprié la chemise du pauvre Napolitain gelé ; c'était pour lui un véritable trésor ; car, il faut bien l'avouer, notre dennchick n'en avait qu'une. Si elle était de calicot, de chanvre, de fil ou de coton, c'est ce que je ne saurais dire. Lévronski l'avait si souvent enduite de suif et de lard, qu'il aurait été bien difficile d'en déterminer la couleur et la qualité. Je conviens que, sans être un petit maître, sans vivre dans le monde fashionable, un homme élevé dans des habitudes de propreté doit éprouver du dégoût à la seule pensée de porter une semblable chemise ; mais, dans cette malpropreté même, Lévronski trouvait un préservatif contre (je lâche le mot) la vermine si commune dans toutes les provinces de la Russie.

Cependant les matières dont ce vêtement indispensable était imprégné, n'auraient peut-être pas suffi pour en écarter ou pour tuer des parasites incommodes et importuns, si notre industrieux commensal, n'eût, à l'exemple des naturels, pris la précaution de le suspendre de temps en temps, avec ses autres habits au-dessus du poêle ou du four qui, dans toutes les maisons des villes lithuaniennes, remplacent les cheminées.

La maison de mon hôte de Minsk donne une idée des maisons des serfs qui habitent les villes ; elles se ressemblent toutes. Les chaumières des serfs habitant des villages et des hameaux de la Lithuanie sont aussi construites sur un seul modèle.

Formées de poutres superposées, mal jointes, dont les interstices sont bouchés avec de la paille, de la mousse ou de l'écorce ; sans cheminée, ni poêle ni four, couvertes de branches d'arbres, de paille, et quelquefois de fumier, elles présentent, à l'extérieur, l'aspect le plus misérable ; l'intérieur est d'une saleté révoltante. Figurez-vous une pièce plus longue que large. A une des extrémités sont couchés et le vieillard qui touche à la tombe et l'enfant qui vient de naître, et les époux dans toute la force de l'âge, et leurs filles pubères et leurs fils adolescens. A l'autre extrémité parquent les animaux domestiques. Au milieu, pour foyer, un trou d'où la fumée se dégage par une lucarne pratiquée au-dessus ou dans toute autre partie du toit. Une tor-

---

(1) *Poëme de la Guerre*, Naples, Antony Béraud.

che de pin résineux, longue de trois pieds, large de deux doigts, épaisse de quelques lignes, dont on fait tomber la mèche trop longue d'un revers de main, placée horizontalement dans une des parois de la cloison, éclaire ce triste réduit, ajouré par deux fenêtres à un seul carreau de talc à peine poli.

La nourriture des peuplades de la Russie blanche est on ne peut plus simple et moins variée : du pain de blé noir, des pommes de terre, des choux aigres, des concombres, de grosses raves, voilà pour les jours de la semaine. Les jours de fête et de gala, du mouton salé, du lard, de la saucisse ; pour boisson, de l'eau-de-vie de pommes de terre, de l'eau-de-vie de grain, et, dans les grandes occasions, de l'hydromel.

Leurs vêtemens sont à l'avenant de leurs maisons et de leur nourriture ; ils consistent, pour les hommes, en une chemise, un pantalon et une casaque de laine. Les plus huppés ont une pelisse en peau de mouton. Pour les femmes, c'est une chemise de laine et une robe de la même étoffe collée au corps, montant jusqu'au col, attachée avec des agrafes et serrée au-dessus des hanches par une ceinture en cuir. Les plus riches portent sur leurs robes, les dimanches, une robe plus large appelée caffetane, soit en laine, soit en peau de mouton. Les hommes et les femmes sont chaussés de sandales faites d'écorce de bouleau (beroza), et entourent leurs jambes de morceaux de drap ou de linge. Leur coiffure est un bonnet en drap ou en poil.

Il n'est pas de Lithuanien, si pauvre qu'il soit, qui ne possède au moins un cogna et une charrette (téléga). Les cognas sont petits, mal faits, mais sobres, agiles, robustes et infatigables.

Vous chercheriez vainement dans leurs charrettes une bande, une plaque, une cheville, une vis en fer ; on les entend venir de loin au cri aigu que produit le froissement du bois ; les serfs ne les graissent jamais. Les brides, les rênes, les harnais de ces singuliers attelages sont pour la plupart faits avec des branches flexibles d'arbres, de bouleau surtout.

Le climat de la Russie occidentale est, en général, très humide ; la température y est sujette à des variations meurtrières ; à des chaleurs extrêmes succèdent, sans transition, des froids excessivement rigoureux.

Ne sait-on pas que l'invasion inattendue de l'hiver avait, en quelques jours détruit notre armée l'année précédente ? Ce n'est pas disaient les Russes eux-mêmes, ce n'est pas le général Kutusof qui a vaincu Napoléon ? c'est le général moroze (le froid). L'orge, le seigle, l'avoine, le blé de sarrazin viendraient très bien en Lithuanie ; mais les habitans inhabiles ou négligens laissent en friche leurs meilleures terres ; leur incurie laisse aussi le foin se gâter et pourrir sur les prairies.

Le pays est couvert de vastes forêts de pins, de chênes et d'ormes, peuplées de sangliers, de loups, d'ours, d'urus (aurauch ou bœuf sauvage de la Suisse), de toutes sortes de gibiers et d'abeilles dont le miel très blanc est fort estimé.

La vue des habitans de ces contrées témoigne de l'oppression exercée sur eux et de l'abrutissement où ils sont tombés. Le lépra, érésypèles, les humeurs scrophuleuses, les accès de fièvre, et par dessus tout la syphilis et les maladies des vers attaquent le dixième de la population.

J'ai lu dans quelques ouvrages, j'ai entendu dire par plusieurs personnes que les Lithuaniens avaient vu, sans trop de peine, s'accomplir l'infame partage de la Pologne, en 1792, et qu'en 1812, ils n'avaient joint leurs armes à celles des Polonais que parce qu'ils y avaient été contraints et forcés. Je ne démentirai pas la première de ces assertions, car je n'ai pas à écrire un traité d'histoire ; je ne contredirai pas la seconde, les faits sont là, incontestables, récens qui y répondent; mais ce que je veux affirmer, c'est que les Lithuaniens détestent la domination russe, autant ou plus que la détestent les habitans de la malheureuse Pologne ; autant ou plus que les Saxons détestent les Prussiens, les Belges, les Hollandais, et les Italiens les Autrichiens.

En 1830, quand les Polonais se sont levés en masse contre les oppresseurs de leur patrie, les Lithuaniens se sont souvenus que la Pologne était leur mère commune. Les descendans de Jagellon et les fils de Sobieski ont combattu et sont morts sur les mêmes champs de bataille, sous les mêmes drapeaux et pour la même cause : l'indépendance et la liberté du même pays.

Quelques détails sur les cérémonies qui précèdent et suivent les mariages et les enterremens chez les Lithuaniens, compléteront autant que possible, le tableau que je viens de tracer de leurs mœurs, de leurs usages et de leurs coutumes. J'anticipe sur l'ordre chronologique des événemens et des faits, pour ne plus revenir sur ce sujet.

Je fus logé à Bobraisk chez un marchand (koupetz) qui mariait sa fille et qui m'invita à la noce.

La fiancée était une fille de 22 à 24 ans, grande, bien faite, d'une figure qui aurait pu passer pour jolie, si elle n'eût été encadrée dans des cheveux d'un rouge ardent; du reste, peau blanche, dents éblouissantes, yeux gris qui ne manquaient pas d'expression, mains passables, pieds à faire envie à une Parisienne. Je n'assistai pas à la cérémonie du mariage célébré à l'église grecque, ni au contrat civil. Voici ce qui se passa après cette double cérémonie :

L'épousée, ramenée de l'église à la maison paternelle, deux amis de son mari vinrent l'y chercher, l'y enlever presque, pour la conduire à la maison conjugale. Elle fit trois fois le tour du foyer, après quoi on lui lava les pieds. De l'eau qui avait servi à cette cérémonie, on aspergea les meubles de la chambre, le lit nuptial et les invités. Ensuite, on lui frotta les lèvres avec du miel, probablement pour lui faire comprendre qu'elle ne devait être avec son mari ni criarde, ni querelleuse, et que la douceur était le seul moyen de mériter sa tendresse et de la conserver toujours. Couverte d'un voile, elle fut présentée devant toutes les portes de la maison et les toucha les unes après les autres de son pied droit, pendant que son époux répandait sur ses pas du blé, de l'orge, de l'avoine, des pois, des pavots, présage de l'abondance dont elle jouirait dans sa nouvelle demeure. On lui ôta son voile dès qu'elle fut assise à la table du festin. Après le repas, on dansa. Pendant qu'elle dansait, une de ses amies lui coupa adroitement ses cheveux, et ses jeunes compagnes la poussèrent avec une sorte de violence dans la chambre où l'attendait son époux. Celui-ci, propriétaire d'un café assez achalandé et fréquenté par les marchands de bobruisk, nous invita, Hutteau, de Champs et moi, au dîner du lendemain. Sa maison annonçait de l'aisance; rien ne manquait au repas. Sa jeune femme en fit les honneurs avec un embarras qui ne manquait ni de pudeur ni de grâce, ce qui nous fit oublier un peu cette couleur de cheveux qui déplaisait tant à Louis XIII.

A quelques jours de là, dans un village assez important, j'assistai aux funérailles d'un employé aux vivres, chez lequel j'étais logé.

Le défunt, revêtu de ses plus beaux habits, la barbe et les cheveux soigneusement peignés, fut exposé sur un lit de parade dans la pièce la plus apparente de la maison; ses parens, ses amis, ses voisins, et, je pense, beaucoup d'indifférens et de curieux arrivèrent en foule pour complimenter sa veuve et ses enfans, prendre part à leur douleur et au festin des funérailles. Ce festin était dressé dans la chambre où gisait le mort, près duquel un pope marmottait des prières qu'il interrompait par de fréquentes libations de bière, de wodka et d'hydromel.

Les assistans s'unissaient d'intention à ses prières et de fait à ses libations; ils buvaient coup sur coup et mangeaient à l'avenant. De temps en temps, la veuve, un des enfans, ou l'un des proches parens se levait de table, sur un signe d'un vieillard qui semblait présider l'assemblée, et allait offrir au trépassé un morceau de porc, du soukare, du kacha, un fragment de kisbaca, un verre de wodka, une tasse d'hydromel, un mets, une boisson quelconque; cette offrande était suivie d'une allocution plus ou moins pathétique adressée par la femme à son mari, par l'enfant à son père, par le parent à son parent.

La femme disait:

— Mon pauvre mari! mon bon homme! mon maître! Hélas! pourquoi es-tu mort? Est-ce que tu n'avais pas une bonne épouse? est-ce qu'elle n'avait pas bien soin de ton ménage?

est-ce qu'elle te refusait tes droits d'époux? Ah! mon pauvre mari! pourquoi es-tu mort!

Le fils disait :

Mon père, pourquoi êtes-vous mort? Vos enfans étaient fidèles, obéissans, ni paresseux ni sujets à l'ivrognerie! Ils vous aidaient déjà dans vos travaux ; dans quelques années ils vous auraient allégé de toutes vos occupations ; vous n'auriez eu d'autres soins que de visiter vos champs, d'élever vos troupeaux et vos cognas, de surveiller votre maison, d'établir vos fils et vos filles !.. Hélas! mon père, pourquoi nous savez-vous quittés !.. hélas! mon père, pourquoi êtes-vous mort!..

Un parent disait : Klieski, mon ami, mon parent, pourquoi êtes-vous mort? Rien ne vous manquait sur cette terre de ce qui peut rendre un homme heureux ; vous aviez du bien, une femme, ni vaniteuse, ni coquette, ni dépensière, ni gourmande ; des garçons beaux, grands, robustes, intelligens, laborieux, obéissant avec soumission et respect à vos ordres, à vos moindres désirs, soumis à leur mère et que vous enviaient tous les pères de famille; des filles modestes, sages, bien élevées, adroites, pieuses, modèles de toutes les filles de leur âge; des parens qui vous étaient tendrement attachés ; des amis véritables, de concitoyens dont vous êtes aimé et estimé !... Klieski! mon ami, mon parent, pourquoi nous avez-vous quittés? Hélas! pourquoi êtes-vous mort! »

Après ces diverses allocutions prononcées dans un ton très élevé, psalmodiées en quelque sorte (j'en ai donné le sens et non le texte), chaque harangueur se remettait à sa besogne, c'est-à-dire à boire et à manger.

A un signal donné par le pope, l'assemblée défila devant le lit de parade; le corps fut mis dans une bière et porté à l'église, le visage découvert. La cérémonie religieuse finie, il fut conduit à son dernier asile. La caisse fut clouée et descendue dans une fosse particulière. Les assistans revinrent à la maison mortuaire. Pendant la célébration de la messe et l'enterrement, le lit funèbre avait disparu de la salle du festin ; la table avait été chargée de nouveaux plats, les cruches et les flacons vides avaient été remplis ; la veuve, les enfans, les parens, les amis et les voisins du commis aux vivres s'attablèrent jusqu'à la nuit ; plusieurs s'enivrèrent pour faire plus d'honneur à la mémoire du mort.

Les cérémonies pratiquées dans la Lithuanie aux funérailles des gens du peuple ont beaucoup de rapport avec celles usitées en pareille occurrence dans la grande et dans la petite Russie ; aux harangues près, elles ressemblent aussi à celles qui sont en usage dans les montagnes de l'arrondissement de Saint-Pons.

VI.

Borizoff.

Marche vers Borizoff. — Souvenirs douloureux. — Les émigrés Lambert et Langeron. — Le général Dombrowski. — Borizoff. — La Béré-ina. — La maison de l'Empereur. — Notre logement. — Les officiers de la Bérésina. — Récits. — Ney. — Oudinot. — Le général Partouneaux. — Pèlerinage à Studjianka, — Napoléon et Kutusoff. — Avons-nous une patrie?

Chaque pas que nous faisions sur le chemin de Minsk à Borizoff réveillait en nous des sentimens douloureux... il nous rappelait les désastres de 1812. C'était la route que les émigrés Lambert et Langeron, après que Tchitchakoff se fut emparé de Minsk laissé découvert par la trahison de Schwartzemberg, abandonné ou peut-être vendu par Browniowski, avait suivie pour se porter sur Borizoff, intercepter le passage de la Bérésina, ôter à l'armée de Moscou son dernier espoir, détruire sa dernière chance de salut, anéantir ses derniers débris. Il leur avait été facile de s'emparer d'une place que Brownikowski n'avait pas même essayé de défendre, car ce général, qui, après sa désertion de Minsk, avait gagné Borizoff, s'était éloigné de cette ville en toute hâte à l'approche de l'ennemi.

Nous vîmes les lieux où Dombrowski avait combattu toute la journée du 21 novembre contre les forces quintuples des troupes des deux gallo-russes pour conserver cette position, qui aurait ouvert à la retraite les routes de Minsk et de Vilna. Ce que le courage et la science militaire pouvaient faire pour sauver l'armée, Dombrowski l'avait tenté; il n'avait échoué que contre l'impossible.

Quand nous arrivâmes à Borizoff, le pont que l'émigré Lambert, après sa défaite du 23 novembre, avait détruit, n'était pas rétabli; nous traversâmes sur la glace, sans distinguer son lit, cette trop fameuse Bérésina, où avait péri la fortune de Napoléon, où la plus valeureuse et la plus formidable armée qu'eussent vue les temps anciens et modernes avait cessé d'être une armée.

Cette bicoque de Borizoff n'a rien de remarquable; elle serait ignorée du monde civilisé si une de ses maisons en bois, la première sur la route d'Orcha, n'avait abrité pendant quelques heures la tête du premier capitaine du siècle; si son nom ne rappelait notre gloire et nos malheurs.

Je fus logé dans un café avec de Champs, Hutteau et nos dennchicks; nous y trouvâmes des officiers des corps de Ney, d'Oudinot et de Victor, division Partouneaux (3, 2 et 9), faits prisonniers au passage de la Bérésina ; ils n'étaient ni moins, ni plus pauvres que nous.

Notre logement étant un centre de réunion, nos camarades y vinrent après le repas du soir.

La conversation roula nécessairement sur les événemens dont Borizoff et ses environs, désormais historiques, avaient été les témoins ; ceux qui y avaient joué un rôle prirent de droit la parole.

Les officiers de Ney s'exaltaient jusqu'à l'enthousiasme en parlant du sang-froid, de l'intrépidité, du dévoûment de leur général ; ce nom résumait tous les genres d'héroïsme.

De Smolensk à Studzianka, de Studzianka à Wilna, de Wilna à Kowno, Ney avait été toute l'armée.

— Ah! sans doute, disaient les officiers d'Oudinot, jamais le brave des braves n'a mieux mérité ce nom que pendant cette retraite qu'il a couverte, qu'il a protégée de son épée contre les masses russes ; mais notre maréchal a sauvé l'Empereur et le reste de l'armée au passage de la Bérésina. N'est-ce pas lui qui a trouvé le gué de Studzianka (1)? N'est-ce pas sur ce seul point que le passage du fleuve était praticable? Qu'on eût essayé de jeter des ponts volans ailleurs, à Utkoloda, à Stakowa, à Wésélowo, l'Empereur était pris, le reste de ses troupes anéanti ou forcé de se rendre à discrétion. Oudinot a contenu les Russes pendant trois jours pour donner au général Eblé le temps d'établir des points de communication entre les deux rives du fleuve, pour nous donner à nous celui de le franchir ; et, selon son habitude, il a payé de son sang son dévoûment, ses succès et ses services.

Les officiers du troisième corps sanctionnaient par des applaudissemens et des bravos les éloges donnés à Oudinot.—Mais répondaient-ils à leurs camarades : Quand votre maréchal est tombé glorieusement blessé le 28, le nôtre a pris le commandement de votre corps d'armée et de celui de Poniatowski ; et c'est lui, et véritablement lui seul, qui a assuré le salut de tous.

Les officiers de Partouneaux jugeaient diversement ce général ; je ne prends pas sur moi la responsabilité de leurs jugemens contradictoires. Si Partouneaux, connu par d'honorables faits d'armes, cité pour sa brillante conduite à la bataille de Novi, pour sa participation puissante à la victoire de Caldiéro, si Partouneaux, dis-je, déposa les armes avec une de ses brigades le 28 novembre, si cet acte de soumission (le seul de cette désastreuse campagne) entraîna celle des trois quarts de sa division, il dut céder à des forces numériques qui triomphèrent de son

---

(1) Ce gué fut découvert par le général Corbineau, qui l'indiqua au maréchal Oudinot.

courage, ou à des circonstances de guerre qui mirent en défaut ses connaissances stratégiques.

Mais l'Empereur, qui l'avait sacrifié peut-être à la sûreté de tous, qui, peut-être, avait voulu attirer sur son lieutenant l'attention des généraux russes qui l'auraient arrêté lui-même, sur la rive gauche de la Bérésina, qualifia durement cette reddition ; un mot lui échappa, qui était plus qu'une plainte, plus qu'un blâme ; ce mot était une accusation de défection.

Le général ne l'oublia point, ce qui le fait croire au moins, c'est qu'à sa rentrée en France, non content de se rallier au gouvernement des Bourbons, il se fit remarquer par son royalisme ; c'est que, au débarquement de Napoléon au golfe Juan, il fut un des rares généraux qui ne se réunirent pas à leur ancien chef ; c'est qu'il fit, si je ne me trompe, le voyage *sentimental* de Gand, tandis que ses anciens frères d'armes défendaient dans les plaines de la Belgique le sol sacré de la France ; c'est que, après la seconde restauration il fut un des officiers généraux de la République et de l'Empire qui eurent plus de part aux faveurs du roi restauré ; qu'il obtint le commandement d'une grande division militaire ; qu'à la chambre des députés, où l'avaient envoyé les *ultras* du Var ou de tout autre département (le nom importe peu), il siégea et vota constamment avec les ennemis les plus incorrigibles des libertés publiques ; c'est qu'à la chambre des pairs, il suivit la même ligne de conduite (1).

Nous causions encore et la soirée était avancée, lorsque nos dennchicks, revenant de l'ordre, nous annoncèrent que, leur chef étant malade, nous demeurerions à Borizoff jusqu'à ce qu'il fût rétabli. Quoique le froid ne fût point excessif, et que nous pussions voyager dans notre traîneau sans trop en souffrir, nous remerciâmes notre bonne étoile de ce répit, tout en faisant des vœux pour le rétablissement de M. Kerkoff, dont nous avions à nous louer tous les jours davantage.

Nous apprîmes aussi des dennchicks que nos sous-officiers et nos soldats formeraient un convoi à part ; que ce convoi partirait le lendemain sous la conduite d'un officier de la garnison de Borizoff pour Mohilew, où il recevrait une destination.

Nous aurions regretté de nous séparer de nos soldats, dont plusieurs, malgré un relâchement inévitable de discipline, se montraient pleins de déférence et de respect envers leurs officiers, s'il nous eût été possible de leur être de quelque secours ; dans notre position, cette séparation, si elle n'était pas un adou-

---

(1) Je ne confonds pas le général Partouneaux, militaire aussi loyal que brave, avec quelques-uns de ses collègues malheureusement trop fameux ; je ne blâme pas non plus sa conduite politique, je la cite.

cissement à nos maux, pouvait être regardée comme une diminution d'infortune.

Les récits des prisonniers de la Bérésina nous avaient fortement impressionnés. A notre réveil, nous n'eûmes qu'une pensée, faire un pélerinage pieux et patriotique aux lieux où s'étaient accomplis les faits racontés la veille, et qui avaient vu se dénouer le drame éternellement triste et glorieux de 1812.

La permission de nous absenter pour un jour, de Borizoff, et d'aller à Studziauka, nous fut sans peine accordée par M. Kerkoff qui mit, en outre, à notre disposition, les traîneaux que le sergent Pouskoï avait, dès la veille, requis pour notre départ.

A dix heures, par un beau soleil de janvier, nous montâmes dans nos sanis, avec des officiers de Ney, d'Oudinot et de Partouneaux, nous prîmes un chemin de traverse qui, pendant deux lieues, court entre la Bérésina et des collines peu élevées, non loin de la route de Wéselowo qui aboutit également à Studzcanka; c'est sur cette route que Partouneaux avait été défait et s'était rendu. — Se serait-il sauvé, s'il eût suivi le chemin que nous avions pris, en détachant une de ses brigades, infanterie et cavalerie, sur celui de Weselowo pour faire face à Wittgenstein? De plus habiles que moi décideront cette question; je ne fais que la poser.

Studzianka est un misérable village bâti en bois, à trois cents pas de la rive gauche de la Bérésina; c'est dans cette petite plaine qui s'étend entre la colline et le fleuve que, les 26, 27 et 28 novembre, étaient entassés, pêle-mêle, pour passer les ponts construits par Eblé, l'infanterie, la cavalerie, l'artillerie, le génie, des chevaux de trait, des mulets et des cognas, les voitures de l'Empereur, des rois, celles des maréchaux, des généraux, des inspecteurs aux revues, des officiers supérieurs; des caissons d'ambulance, des trains des équipages, des charrettes pour toutes sortes de transports; des chariots de vivandières, des kibitka, des drochkis, des télégas, des sanis remplis de femmes, d'enfans, de vieillards, de gens de toutes les conditions et de tous les pays; c'est là que s'accomplit notre ruine, lorsque le pont de l'artillerie creva.

De l'autre côté du fleuve, à deux mille pas, et par delà un marais impraticable pour les voitures même les plus légères, quand il n'est pas gelé, on voit, en face de la colline de Studzianka, une position militaire admirable; de cette hauteur, l'infanterie et l'artillerie russes auraient pu, non seulement empêcher les travaux d'Eblé, mais encore broyer, anéantir le corps d'Oudinot qui avait passé sur la rive droite, et le reste de l'armée qui était demeuré sur l'autre rive.

Les désastres qui signalèrent le passage de cette Bérésina mille fois maudite, furent horribles, immenses; mais il est certain, et la seule position des lieux le prouve, il est certain qu'ils auraient pu et dû devenir irréparables. Les Russes ne surent pas profiter des chances de victoire complète que leur offrait notre mauvaise fortune. La France devait trouver là ses fourches caudines ou y laisser son dernier soldat... Mais,

. . . . en chaque événement
Les destins des Etats dépendent d'un moment.

Pendant la retraite, Napoléon a touché deux fois à l'un de ces momens suprêmes qui décident de la perte ou du salut des empires et de ceux qui le gouvernent ; il n'a pas su les saisir ; Kutusoff a laissé échapper le sien.

Si l'Empereur, au lieu de perdre cinq jours à Smolensk, se fût hâté, pour sortir des frimats russes, de se jeter dans la route ouverte de Borizoff, il eût devancé l'amiral Tchitchakoff à Minsk ; sa marche jusqu'à cette terre hospitalière, jusqu'à ce sol ami aurait été, si non tranquille, du moins peu inquiétée ; Kutusoff ne pouvait le suivre que mollement ; son armée, comme la nôtre, souffrait des rigueurs du froid et des tortures de la faim.

Le Fabius russe, comme l'a appelé M. de Ségur, ignorait d'ailleurs notre dénuement physique et notre prostration morale. Battu toutes les fois et partout où nous avions accepté ou présenté la bataille, il redoutait les Français, alors même qu'il les voyait, domptés par les fureurs de l'hiver, se retirer devant son armée. Les preuves de cette ignorance de notre véritable position, ce sont ses hésitations, ses tâtonnemens, les ordres contradictoires donnés à ses lieutenans, les marches et les contre-marches de ses divisions.

Arrivé à Minsk, l'Empereur était sauvé, et sauvait son trésor particulier, le trésor de l'armée, un matériel immense, l'honneur de ses aigles, la vie de ses braves ; à Minsk, il trouvait des munitions, des armes, des vivres, des vêtemens, des chaussures, du linge, des ressources en tout genres, et quelques jours de repos aussi précieux que les objets de première nécessité. Les magasins de Wilna n'étaient point pillés ; les corps d'Oudinot, de Victor et de Macdonald, et la division Dombrowski demeuraient intacts ; il contenait Schwartzemberg, retenait York, donnait à Regnier, à Loison, à Durutte le temps de lui amener leurs forces ; la campagne de 1812 était finie.

Napoléon n'abandonnait pas son armée dans un intérêt égoïste et personnel — on a pu l'en accuser — pour en laisser le commandement à un guerrier d'une bravoure surhumaine sans doute, à un magnifique général d'avant-garde, mais qui, au milieu de désastres inouïs, n'était point placé assez haut dans la confiance et dans l'admiration de ses soldats, pour valoir à lui seul toute une armée et pour en imposer à nos ennemis, des ennemis vainqueurs! par le souvenir de ses victoires et par la magie de son nom!

Cette perte de temps à Smolensk a donc été une faute de l'Empereur; il aurait pu la réparer en partie, s'il eût, sans hésiter, fait jeter des ponts à Studzianka, au lieu de désigner d'abord Wésélowo, puis Ukoloda, enfin Starowa, comme points de passage. A Studzianka il franchissait le fleuve sans difficulté quant à sa profondeur, sans opposition sérieuse de la part des Russes.

Les faits le prouvent, car les crues des eaux lui furent plus fatales, quand il suivit enfin l'avis d'Oudinot, que les boulets de Tchaplitz. Là encore Napoléon pouvait sauver la gloire du drapeau et les trois quarts de ce qui lui restait de son armée.

Ainsi Napoléon s'est manqué deux fois à lui-même en manquant à sa fortune; Kutusoff n'a pas été au niveau de la sienne.

Depuis l'occupation de Minsk (16 novembre) jusqu'au passage de la Bérésina (28 novembre) la liberté et la vie de Napoléon ont été en son pouvoir; il n'avait qu'à lever la main pour le saisir et l'immoler. Mais l'Empereur fugitif, désarmé, était toujours l'Empereur; à la vue de cette grande figure, Kutusoff a reculé, effrayé; le Scythe, comme le Cimbre de Minturne, n'a pas osé frapper Marius.

Mais le maître de la France, le vainqueur de l'Europe, le souverain de quatre-vingt millions d'hommes, ne devait pas tomber sur un champ de bataille, en héros, l'épée à la main et couvert de ses armes; il ne devait pas, non plus, s'éteindre, oublié du monde, dans la prison d'État d'un pays barbare. La Providence, dont il avait trompé les desseins, lui gardait une mort moins glorieuse après une captivité plus éclatante.

Nous rentrâmes à Borizoff, tristes du passé, soucieux du présent, inquiets de l'avenir; ignorant si l'Empereur avait résisté aux efforts de l'Europe; incertains si nous avions encore une patrie!..

VII

Route de Tchernigoff.

Départ de Borisoff. — Les officiers de la garnison de Dantzick. — Les riz-pain-sel. — Première couchée. — Les accès de fièvre. — Kerkoff. — Le courrier de l'Empereur. — Remède énergique. — Dispositions testamentaires. — Etienne Rieux et son legs. — Guérison prompte.

Notre convoi, quand nous partîmes de Borizoff, s'était accru d'une quarantaine d'officiers du 11ᵉ corps, celui de Macdonald, qui avaient fait partie de la garnison de Dantzick. Ils nous parurent d'abord magnifiques sous leurs habits uniformes, leurs épaulettes, leurs décorations et leurs armes. Après les avoir vus de plus près, nous nous convainquîmes, à leurs coiffures déformées, à leurs uniformes usés, à leurs pantalons éraillés, à leurs chaussures éculées, que leur position n'était guère moins misérable que la nôtre.

Nos nouveaux compagnons de captivité étaient prisonniers au mépris de la convention signée le 1er janvier, qui avait ouvert aux Russes les portes de Dantzick. La garnison aurait dû sortir de la place avec armes et bagages, et rentrer immédiatement en France, sur parole de ne point porter d'une année les armes contre les puissances coalisées. Le cabinet russe avait indignement violé la capitulation.

Avec ces officiers avaient également été retenus, contre la foi des traités, divers employés dans les fournitures de l'armée. Les soldats, dans leur langage original et pittoresque, les appelaient des *riz-pain-sel*. Parmi eux se trouvait un courrier de l'Empereur, nommé Boscarolli. Ces messieurs étaient mieux vêtus et pourvus de plus d'argent que les officiers. Boscarolli et un de ses amis, qui se faisait appeler M. de Naucroix, avaient même, luxe énorme! luxe inouï! un sauf conduit.

Le soir de notre départ de Borizoff, nous allâmes coucher dans un village des plus chétifs. Je fus saisi, en arrivant, de grands frissons, de violens maux de tête, d'une grosse fièvre. Le sous-aide qui avait pansé mes pieds à moitié gelés fut appelé ; il avait plus de zèle que de savoir et de pouvoir ; il parla d'applications de sangsues, de saignées, de quinquina, de bien d'autres choses encore qu'il était impossible de trouver dans un village où il n'y avait ni hôpital, ni pharmacie ; je doute qu'il y eût là un misérable épicier chez lequel il eût été possible de se procurer de la menthe, ce remède universel de l'hospice de Grodno. Que faire? Attendre ma guérison de ma jeunesse, de la vigueur de ma constitution ou de quelque crise salutaire ? Mais alors, je devais donc rester dans ce sélo, seul, sans soins, sans secours, au milieu de serfs lithuaniens dont j'entendais à peine la langue, exposé à être égorgé par les Mougicks russes qui formaient une partie de la population, et, dans tous les cas, certain d'être rançonné par les juifs qui me feraient payer à chers deniers les détestables drogues dont j'aurais besoin.

Ces pensées me tourmentaient plus encore que mon mal, lorsque ma bonne étoile amena dans mon taudis le chef de notre escorte, M. Kerkoff, et le courrier de l'Empereur, M. Boscarolli.

Celui-ci tâta mon pouls et examina ma langue comme ferait le docteur saxon, me questionna sur les circonstances qui avaient précédé ma maladie, et me dit :

— Je ne suis pas médecin breveté comme monsieur, — montrant le sous-aide, — mais je connais votre maladie, et je sais le moyen de la guérir.

— Eh! vite, donc! vite!

— Doucement, faisons nos conditions.

— Lesquelles?

— Doucement. Mon moyen curatif est très expéditif; il tue ou guérit dans vingt-quatre heures.

— Comment! vous m'offrez le genre de mort que souhaitait Jules César, et vous me demandez si je l'accepte! Allez.

— Doucement. Vos amis consentent-ils à ce que je fasse sur vous l'expérience de mon spécifique?

De Champs et Hutteau ne soufflèrent mot; Etienne Rieux fit un geste de non adhésion; Lévronski ouvrait ses deux oreilles et comprenait à peu près, mais ne disait rien.

— J'y consens pour eux, je suis, je suppose, le plus intéressé de tous à ce que je ne sois pas envoyé dans l'autre monde. Voyons le spécifique.

— Mon spécifique est capable de tuer un bœuf.

— Diantre! docteur.

— Si vous pouvez le supporter, *guerito subito*, sinon...

— Mort! c'est entendu. Le spécifique! le spécifique!

— Doucement; monsieur (se tournant vers M. Kerkoff) vous a reçu à Minsk sain et sauf; il est chargé de vous remettre au gouverneur de Koursk dans le *statu quo* où il vous a pris; à moins qu'il ne vous laisse en route, malade ou mort. Dans un de ces deux cas, il dresse un procès-verbal de décès ou de maladie, et tout est dit; sa mission est remplie, sa responsabilité couverte. Mais si vous mourez de mon remède, ne dira t-il pas que vous êtes mort de mort violente et que cette mort est de mon fait?

— Non. J'attesterai que cet officier est mort de sa maladie et non de son médecin; par conséquent de sa belle mort. Monsieur, (ajouta M. Kerkoff en se tournant vers moi), j'augure bien du spécifique de ce docteur sans diplôme; essayez-en. Je suis d'un pays où l'on se sert de remèdes héroïques pour toutes sortes de maladies; il est rare qu'ils tuent; ils guérissent quelquefois.

— Vous voyez? Consentement de toutes parties, ainsi...

— Doucement... Dès que vous aurez avalé mon spécifique, vous aurez un redoublement de fièvre, et probablement un transport au cerveau; là, sera le danger. Cet état durera une partie de la nuit; si vous résistez, vous vous trouverez le matin, faible au physique, abattu au moral; mais la fièvre aura disparu; guérison complète. Je ne vous quitterai pas. Pendant la journée, vous boirez de temps en temps de l'eau tiède corrigée avec du wodka; la nuit prochaine vous dormirez comme Perrin Dandin sur son siége, et, après-demain, à votre réveil, vous serez frais, gaillard et prêt à danser une contredanse.

Je regardai Boscarolli ; c'était un homme de 30 ans environ. Sa physionomie spirituelle, comme les physionomies italiennes, exprimait la franchise et la bienveillance. Sa taille au dessus à peine de la moyenne avait de l'élégance ; il y avait dans son air et dans ses manières une sorte de dignité qui contrastait singulièrement avec son état de porteur des dépêches impériales.

— Allez, lui dis je, allez chercher votre spécifique, quel qu'il soit. Si j'en guéris, vous aurez en moi un ami reconnaissant et à toute épreuve ; si j'en meurs je n'emporterai pas là haut, ou là bas, la moindre rancune. Hutteau, de Champs, je n'aurai pas échappé aux fouets des Mougicks et des Kalmoucks, aux boues de la Pologne, au régime de l'hôpital de Grodno, au froid du 21 janvier pour mourir ici, d'un accès de fièvre chaude ; soyez donc comme moi pleins de confiance dans le remède de M. Boscarolli. Si je succombe, vous perdrez un bon camarade, un véritable ami ; ne m'oubliez pas... Rieux, je te donne une pelisse ; tu iras voir mes parens, et tu leur diras que je n'ai jamais cessé de penser à eux. Lévronski, je vous donne mes deux chemises. M. Kerkoff, recevez mes remercîmens pour les bontés que vous avez eues pour moi et pour mes camarades. Allons, M. Boscarolli, à la besogne.

Boscarolli sortit et revint un instant après, portant, dans un gobelet de bois, le fameux spécifique dont il ne voulut pas dire le nom ; c'était un secret de famille. Je pris le gobelet et bus le liquide qu'il contenait ; puis, je posai ma tête sur la paille qui me servait d'oreiller. Boscarolli me couvrit de ma pelisse et de celles de mes camarades, et s'assit près de moi comme le médecin maure près de l'écuyer du chevalier du Léopard (1), en recommandant aux personnes témoins de cette scène de garder le plus grand silence.

Le lendemain, je m'éveillai à neuf heures ; le jour venait de paraître.

— Je suis pour la seconde fois frustré de mon legs, me dit Rieux ; vos testamens en ma faveur ne ruineront pas vos héritiers naturels.

— Te voilà hors d'affaire, me dirent de Champs et Hutteau ; mais pardieu ! pendant plusieurs heures tu nous a donné bien de la peine ; tu as eu du délire. Boscarolli, Rieux, Lévronski et nous deux, nous ne pouvions te contenir ; tu te démenais sur ta paille comme un possédé ; tu as récité des vers de Gresset et déclamé une tirade de Racine, chanté une strophe de la *Marseillaise* et un couplet de la *Tendre Imogine* et du *Preux Alonzo*. Tu as crié : Vive l'Empereur ! et vive la République ! parlé de Thé-

---

(1) *Richard en Palestine*, par Walter Scott.

rèse et de ta mère. Sur les quatre heures, enfin, le calme a succédé à tant d'agitation ; tu t'es endormi.

— Votre ami est guéri, nous a dit Boscarolli ; laissez-le reposer ; il s'est retiré.

Je me conformai aux prescriptions de mon médecin ; la journée se passa comme il l'avait prédit. Je ne fis qu'un somme la nuit suivante, et le lendemain je partis pour Bobruisk, où je ne fus pas plus tôt arrivé que je pressai Rieux et Lévronski d'avancer l'heure de notre dîner.

VIII

Dix ans après. — L'Opéra. — Mon voisin de gauche. — Mon voisin de droite. — Le conteur officieux. — Souvenirs confus. — La carte de visite. — Le déjeûner. — M. le comte ... — Le courrier de l'Empereur, Boscarolli.

Dix ou douze ans après, j'assistais à l'Opéra à une représentation au bénéfice de mon ami Laïs ; elle se composait de : *Les Prétendus*, du *Rossignol*, d'un acte d'*Anacréon* et du ballet de *Nina*. Baillot devait exécuter quelques morceaux pendant les entr'actes. J'occupais une stalle d'orchestre.

Dans mon voisin de gauche, je reconnus un artiste célèbre ; j'avais voyagé avec lui deux ans auparavant dans la malle-poste de Toulouse à Montpellier.

Pendant un tête-à-tête de dix-huit heures, nous avions causé beaucoup et de tout : voyages, arts, littérature, politique. Mon compagnon ne m'avait pas dit son nom ; il ne savait pas le mien. Arrivés à Montpellier, nous descendîmes à l'hôtel du Midi.

Après notre dîner, nous prenions une glace dans un des cabinets de verdure du café du Musée, lorsqu'une jeune fille de quinze ans, jolie, d'une physionomie spirituelle et pleine de vivacité, vint, à deux pas de nous, jouer sur son violon, un air en vogue alors ; puis elle avança sa sébile de ferblanc.

— Mon enfant, lui dit mon compagnon, vous avez des dispositions, mais vous jouez faux, parce que votre chevalet est mal placé.

— Vous m'étonnez, répondit l'artiste en plein vent ; mon violon a été accordé et mon chevalet placé par mon père qui s'y connaît ; il a pris des leçons de Rodde, de Viotti et de Valantino.

— Fort bien ! Je ne doute pas du talent d'un homme qui a étudié sous de tels maîtres ; mais votre chevalet n'en est pas moins mal placé. Donnez-moi votre violon.

La jeune fille le lui tendit sans hésiter ; mon compagnon le prit, plaça le chevalet, accorda l'instrument et le lui rendant :

— Tenez, lui dit-il, je ne me vante pas de jouer du violon

comme Rodde, Viotti et Valantino, mais dites à votre père que c'est M. X... qui a placé ce chevalet.

L'artiste ouvrit de grands yeux.

— N'avez-vous pas dit que vous vous appelez M. X...

— Je l'ai dit.

— M. X...! le premier violon de France, d'Europe, du monde! Ah! monsieur, quand mon père saura que vous avez touché à mon chevalet, qu'il en sera fier!.. Moi, je ne donnerais pas ce morceau de bois pour dix mille francs!

M. X..., dont j'apprenais le nom pour la première fois, sourit et donna à l'intelligente et rusée jeune fille un napoléon de 20 francs, tandis que je glissais dans sa sébile une modeste pièce de 50 centimes.

C'est ainsi que j'avais fait la connaissance de M. X...; nous la renouvelâmes à l'Opéra, et nos cartes furent échangées. Après que Baillot eût fini ses morceaux annoncés par le programme, il sortit de la salle.

Alors seulement je fis attention à mon voisin de droite; j'avais vu cette figure quelque part; je cherchais à me rappeler où, lorsqu'il m'adressa la parole. Ses premiers mots, son accent, sa politesse du meilleur ton, l'élégance de ses vêtemens, l'aisance de ses manières, éloignèrent immédiatement de mes souvenirs le nom qu'ils m'avaient d'abord rappelé.

— Oui, monsieur, lui dis-je, en réponse à une question analogue; c'est M... qui vient de me quitter.

— Je l'ai souvent rencontré dans le meilleur monde de Saint-Pétersbourg que j'ai habité longtemps, à plusieurs reprises. Répandu, recherché, il menait une grande existence et y gagnait beaucoup d'argent; sa femme contribuait un peu à ses succès.

— Intimement lié avec M. le comte de ***, ministre de..., il était de toutes ses soirées, de tous ses dîners, grands ou petits.

Un jour, il alla chez lui sans cérémonie, en habitué, en ami. Le ministre le reçut avec des manières plus familières, plus affectueuses que de coutume; ils causaient, lorsqu'un valet de chambre entra dans le salon et parla bas à l'oreille de l'excellence.

— Pardon, dit celle-ci à l'artiste de ce ton de bonhomie perfidement doucereux que les seigneurs russes savent si bien prendre avec les étrangers, pardon, mon cher monsieur, une personne que je ne peux pas m'empêcher de recevoir, me demande un moment d'audience; ayez la bonté de passer dans la pièce à côté; c'est le petit salon de madame la comtesse; vous y trouverez des livres choisis, des broderies, des journaux, des albums, des chinoiseries, des bronzes, des figurines, des statuettes, des brochures, de belles gravures, des dessins, des tableaux de maîtres; et, en fait de musique, tout ce qu'il y a aujourd'hui en Italie, en France, en Allemagne, de meilleur, de plus couru, de plus nouveau, de plus demandé. Vous vous verrez là-même avec un luxe et une richesse qui vous prouveront le cas que la comtesse fait de vos chefs-d'œuvre. Amusez-vous jusqu'à ce que je vous rappelle; vous n'attendrez pas longtemps.

Après ces paroles emmiellées, le comte, en souriant, poussa doucement son ami dans le petit salon, dont il ferma négligemment la porte vitrée.

L'artiste y était depuis quelques minutes, se mirant dans ses partitions, lorsque quelqu'un entra dans le salon. Aux pas qui glissaient légèrement sur le parquet, M. *** devina une femme.

La présence d'une femme chez un personnage en crédit à la cour, chez un ministre, c'était là une circonstance trop ordinaire et trop naturelle pour que M. *** s'en occupât; il continua donc à se mirer dans ses œuvres, comme Narcisse dans son ruisseau.

Un bruit qui lui parut au moins étrange, à cause du temps et du lieu, attira soudain son attention. Le comte et sa visiteuse parlaient bas ; mais dans quelle langue ? c'est ce que l'artiste n'aurait pu dire. Les mots balbutiés par les deux interlocuteurs n'appartenaient à aucune.

— C'est singulier, se dit M... — Bah ! ajouta-t-il après un instant de réflexion... Cela n'est pas possible ; que diable ! un salon de réception n'est ni un chambre à coucher, ni un cabinet particulier, ni un boudoir... Une pièce ouverte, pour ainsi dire, à tout venant, où je pourrais voir d'ici, si je n'étais discret, tout ce qui s'y passe, et où, si j'étais curieux, j'entendrais tout ce qu'on dit, une pareille pièce ne convient pas à une *conversation criminelle*. Au surplus, ajouta-t-il encore, quand cela serait... que m'importe ?... Quel intérêt ai-je à voir et à entendre ?... Respectons les secrets de cette maison.

En se faisant à lui-même cette sage recommandation, M. *** s'était, sans y prendre garde, rapproché de la porte vitrée, et il avait machinalement soulevé le rideau de soie qui pendait de son côté; il le souleva à peine, mais assez, hélas ! pour qu'il pût voir en plein la figure de la dame qui causait avec le comte, et la reconnaître; pour que la dame, dérangée dans sa conversation avec l'excellence, vit parfaitement derrière la vitre le visage du curieux. Elle le reconnut, poussa un cri d'effroi et s'échappa.

L'infortuné mari — vous devinez que c'en était un — laissa retomber le fatal rideau, et se remit à feuilleter avec la plus grande attention, comme on peut croire, les cahiers de musique qu'il avait si malencontreusement abandonnés.

Le comte l'appela.

— Pardon ! mon cher monsieur, lui dit-il de son meilleur air... Je vous ai fait attendre ; j'en suis fâché ; mais le temps que la dame qui vient de sortir a passé avec moi ne sera point perdu pour vous. Vous avez là une bonne amie, ajouta-t-il d'un sourire chargé de miel ; elle s'intéresse tant à votre réputation et à votre fortune ; elle m'a parlé de vous avec tant de chaleur, que je lui ai promis de vous présenter demain à Sa Majesté, et de demander pour vous une gratification sur sa cassette particulière, et la croix de Saint-Vladimir. Adieu ! je vois à votre air préoccupé, poursuivit le comte d'un ton de cordiale affection, je vois que vous avez affaire quelque part ; je ne vous retiens pas. J'irai vous prendre demain dans la soirée pour vous mener à Tzarskoé-Selo. Adieu donc, à demain !

J'interrompis mon conteur.

« Le seigneur Jupiter sut dorer la pilule. »

— Parfaitement. Le lendemain M. le comte présenta M... à l'autocrate qui l'accueillit avec distinction et bienveillance ; lui accorda une bonne gratification, le décora de la croix qui brille sur son habit, à côté de celle de la Légion-d'Honneu, et daigna lui faire présent d'une tabatière ornée de son portrait entouré de diamans. Vous y avez tout à l'heure puisé deux prises de tabac ; vous avez sans doute admiré la copie quoique vous aimiez fort peu l'original.

Du reste, ajouta mon officieux voisin, le célèbre artiste n'est pas ingrat envers son protecteur et son ami ; il parle à tout le monde, en toute occasion, à tout propos et souvent hors de propos et mal à propos, de l'amitié dont l'honorait M. le comte... pendant son séjour à Pétersbourg ; il en est heureux, il en est fier ; c'est à ses pressantes recommandations qu'il est redevable des marques de la munificence impériale, et il montra au premier venu, à plus forte raison, à ses connaissances et à ses amis, avec un sentiment bien naturel d'orgueil et de reconnaissance la figure de singe de son illustre ami, gravée sur une bague de prix qu'il porte à l'annulaire de la main droite.

— Monsieur, voulais je répondre, cette histoire n'est peut-être qu'une fable ; mais je n'en eus pas le temps, l'orchestre venait de jouer l'ouverture de *Nina*: le ballet commençait : c'est le dernier où j'aie vu danser le menuet de la reine. Albert avait pour danseuse Bigottini, Monjoie dansait avec Mlle Gosselin, que Geoffroy appelait la désossée.

J'étais tout entier à la pantomime si expressive, si naturelle, si pathétique de la première de ces danseuses que, depuis, Marie Taglioni et Fanny Elsler n'ont ni effacée ni fait oublier, quand mon voisin, se penchant à mon oreille, me dit :

— Ce beau garde du corps, si occupé de la jeune et belle femme qui est avec lui, dans cette loge de face aux premières, qu'il ne s'intéresse guère aux infortunes de Nina, c'est, je crois, Eugène de Champs ?

— Vous connaissez Eugène de Champs ? dis-je en me retournant vivement.

Le questionneur dirigeait son binocle vers une autre partie

de la salle, il ne m'entendit pas ou il ne voulut pas me répondre.

Après le ballet je renouvelai ma question.

— Vous m'avez parlé de M. de Champs comme si vous saviez que je suis un de ses amis... J'ai eu certainement l'honneur de le rencontrer ailleurs qu'à l'Opéra... mais où? Excusez, je vous prie, un défaut de mémoire dont je suis honteux, et venez en aide à mes souvenirs, lui dis-je.

— Nous nous sommes peut-être vus en Russie; vous êtes allé, si je ne me trompe, dans ce pays?

— Je ne suis jamais allé à Pétersbourg.

— Oh! Pétersbourg est une ville russe, mais n'est pas toute la Russie.

— Ayez, monsieur, la bonté de me dire si vous connaissez intimement M. de Champs?

— Je suis obligé de vous quitter; je répondrai demain à cette question. Voilà ma carte. Adieu, mon cher, ajouta l'inconnu en me serrant la main avec attouchement maçonique. A demain.

Il sortit de l'Opéra.

Je jetai les yeux sur la carte que je tournais et retournais machinalement.

Sur le recto, je lus : M. le comte de Lit..., rue Chantereine, 10. Sur le verso, écrit au crayon : Boscarolli; et sous ce nom : Demain, à dix heures du matin, dans la galerie de l'Opéra, côté de Douix.

Je vous laisse à penser si, le lendemain, je fus exact au rendez-vous. Mon Esculape de Borizoff y arriva en même temps que moi; nous nous serrâmes la main cordialement.

— Je vous mène déjeuner chez Douix, me dit Boscarolli, parce qu'on mange là le meilleur macaroni, le meilleur kari à l'indienne, les meilleures soles normandes de Paris et d'excellentes huîtres d'Ostende.

Pendant le déjeuner, M. le comte L... me raconta que, chargé au commencement de 1812 par l'Empereur d'une mission secrète, importante et toute de confiance pour Saint-Pétersbourg, il s'y trouvait lorsque Napoléon était arrivé à Moscou; qu'il était allé le joindre dans cette ville sur la fin de septembre; qu'il en était parti peu de jours avant l'armée; que des circonstances, inutiles à rapporter, l'avaient forcé à se jeter avec Rapp dans la place de Dantzick. Là des raisons de prudence l'avaient obligé à changer de nom, à prendre celui de Boscarolli, à se faire passer pour un courrier de l'Empereur. Grâce à cette précaution, ajouta Boscarolli, les autorités russes m'ont laissé tranquille, et je n'ai pas été pillé; rentré dans ma patrie, après la paix, j'ai repris mon nom, mon rang, mon titre. A cette heure j'occupe, comme diplomate, un poste important à la cour de...

— Je suis fâché, dit mon ancien compagnon d'exil en finissant, de ne pas vous avoir rencontré plus tôt. Vous me revoyez au surplus tout prêt à vous guérir d'une fièvre intermittente s'il y a lieu, et à vous rendre tous les services qu'un homme a le droit d'attendre d'un camarade d'infortune, d'un frère et d'un ami.

Je passai l'été de cette année 1825 à Fontenay-aux-Roses ; quand je revins à Paris, au mois de décembre, je courus rue Chantereine chez M. le comte de L... Il était parti depuis quelques jours pour une cour du nord.

Depuis je n'ai plus rencontré le comte de L..., je n'ai pas revu le courrier de l'Empereur, je n'ai plus entendu parler de Boscarolli.

IX.

Bobroisck. — Priviléges des marchands. — Gaîté de Lévronski. — Arrivée à l'étape. — Le dîner interrompu. — Le sergent Pouskoï. — Le capitaine Jackson.

Bobruisk, sur la rive droite de la Bérésina, est une ville de bois, peuplée de quinze cents âmes, chef-lieu de district du gouvernement de Minsk ; ses fortifications ne sont pas mauvaises, ses quatre églises sont des églises de village.

Notre hôte était de cette classe ou guilde de marchands qui, moyennant un capital fixé par la loi, et le paiement d'un impôt (abrock) qui le représente, jouissent, ou plutôt sont censés jouir de certaines immunités, vendre dans les villes et dans les campagnes, en gros et en détail, toutes sortes de marchandises, les charrier, les colporter par terre ; les transporter par eau, élever et diriger des fabriques, bâtir et entretenir des hôtels et des auberges et construire des bateaux.

Les marchands ou koupetz appartenant à cette catégorie devraient aussi, en vertu d'un privilège qui y est attaché, être affranchis des peines corporelles ; mais c'est là un de ces priviléges illusoires comme ils le sont tous dans les pays soumis à la volonté d'un seul. Selon le bon plaisir des autorités civiles ou militaires dont la résidence est trop éloignée du centre du gouvernement pour qu'elles ne se permettent pas les actes les plus arbitraires et les plus tyranniques, les koupts de toutes les guildes (on en en compte trois) reçoivent des coups de battocks, et même des coups de knout comme les serfs des nobles et de la couronne.

Notre koupetz mariait une de ses filles ; nous fûmes priés de noce ; j'ai essayé de décrire ailleurs les cérémonies bizarres qui eurent lieu à cette occasion.

Le lendemain notre denntchick qui, ainsi qu'Etienne Rieux

avait logé chez un boulanger polonais, choisit deux traîneaux pour nous conduire à l'étape; je le fis monter dans le mien. Il n'avait jamais été de si belle humeur; il riait, il chantait; il faisait mille folies, et disait mille extravagances. J'attribuai cette exubérance de gaîté aux libations répétées qu'il avait faites le matin chez notre honnête koupetz qui, avant notre départ, nous avait régalés d'un bon déjeuner, et, surtout, un prêt touché en assignations, ce qui lui promettait un supplément de bonne chère. Quel que fût, au surplus, le motif de la joie de notre dennchick, Hutteau et de Champs la remarquèrent à la halte.

Nous arrivâmes à la couchée avant la tombée du jour. Dès que nous fûmes installés dans notre logis, nos dennchicks s'occupèrent immédiatement des préparatifs de notre repas du soir. Ce fut bientôt fait. Invité par nous à en prendre sa part, le capitaine Jackson s'assit à la table commune.

Déjà Lévronski, placé en face d'Etienne Rieux, plongeait sa cuillère en bois dans une assiette remplie de gorodki, lorsque le sergent Pouskoï montra, sur le seuil de la porte, sa figure plus rébarbative que d'ordinaire. Quelqu'un a dit : « Une mauvaise conscience est un bon prophète. » Cela doit être. A l'apparition de son supérieur, Lévronski laissa tomber sa lojka et son visage pâlit.

Pouskoï resta près de la porte, nous salua militairement de la main droite, et de la gauche fit un signe à Lévronsky. Celui-ci se leva d'un air résigné, s'approcha de son chef et s'arrêta à deux pas de lui, la tête droite, le corps d'aplomb, les talons sur la même ligne, la paume de la main en dehors, le petit doigt sur la couture du pantalon, enfin dans la position du soldat sans armes.

Vous connaissez le sergent Pouskoï; vous l'avez vu, il y a quelques mois à peine, à Novogrodeck, exécuteur de la sentence terrible et concise de M. Lukoï contre le malheureux Juif, auteur ou non du vol des poésies inédites de M. D. B...; vous l'avez vu, avant, dans un kabac du cercle de Biaystock, intervenant, pour la terminer, comme le *Deus ex machina*, dans une dispute du chef des Kalmoucks et du général des Bachkirs, et distribuant à l'un et à l'autre, sans les compter, des coups de fouet et des coups de poing.

Pouskoï n'avait qu'une manière d'intervenir; il traita le soldat, son subordonné, comme il avait traité l'Os blanc et la Barbe blanche, si respectés de leurs cavaliers.

Sous une douzaine de coups appliqués à poing fermé, les joues pleines et résistantes de Lévronski rendirent un son mat comme un linge mouillé sous les coups redoublés du battoir; son corps ne remua point, sa tête ne fit pas une oscillation.

— Mais qu'a-t-il donc fait? criâmes-nous tous à la fois en quittant nos bancs... Oui, qu'a fait Lévronski?

— Ce qu'il a fait? ce chien, cet ivrogne, cet impie! — la langue russe est, de toutes les langues anciennes et modernes, la plus abondante en mots grossiers, sales, orduriers et obscènes, la plus riche en injures, en abjurgations, en juremens, en blasphèmes, en exécrations — ce qu'il a fait? répondit le terrible sergent, en accompagnant chaque épithète d'un coup de poing... ce qu'il a fait?... oh! il le sait bien... Allons! marche, marche!

— Où voulez-vous le conduire?

— Chez l'officier.

— Suis-les, me dirent mes camarades.

— Non pas seul. Venez avec moi, Jackson; vous avez une expérience que je ne saurais avoir; vous êtes aussi prudent que ferme, vous parlez mieux qu'un avocat qui parle bien, sans circonlocutions et sans phrases; M. Kerkoff a pour vous autant d'estime que d'amitié; vous pourrez peut-être quelque chose pour ce pauvre garçon dont la contenance est si troublée, que je tremble pour sa peau.

— Les Ephores l'auraient condamné sur sa mine, dirent de Champs et Hutteau.

— Et celle du sergent ne présage rien de bon, ajouta Jackson. Voyez, il lèche ses lèvres avec une sorte de sensualité, comme s'il y trouvait le goût du sang! C'est le mouvement de la bête fauve, quand elle retire son museau sanglant des entrailles fumantes de sa victime. Comprenez-vous que ce soldat à la taille de géant, à la force de taureau, au courage de lion, qui, pour écraser ce pygmée, n'aurait qu'à le toucher de la main, se laisse insulter, bafouer, battre; battre!... par cet être chétif, deux fois, quatre fois plus faible que lui, parce que ce misérable porte un bout de galon sur son collet et qu'il parle au nom de son Empereur!

Oh! l'abominable pays que celui où un homme, souvent le plus vil de son espèce, dispose à son gré, des biens, du nom, de la vie, de la liberté, de l'honneur de tous! où, au dessous de cet homme unique qui, à lui seul, est la loi humaine et la loi divine, il n'y a que des maîtres et des esclaves! où, un homme, créé à l'image de Dieu, est la propriété, la chose d'un autre, parce que cet autre est noble! où cet autre le traite comme il traite son âne et son chien, le fait crever sous le poids du travail, s'il le veut; mourir sous le bâton s'il lui plaît, pourrir dans les mines de la Sibérie si tel est son bon plaisir; lui prend sa femme, puis la lui renvoie en lui disant: Je n'en veux plus! lui vole ses filles, pubères ou non, leur donne des maîtresses de couture ou de broderies, des maîtres de langues, de peinture, de musique et de danse; pourquoi? Pour faire de l'aînée sa concubine, en avoir des enfans qu'il fait exposer au marché comme des veaux; pour vendre la cadette aux baves hideuses d'un vieux débauché; la troisième aux passions effrénées d'un jeune libertin ; celle-ci aux goûts monstrueux d'une horrible vieille; celle-là à une infâme matrone qui la prostitue au premier venu!... Mon Dieu! ajouta Jackson, avec une exaltation croissante; mon Dieu! je vous en préviens, cet état contre nature accuse votre puissance, votre justice et votre bonté ; il est un argument contre votre existence. Mais, poursuivit-il d'un ton de découragement et de dégoût, pourquoi m'indigner de l'esclavage des Russes? Qu'ils portent des chaînes, puisqu'ils les souffrent, les misérables! qu'ils aient des maîtres, puisqu'ils les aiment, les lâches! ils sont faits pour leur gouvernement qui est fait pour eux.

Peuple d'ivrognes et de voleurs, d'hypocrites et de charlatans! race croisée du chat et du singe, du renard et du tigre... puissent tes capitales, tes villes, tes bourgs, tes villages et tes hameaux, être un jour, comme les cités maudites, dévorés par le feu du ciel! Puisse le sol où tu rampes ne produire un jour que des herbes malfaisantes et ne nourrir, dans ses marais infects, que des animaux immondes et des reptiles impurs!... (1).

— Très bien cela! très bien! capitaine Jackson, s'écria de Champs; mais si, comme je l'espère, vous ne comprenez pas dans cette imprécation à la Corneille, dans cette malédiction à la Jérémie, notre dennchick qui aurait mérité de naître Français, et M. Kerkoff qui l'est à moitié, allez demander à l'un la grâce de l'autre.

— Et dépêchez! dit Hutteau ; Pouskoï grogne entre ses dents comme un dogue à qui on arrache un os.

— Allons! fit Jackson. Nous sortîmes de la maison.

X.

Recommandation de Lévronski. — Ce qu'il a fait. — Le château du comte de ***. — Un pays ennemi. — Mme la marquise. — Mme la comtesse. — M. Anatole. — Mlle Irène. — L'institutrice. — Le professeur de morale. — Attaques. — Défenses.

Lévronski avait repris toute son assurance; les couleurs vermeilles de ses joues, un instant disparues, étaient revenues à leur poste. Au moment de sortir du logis il s'arrêta :

— Camarade, dit-il à Rieux, garde-moi ma soupe.

Après cette recommandation caractéristique qui venait si à propos et si énergiquement justifier la généreuse indignation du

---

(1) Ceci est écrit en 1814, et c'est un Irlandais qui parle.

capitaine, le soldat suivit son sergent d'un air aussi tranquille, d'une allure aussi ferme, que s'il était allé à une distribution de pain. Au fait, il allait à une distribution de coups de bâton, et le bâton est aussi le pain quotidien d'un soldat russe.

Chemin faisant, nous apprîmes ce dont il était accusé.

M. Kerkoff avait pris son logement chez le seigneur du village et autres lieux, le général russe M. le comte de ***, en ce moment à l'armée. Le château de ce personnage, construit en bois, peint en vert, avec façade et pignon sur la route de Mohilew, avait son entrée dans une cour que nous traversâmes. Dans une pièce servant d'antichambre, chauffée par un énorme poêle de faïence, dormaient ou jouaient aux cartes, sur des bancs adossés aux boiseries nues, sept ou huit domestiques mâles et le planton de l'officier.

Nous laissâmes là nos pelisses ; le planton nous annonça, et immédiatement nous fûmes introduits, Jackson et moi, dans un salon tendu de soie bleue, décoré de tableaux, de gravures et de portraits. Le parquet était garni d'un tapis épais et moelleux; une table de forme ovale, placée dans le milieu de cette pièce, entre la cheminée et une console chargée de flambeaux, était couverte de cafetières et de tasses en vermeil, de flacons en cristal et de verres à liqueurs. Autour étaient assis, prenant du thé, M. Kerkoff, la belle-mère, la femme ; le fils et la fille de M. le comte ; une demoiselle de trente ans, grande, maigre et sèche, dont la tenue raide et l'air guindé indiquaient la profession, et un *quidam* d'une quarantaine d'années dont la perruque, le front déprimé, les yeux éteints et sans sourcils, la figure lavée, le teint bouffi, les joues flasques, la lèvre inférieure pendante, le menton sans barbe, les bras enkilosés, les mains molles, les genoux gonflés, les pieds difformes, l'obésité maladive accusaient une jeunesse crapuleuse et une vieillesse anticipée. L'air, les manières, la pose, les gestes, les regards, le son de voix, le silence même de cet individu, tout indiquait qu'il était obséquieux avec les riches, bas avec les puissans, faux avec ses égaux, dur pour ses inférieurs, sans entrailles pour les pauvres. Son masque aurait montré à Lavater les habitudes de vices vulgaires et abjects, et, sur son crâne, dénudé avant le temps, par une maladie honteuse, le docteur Gall aurait trouvé les bosses de l'hypocrisie, du mensonge, de la lâcheté, et, en cherchant un peu, celle du vol.

Cette demoiselle appelée Mlle Augusta était l'institutrice de de Mlle Irène, fille de M. le comte.

Ce monsieur, nommé M. M. de Lagez, enseignait au fils de la maison, M. Anatole, les langues mortes et vivantes, les mathématiques, la littérature, la géographie, et lui donnait des leçons de religion et de morale, toutes choses qui étaient pour lui des lettres closes, un livre fermé.

L'institutrice était genevoise ; l'instituteur, je suis honteux de le dire, était Français, était né en France.

M. Kerkoff nous reçut avec une politesse affectueuse, et nous présenta, après quelques paroles obligeantes pour nous, à Mme la marquise (c'était une marquise), à Mme la comtesse sa fille, à M. Anatole son petit-fils, et à Mlle Irène sa petite-fille.

Mme la marquise leva sur nous des yeux pointus, et les laissa retomber sur sa tasse, sans nous saluer même d'un mouvement de tête.

Mme la comtesse ne daigna pas tourner la sienne de notre côté. M. Anatole se renversa sur le dos de son fauteuil et nous toisa de la tête aux pieds, sans répondre à notre politesse.

Mlle Irène fixa ses regards sur nous avec une assurance qu'on pouvait appeler autrement. Mlle Augusta nous fit une révérence empesée.

M. M. de Lagez nous insulta d'un demi-salut. Nous étions en pays ennemi. Jackson m'en avertit par un coup-d'œil qui voulait dire aussi : « Tenez-vous sur vos gardes. » Je lui répondis par un autre qui signifiait : « Je vous comprends. »

Sur un signe de Kerkoff, qui nous faisait les honneurs du salon, un valet approcha des sièges. Nous nous assîmes. L'officier demanda, en russe, à Mme la marquise, la permission de nous offrir une tasse de thé ; il lui fut répondu d'une voix étranglée par quelque émotion sourde : qu'un officier de Sa Majesté l'empereur Alexandre pouvait disposer de tout ce qui est dans le château.

Sur un second signe de M. Kerkoff, le domestique avança deux tasses ; nous refusâmes avec avoir salué.

Nous voilà donc assis autour de la table ovale : M. Kerkoff est entre M. M. de Lagez et Jackson ; en face est la marquise, ayant à sa gauche sa petite-fille, à sa droite la comtesse ; le dos tourné à la porte d'entrée, j'ai pour vis-à-vis M. Anatole et Mlle Augusta.

Lorsque je m'assis, la comtesse qui était à ma gauche recula son fauteuil et se rapprocha de sa mère. Ce mouvement de répulsion ne m'échappa point et n'échappa point à mon camarade ; il nous blessa profondément ; aussi, prîmes-nous au fond du cœur la résolution de tirer vengeance de cette insulte autant que nous le permettait le respect que nous devions à une dame, alors même qu'elle oubliait les égards qui nous étaient dûs.

Je profitai du moment où Kerkoff donnait quelques ordres pour regarder ma voisine.

C'était une femme de trente deux ans, très grande, et cependant, ce qui est très rare chez les personnes de sa taille, pleine d'une grâce exquise : elle en mettait dans tous ses mouvemens. C'était une de ces femmes à qui tout va, à qui tout sied : les vêtemens les plus riches et les plus humbles habits, l'étoffe la plus rare, le plus vil tissu, le velours, la bure, une coiffe, un bonnet, un chapeau, les fleurs, les plumes, les diamans ; des cheveux blonds magnifiques couvraient sa tête petite et d'une forme parfaite, et de nombreuses anglaises encadraient très bien sa figure, habituellement pâle, colorée en ce moment d'un léger incarnat. Au dessus de l'œil gauche, d'un bleu clair, couronné d'un sourcil châtain courbé en arc, était une mouche noire qui faisait ressortir la blancheur de son front. Une robe de drap bleu, à manches étroites, lacée sur la poitrine par des cordons or et soie, comme les redingotes militaires polonaises, appelées kourka, dessinait admirablement la beauté de son buste et de ses bras qui se terminaient par des mains dont Anne d'Autriche aurait été jalouse.

La comtesse se leva pour prendre quelque chose sur un meuble ; je n'eus pas besoin d'un effort de mémoire pour me rappeler ce vers de Virgile :

Incessu vera patuit dea.

étendu et délayé par M. Delile :

Elle marche et son port révèle une déesse.

Je fus d'autant plus blessé de l'éloignement, j'ai presque dit du mépris que nous témoignait la comtesse, qu'on a sans doute reconnue pour la fille d'un émigré, que je la trouvais plus belle, que j'étais plus disposé à admirer l'élégance et la noblesse de ses manières et la perfection de ses formes. Pour cette femme d'un général russe, je n'étais qu'un ennemi ; pour cette Française qui avait renié sa patrie, qui ne voyait dans ses anciens concitoyens que des rebelles, je n'étais que le séide d'un usurpateur ; pour cette aristocrate fière de la noblesse de sa race et de l'ancienneté de son blâson, je n'étais qu'un roturier, un vilain, j'étais à peine un homme.

Mlle Irène avait la taille souple, flexible et cambrée ; le teint délicat, la peau transparente, des cheveux dorés, de belles mains, des yeux bleus, un nez bien fait, une bouche fraîche, meublée de petites dents blanches parfaitement rangès ; enfin, tout ce qui fait charmante une jeune fille de quinze ans. Cependant, en la regardant aussi attentivement que la bienséance le permettait, je la trouvai presque laide ; c'est qu'il manquait quelque chose à ce visage dont tous les traits, pris en détail, étaient irréprochables ; il y manquait la pudeur, l'innocence et la bonté.

Quant à M. Anatole, s'il avait lieu de remercier la fée indulgente invitée à son baptême, de l'avoir fait descendre d'un gentilhomme et naître riche, il pouvait se plaindre qu'une méchante fée, exclue de cette fête de famille, lui eût donné la figure d'un lourdaud, la tournure d'un vilain, les manières d'un cuistre, le cœur et l'intelligence d'un crétin ; et, pour comble de malice, lui eût infligé pour précepteur M. M. de Lagez.

Le visage presque sexagénaire de Mme la marquise, gardait de remarquables vestiges d'une beauté dont se souvenaient sans doute les habitués de l'Œil-de-Bœuf et les heureux admis aux petits soupers de Trianon, d'une beauté qu'avaient dû chanter, dans leurs vers ambrés et musqués, M. de Dorat, le cardinal de Bernis et le marquis de Pezay, qui avait dû inspirer la muse galante du chevalier de Boufflers et la muse libertine de l'abbé de Voisenon.

Je jetai les yeux sur les tableaux, gravures et portraits qui décoraient le salon ; je vis sur la cheminée, au dessus de la glace, le portrait de l'Empereur Alexandre ; sur les panneaux des deux côtés, quatre gravures représentant, à gauche, Marie-Antoinette à la Conciergerie, et cette princesse devant le tribunal révolutionnaire ; à droite, Louis XVI aux Tuileries, coiffé du bonnet rouge, entouré des insurgés du 20 juin ; dans la dernière, on voyait le roi de France montant les marches de l'échafaud.

Sur la boiserie, je remarquai des portraits de famille peints par Baucher ; en face de la porte d'entrée étaient en regard l'image de la sainte Vierge portant l'enfant Jésus, et celle de saint Nicolas.

M. Kerkoff nous adressa la parole :

— Messieurs, nous dit-il, permettez-moi de vous demander, en me servant d'une locution française, quel bon vent vous amène ici, et me procure l'honneur de vous voir.

— Mais une affaire pressée, monsieur ; cependant nous ne serions pas entrés dans ce salon si nous eussions cru que vous y étiez en compagnie.

— Cette considération ne m'aurait pas arrêté, reprit Jackson ; je crois être chez monsieur, partout où il est, et là où il veut bien me recevoir.

Cette réponse de Jackson était une déclaration de guerre ; les deux émigrées le sentirent ; elles échangèrent un regard où se peignait leur surprise de tant de hardiesse.

Le capitaine continua du ton le plus calme.

— Voici, monsieur, le sujet de notre visite ; votre sergent Pouskoï est entré tout à l'heure au logement de M. Bouisson et de ses amis, MM. Hutteau et de Champs, au moment où nous nous mettions à table ; il a rudement frappé leur dennchick, sans donner d'autres explications que des injures et l'ordre de le suivre ici Nous...

— Pardon, monsieur. Mon sergent ne doit rendre compte de sa conduite qu'à moi ; vous n'avez pas, ce me semble, à vous en mêler.

— Je ne m'en mêle pas le moins du monde, quoique je n'approuve pas la manière d'agir de ce sous-officier. Veuillez me permettre de continuer.

Pouskoï nous a dit que Lévronski est accusé d'avoir volé

hier, à Bobruisk, chez un boulanger polonais, son hôte, un sac de farine qui a été trouvé aujourd'hui et reconnu par le propriétaire, sur un des traîneaux chargés des bagages de nos soldats.

La marquise ironiquement :

— Et ces messieurs viennent sans doute prier M. Kerkoff de faire donner cinquante coups de knout, ou tout au moins cent coups de battocks, à un soldat russe qui a commis le crime énorme de voler un Polonais?

Jackson, saluant. — Nous ne venons pas pour cela, madame; nous venons prier M. Kerkoff, qui nous a accoutumés à toutes sortes de politesses, d'égards et de bontés, d'avoir, s'il est possible, en admettant vrai et prouvé le fait reproché à Lévronski, d'avoir quelque indulgence pour un homme à qui mon camarade et moi, nous sommes redevables du plus grand de tous les services. M. Kerkoff ne l'ignore pas.

Kerkoff. — Je n'ai pas oublié que ce dennchick s'est conduit, dans la circonstance dont vous voulez parler, avec zèle, intelligence et courage, et je l'en ai récompensé. Je serais fort content de lui sous d'autres rapports, mais le coquin aime à boire et à voler plus qu'il ne convient, même à un soldat russe. (Il rit).

Moi. — Vous nous plaignez quelquefois de ne pas comprendre les finesses de notre langue, et voilà que vous vous servez d'une figure de rhétorique aussi fine que délicate.

Kerkoff, riant. — Je me suis servi d'une figure de rhétorique?

Moi. — Sans doute; vous avez appelé Lévronski coquin, par...

Mlle Augusta, d'un ton pédant. — Par antiphrase.

Moi, saluant. — Oui, mademoiselle, par antiphrase.

Kerkoff, riant. — L'antiphrase est dans une contre-vérité, d'où il suit que votre dennchick est un parfait honnête homme.

Moi. — Précisément.

Kerkoff. — *Nous verrons bien.* — A la marquise. — Voulez-vous bien permettre que ce salon serve, pour dix minutes, de salle d'audience?

La marquise. — Volontiers, monsieur, et puisque ce dennchick, ce Lévronski est d'ailleurs un parfait honnête homme, qu'il n'a, après tout, commis qu'un péché véniel, en volant un Polonais, je sollicite pour lui votre indulgence.

Kerkoff. — Je ferai tout, madame, pour accorder mon devoir avec mon vif désir de vous être agréable. Il faut que je donne quelques ordres : vous permettez, mesdames? (La marquise et la comtesse font un signe d'assentiment, Kerkoff salue et sort.)

La comtesse. — Mais ma mère, Lévronski n'a manqué ni au septième commandement de Dieu qui défend le vol, ni à la loi civile, ni aux réglemens militaires qui le prohibent et le punissent; il a, suivant les lois de la guerre et les droits des vainqueurs en pays conquis, traité le Polonais, qui se prétend volé, en ennemi ; il a fait ce que tous les soldats russes ont le droit de faire à tous les individus de cette nation. (Mouvement de Jackson.)

La comtesse, se tournant vers lui. — Est-ce que les Polonais, qui habitent le grand duché de Varsovie ou les provinces de la vieille Pologne incorporées à l'empire, ne sont pas les ennemis de la Russie? Est-ce que, l'année passée, pendant la guerre sainte, ceux de ces rebelles qui étaient en état de porter les armes, ne se sont pas enrôlés dans les hordes de Buonaparte et dans les bandes de Poniatowski, de Dombrowski et de Radzivill? N'y en a-t-il pas encore qui combattent contre nous, avec les complices de l'usurpateur? Ceux que leur âge ou leurs infirmités retiennent chez eux, ne font-ils pas des vœux pour la France et contre nous? Si ce Lévronski mérite une punition, c'est pour avoir fait dans l'ombre, comme s'il en avait eu honte, comme s'il eût volé, ce qu'il pouvait et devait faire à la lumière du ciel.

Mlle Augusta, pédante. — Et, en lui appliquant les lois de Lycurgue, pour avoir eu la maladresse de se laisser prendre!

Jackson. — Nous n'admettons pas que dans une province qui est en paix avec le souverain, un soldat russe puisse se conduire comme s'il était en pays conquis ; qu'il lui soit permis de traiter en ennemi, c'est-à-dire de rançonner, de piller, de voler, de tuer sans doute aussi un sujet fidèle qui n'aura pas eu le bonheur de naître Russe. Si ce droit existait, il nous ferait horreur ; et, certes, nous ne l'invoquerions pas en faveur de notre dennchick ; ce que nous demandons pour lui de M. Kerkoff, c'est l'indulgence pour une faute, non l'impunité pour un crime.

Anatole à M. de Lagez. — Vous me disiez que les officiers de l'usurpateur étaient tous des fils de cordonniers, de tailleurs, d'épiciers ; *de gens de rien* qui savaient à peine lire et écrire et ne parlaient pas français?

M. de Lagez. — Certainement, à quelques exceptions près.

Moi. — Ces fils de cordonniers, de tailleurs et d'épiciers ont battu l'armée de Condé qui n'était composée que de gentilshommes.

Jackson. — *Ces gens de rien* ont planté le drapeau de la République et l'aigle de l'Empire sur les murs de toutes les capitales de l'Europe, sans excepter Moscou.

Moi. — Ces fils d'artisans s'appelaient, de leur vivant, Hoche, Marceau, Westermann, Kléber, Joubert, Lannes, Monbrun, Lasalle et Morand.

Jackson. — *Ces gens de rien* s'appellent encore Masséna, Ney, Murat, Brune, Lefebvre, Jourdan, Lamarque, Vandamme, Clausel. Le plus grand de tous s'appelle Napoléon!

M. de Lagez. — Vous élevez la voix, messieurs...

Moi. — Vous, monsieur, baissez la vôtre.

Jackson.—Et apprenez à votre élève que, si Dieu a condamné

les gens de rien à une vie de privations, d'épreuves, de travail, de souffrances et de misère, il n'a pas oublié qu'ils sont ses enfans ; il a mis dans leur sein le germe des vertus qui font d'un homme un bon fils, un bon époux, un bon père, un bon citoyen ; les germes des qualités qui le recommandent à l'estime de tous ; de l'esprit et du goût qui le rendent aimable ; des talens qui le rendent célèbre ; du courage qui le rend héroïque ; du génie qui le rend immortel.

— Elevez monsieur, de manière à ce qu'il ne mérite pas qu'un de ces *gens de rien* arrivé au maniement des affaires publiques de son pays, par ses talens et ses services, au commandement des armées par ses victoires, à la renommée par son éloquence ou ses ouvrages, lui réponde comme Iphicrate à un jeune homme qui portait mal un nom illustre. Faites-lui lire l'histoire de la France monarchique ailleurs que dans M. Le Ragois, pour qu'il y voie que, même sous le despote Louis XIV, Rose, Fabert et Chevert, *gens de rien*, ont commencé par être soldats ; l'histoire contemporaine, pour qu'il y voie encore que les hommes qui, depuis la révolution, sont l'honneur et la gloire de la France et l'admiration du monde, sont sortis du peuple, sont des *gens de rien* ; afin qu'il y voie, puisque, ignorance ou mauvaise foi, vous n'avez pas su ou voulu le lui enseigner ; afin qu'il y voie que Napoléon, deux fois appelé ici usurpateur, a été proclamé empereur par quatre millions de suffrages, reconnu empereur par toutes les puissances, traité de frère par tous les souverains ; qu'Alexandre 1er, à la face de l'Europe, s'est honoré de son amitié et aurait été fier de son alliance ; que François II a tenu à honneur de le nommer son gendre ; que le pape l'a couronné et sacré, et qu'ainsi l'élu du peuple est l'élu de Dieu. Pour...

La marquise. — Tout cela n'empêche pas que votre méchant Corse ne soit, par usurpation, sur un trône qui appartient aux Bourbons.

Jackson. — Ils en étaient tombés, et bien tombés, lorsque Napoléon y est monté ; il ne l'a donc pas usurpé sur eux. Son pouvoir suprême ne pourrait être qu'une usurpation...

La comtesse. — Des droits de qui, s'il vous plaît ?

Jackson. — Des droits du peuple, s'il n'était pas élu.

XI.

Un procès en forme. — Lévronski. — Culpabilité. — Circonstances atténuantes. — Jugement. — Acquiescement. — Exécution. — Horreur et pitié. — Encore le professeur de morale. — Mlle Irène. — M. Anatole. — Retour au logis. — L'appétit de Lévronski.

La profession de foi du martyr de la cause irlandaise, de l'élève des hommes qui avaient scellé de leur sang leur apostolat révolutionnaire, allait soulever des tempêtes ; le cœur des deux émigrés en était gros, en était plein, lorsque Kerkoff entra dans le salon, suivi de Pouskoï et de son planton, de notre dennchick, d'un boulanger polonais et d'un juif. Kerkoff salue; Pouskoï et Lévronski se mettent à genoux, la figure tournée vers les images de Marie et de Saint-Nicolas, font quarante signes de croix, disent quarante fois : *Göspodi*, *pomilouie !* se frappent quarante fois la poitrine ; le Polonais touche le tapis de sa main droite, le porte à sa bouche et envoie des baisers à tout le monde ; le juif, plié en deux, fait des révérences à droite et à gauche. Le planton place un sac de farine près de la porte.

Kerkoff. — Vous savez pourquoi, mesdames, Pierre-le Grand chassa les juifs de la Russie ?

Mlle Irène. — Parce qu'ils sont d'une race maudite.

La comtesse. — Parce qu'ils descendent de cet abominable peuple qui a mis en croix notre Seigneur Jésus-Christ.

Anatole. — Pour qu'ils ne volassent pas les Russes.

Kerkoff. — Pour qu'ils n'en fussent pas volés.

Il avait coutume de dire qu'il fallait deux juifs pour tromper un Russe ; il aurait dit, s'il eût connu le coquin que voilà, qu'un Russe peut tromper et voler deux juifs et un Polonais par dessus le marché.

La marquise. — Oui da ! Il a une si bonne figure !

La comtesse.—Il est certain que son air prévient tout de suite en sa faveur.

Mlle Irène à Mlle Augusta. — N'est-ce pas que ce soldat est beaucoup plus beau , beaucoup plus grand et paraît beaucoup plus fort qu'Alexis notre cocher ?

Kerkoff.—Permettez, mesdames, que j'ouvre la séance. *Vous serez l'assemblée.*, ces messieurs seront les avocats , M. Anatole tiendra la plume , M. M. de Lagez sera un huissier très convenable. — Montrant Lévronski. — Voici le prévenu. – Désignant le Polonais et le Juif (Voilà les plaignans ; (indiquant le sac de farine) vous voyez le témoin. Le sergent Pouskoï exécutera le jugement.

Moi. — Et j'en réponds, avec une précision et une mesure qui feraient honneur à un maître du knout en exercice. Nous l'avons vu à l'œuvre.

Kerkoff. — Vraiment ! où donc ?

Moi. — A Novogrodeck.

Ici je raconte brièvement le malheur du pauvre juif de Novogrodeck.

Kerkoff, riant. — Cette aventure est fort plaisante. Est-ce que M. D. B..., que je connais fort bien, est réellement poète ?

Moi. — Il fait des vers.

M. de Lagez, d'un ton capable. — Est-ce qu'on peut faire des vers sans être poète ?

Moi. — Oui, monsieur; comme on peut professer le grec qu'on n'a pas appris, le latin qu'on ne comprend pas, les mathématiques qu'on ne sait point, le français qu'on estropie; comme on peut barbouiller des toiles sans être un peintre, gâter des marbres sans être un statuaire; avoir une particule devant son nom et n'être qu'*un homme de rien*; aller à confesse sans être pieux, et parler de Dieu sans y croire.

Kerkoff, à Jackson, en riant. — Touché !

M. de Lagez, affreusement pâle. — Vous voulez m'insulter, monsieur ?

Moi. — Ah ! monsieur, est-ce que cela est possible ?

Mlle Irène. — Combien de coups de battocks reçut l'officier de l'usurpateur pour avoir calomnié le juif maudit ?

Moi. — Les officiers de l'Empereur Napoléon ne reçoivent pas de coups de bâton; ses soldats même ne sont pas soumis à cette peine humiliante; la loi respecte en eux la dignité de l'homme.

Anatole. — C'est fort bien en France, mais en Russie, vaincus, prisonniers, ils doivent être traités comme les soldats russes.

La marquise. — Qui les valent bien.

La comtesse. — Qui valent plus.

Jackson. — Notre position ne nous permet pas de discuter une question posée d'un ton si affirmatif.

Mlle Augusta à Jackson. — Vous êtes pourtant d'un pays, car, si je ne me trompe, vous êtes Anglais, où les militaires sont soumis aux coups de canne ?

Jackson. — Je ne suis pas Anglais, mademoiselle, je suis Irlandais.

M. de Lagez, ricanant. — Vous êtes Irlandais, donc...

Jackson, avec hauteur. — Donc, je ne suis pas Anglais.

La marquise. — J'ai cru jusqu'ici que l'Irlande était comme l'Ecosse, comme l'Angleterre un des trois royaumes unis; que ces trois royaumes formaient la Grande-Bretagne, dont le roi avait nom Georges III.

La comtesse. — Je vois ce que c'est; les assassins de Charles Ier ont laissé des descendans et des disciples en Angleterre; les jacobins de 93 y ont des frères et des amis à l'exemple de ces honnêtes gens, les *patriotes* anglais ont fait une révolution; se sont constitués en république; ont fait des républiques indépendantes de l'Irlande et de l'Ecosse; ont envoyé de soi-disant députés à une Convention soi-disant nationale qui aura fait couper le cou à ce pauvre Georges comme les puritains de Cromwell coupèrent celui de Charles. Oh ! les Anglais n'y vont pas de main morte avec les têtes couronnées ! N'est-ce pas M. de Voltaire qui disait que la main du bourreau devrait seule écrire l'histoire d'un tel peuple.

Jackson. — L'Angleterre et la France ont ratifié le jugement de condamnation prononcé par leurs représentans contre Charles Ier et Louis XVI (1); l'Angleterre, en chassant des trois Royaumes la famille des Stuart, pour appeler au trône celle de Hanovre; la France, en expulsant de son territoire la race des Bourbons, et en posant la couronne sur le front d'un officier de fortune qui résume en lui, le principe de la souveraineté du peuple. La Russie n'a pas eu de révolutions nationales, mais elle a eu des révolutions de palais. Tous les czars ne sont pas morts dans leurs lits, madame, la main du bourreau devrait écrire aussi seule l'histoire des empereurs russes.

La marquise et la comtesse se lèvent furieuses.

La marquise. — Vous faites allusion à la mort de Paul Ier!

La comtesse. — Vous accusez l'empereur Alexandre de la mort de Paul!

Jackson. — Je cite l'histoire.

Kerkoff qui était sorti pendant la réponse de Jackson à la comtesse, rentre dans le salon; s'assied et s'adresse au boulanger polonais :

— Connais-tu ce soldat ?

Le Polonais. — Oui, votre noblesse.

Kerkoff. — Où l'as-tu vu ?

Le Polonais. — Il était logé hier, chez moi à Bobrinsk.

Kerkoff. — Seul ?

Le Polonais. — Non, votre noblesse, un dennchick français était avec lui.

Moi. — Ce dennchick s'appelle Etienne Rieux; c'est le nôtre... Je réponds.

Kerkoff. — Pas un mot de plus, lieutenant!... Il est inutile, monsieur, que vous défendiez un soldat qui est à votre service et à celui de vos amis de Champs et Hutteau. Sa position fait son éloge.

La marquise. — Est-ce qu'il n'y a pas des voleurs parmi les soldats de Napoléon Buonaparte?

Kerkoff. — Il y en a sans doute dans ses armées, et plus d'un; il n'y en a pas parmi les soldats que j'ai pris à Minsk. Je les connais tous par leur noms; j'ai des rapports particuliers sur chacun d'eux; pas une plainte ne m'est arrivée sur leur conduite, de laquelle répondent d'ailleurs suffisamment les officiers à qui ils sont attachés.

La comtesse. — Ce sont des petits saints!

Kerkoff au Polonais. — De quoi accuses-tu ce soldat?

Le Polonais. — De m'avoir volé un sac de farine.

Kerkoff, montrant le sac. — Est-ce celui-là?

---

(1) Ceci se dit en 1814.

Le Polonais. — Oui, votre noblesse.

Kerkoff. — Tu le reconnais bien?

Le Polonais touche le tapis de sa main droite, se relève et dit :

— Oui, seigneur.

Kerkoff à Lévronski. — Qu'as-tu à répondre?

Lévronski, la main droite à hauteur de l'œil. — Ce polack dit vrai ; j'ai volé le sac.

Kerkoff. — Raconte comment cela s'est passé.

Lévronski. — J'étais logé chez ce polack avec le deunchick français ; quand je suis rentré dans sa maison pour me coucher, tout le monde dormait ; j'ai vu dans ma chambre des sacs de farine. Le diable m'a tenté ; je n'ai pu résister à la tentation, j'étais ivre de la bière, du wodka et de l'hydromel bus à la noce de la fille d'un koupetz. J'ai pris le sac et je l'ai porté chez ce juif qui est là ; il me l'a acheté. Ce matin, en passant devant sa boutique, j'ai revu le sac ; le démon m'a encore tenté ; j'ai cédé encore à la tentation ; il n'y avait dans toute la maison qu'un enfant que j'ai écarté ; tous ses parens étaient allés à l'enterrement d'un juif. J'ai porté le sac chez un autre juif ; je le lui ai vendu. Je me suis douté qu'il irait, lui aussi, à l'enterrement ; je suis entré dans un kabak d'où je pouvais voir ce qui se passait dans sa boutique ; je l'en ai vu sortir avec toute sa famille ; le juif mort était son frère. Je suis allé à sa maison qui n'était gardée que par une petite fille que j'ai envoyée me chercher du tabac ; j'ai emporté le sac, et je l'ai caché dans un des traîneaux où sont nos bagages.

Kerkoff, au juif. — Juif, cela s'est-il passé ainsi?

Le juif. — Oui, votre noblesse.

Kerkoff. — Tu as acheté un sac de farine à ce soldat ?

Le juif. — Oui, seigneur.

Kerkoff. — Tu ne lui as pas demandé si cette farine était sa propriété ?

Le juif. — Cela ne me regardait pas ; nous autres, pauvres juifs, nous achetons tout ce qu'on veut nous vendre quand nous y trouvons notre profit.

Kerkoff. — Et vous vendez tout ce qu'on veut vous acheter, si vous y trouvez votre compte?

Le juif, s'inclinant. — Oui, votre noblesse.

Kerkoff. — Pourquoi l'autre juif qui, sans doute s'est aperçu, comme le polack, comme toi, du vol commis à son détriment, n'est-il pas ici ?

Le juif. — Ce brave soldat vous l'a dit : Semeï n'a pu venir à cause de l'enterrement de son frère.

Kerkoff, au Polonais. — Combien vaut ta farine!

Le Polonais. — Un rouble en argent.

Kerkoff, au juif. — Combien l'as-tu payée ?

Le j... t-pétaks.

Kerkoff. — Sais-tu ce qu'en a donné Sénéi ?

Le juif. — Quinze pétaks.

Kerkoff, à Lévronski. — Cela est-il vrai ?

Lévronski, la main à hauteur de l'œil. — Oui, capitaine.

Kerkoff. — Où sont les trente-cinq pétaks que tu as reçus ?

Levronski. — Dans cette bourse.

(Il met sur la table une bourse en cuir.

Kerkoff. — Sergent, voyez s'il y a le compte.

Pouskoï, après avoir vidé la bourse et compté. — Il y est capitaine ; voilà les trente-cinq pétacks ; mais il y a de plus six roubles en argent.

Kerkoff. — Oh ! oh ! d'où te vient tant d'argent ?

Moi. — Je puis vous le dire. Ces six roubles sont notre solde de vingt jours qui nous a été payée hier en assignations, que Lévronski a négociées et dont il a gardé le montant.

Kerkoff. — De votre aveu ?

Moi. — Très certainement. De Champs l'a nommé notre trésorier en second. Lévronski est un comptable très capable ; quant à la fidélité, il pourrait servir de modèle à plus d'un ministre des finances.

Kerkoff. — Voilà une circonstance atténuante. (A Lévronski.) Pourquoi as-tu volé ?

Levronski. — Pour voler. J'étais ivre, le diable m'a tenté ; je n'ai pas cru mal faire en volant un Polack, qui est l'ennemi du *père* (1), et deux juifs, qui sont les ennemis de Dieu, du *père* et de toutes les nations.

Tout le monde rit.

Kerkoff. — Polack, emporte ta farine, elle est bien à toi. Prends ces trente-cinq pétacks ; je te les donne pour t'indemniser du chagrin que ce larcin t'a causé. Te voilà payé. Juif, tu es un voleur parce que tu as acheté d'un voleur, le sachant, un objet volé ; je te ferais donner, à la minute, cent coups de bâton, si l'autre juif, aussi voleur que toi, était ici pour en recevoir autant. Détale, et si j'apprends que tu as tourmenté ce pauvre Polack, à mon retour à Bobruisk, je te ferai donner une bastonnade dont tu te souviendras toute ta vie.

Le Juif et le Polonais sortent.

Kerkoff. — Le fait étant prouvé, je n'ai qu'à prononcer la sentence.

La marquise. — De l'indulgence, je vous prie. Ce soldat, après tout, n'a volé qu'un Polonais, un ennemi.

---

(1) Dans leur langage servile les Russes appellent leur empereur, le père.

La comtesse. — Et deux misérables juifs qui doivent être en abomination à tout bon chrétien.

Anatole. — Et qui n'ont pas d'autre métier que celui de voler tout le monde.

Irène. — Je suis sûre que ce soldat ne poussera pas un cri, ne fera pas un mouvement pendant qu'on le fustigera. Il faut que je voie cela.

Anatole. — Et moi aussi.

Moi, à Kerkoff. — M'est-il permis de rappeler que Lévronski est, pour nous, moins un dennchick qu'un camarade et un ami ; qu'il nous donne tous les jours des preuves d'affection, de dévouement et de fidélité?

Jackson. — Et qu'il nous a sauvé la vie ?

Kerkoff. — Je ne l'ai pas oublié, messieurs ; mais (riant) je pense, monsieur (s'adressant à moi), que vous ne me direz plus que je me suis servi d'une figure menteuse de rhétorique quand j'ai traité ce gaillard là de coquin? Trois vols dans quelques heures, et commis avec une dextérité qui ferait honneur à un voleur de profession. Que dites-vous de cela?

M. de Lagez. — A Sparte, ce soldat aurait été un objet d'envie pour ses camarades, et cité en exemple par les magistrats.

Irène, vivement — Oui, s'il n'eût pas été pris ; mais, comme l'a dit Mlle Augusta, pour sa maladresse il aurait reçu deux cents coups de bâton.

Kerkoff. — Deux cents coups? eh bien! soit; va pour deux cents coups. Tu entends, Lévronski ?

Lévronski s'incline.

Kerkoff. — Avec le droit de punir, j'ai heureusement celui de mitiger la sentence. (A la marquise et à la comtesse.) Votre intercession en faveur de Lévronski lui épargnera cinquante coups de battocks. (S'adressant à Jackson et à moi.) Je lui fais remise d'autant pour la fidélité dévouée dont il vous a donné tant de preuves; je lui fais grâce de vingt coups pour la franchise de son aveu, de trente à cause de la qualité des plaignans, qui diminue la gravité du délit. En réduisant la peine à cinquante coups, j'aurai jugé comme un juge vieilli dans l'exercice de ses fonctions.

Lévronski parut acquiescer à ce jugement. Avec les marques du plus profond respect et de la plus humble soumission, il salua son juge et suivit, calme et presque digne l'exécuteur des hautes-œuvres dans la cour éclairée par des torches de pin résineux. Là, il se dépouilla avec le plus grand sang-froid de sa capote, de sa veste, de la chemise du pauvre Napolitain, prit du tabac dans sa blague, bourra tranquillement sa pipe et l'alluma à celle d'un de ses camarades; puis, croisant ses deux bras sur sa vaste poitrine, il présenta au bourreau deux épaules larges, charnues et rouges comme celle d'un Indien du Canada.

Lévronski subit son supplice avec une fermeté qui faisait honneur à la perspicacité de Mlle Irène; il ne cessa de tirer régulièrement de sa pipe des bouffées de tabac, et son immobilité était telle qu'on eût dit que les coups tombaient sur une statue de marbre rouge, si, sous les baguettes sifflantes, le sang n'eût à plusieurs reprises jailli du corps du patient. En me détournant avec horreur et dégoût, je vis sur la porte du château M. Anatole et Mlle Irène, qui, appuyés épaule contre épaule, regardaient cet affreux spectacle avec un plaisir manifeste; derrière eux, le professeur de morale comptait les coups; je suis sûr que, l'exécution finie, cet odieux personnage souffrit de ce que la victime ne souffrait plus.

— Ah! dis-je à Jackson, dans quelle embuscade sommes-nous tombés?

— Oui, répondit le capitaine; nous croyions ne venir que chez des Russes, nous avons donné dans des émigrés.

Quand tout fut terminé, notre dennchick revêtit ses habits, ôta sa pipe de sa bouche et salua profondément son officier en lui envoyant sur la main plusieurs baisers; puis, sans proférer une plainte, sans prononcer une parole, il reprit avec nous le chemin du logis.

— Eh bien? s'écrièrent avec empressement Hutteau et de Champs en nous voyant, eh bien?

— Eh bien! quoi?

— Comment s'en est tiré ce gaillard-là?

— Comme Arlequin.

— En payant?

— Tout juste.

— Avec des coups de bâton?

— Précisément.

— M. Kerkoff....

— M. Kerkoff, pour être moins Russe que les trois quarts et demi des Russes, n'en est pas moins Russe, *intus et cute*, et, comme il a été décidé par la Providence, que tout être créé céderait à son instinct, Kerkoff n'a pas manqué au sien. Il a condamné ce gaillard-là, ainsi que vous l'avez appelé si heureusement et si à propos, à recevoir deux cents coups de bâton.

— Qu'il a reçus?

— Non; Kerkoff s'est montré bon prince, et a fait de la justice en grand seigneur et en juge galant.

Et alors nous racontâmes à nos amis ce qui venait de se passer.

— Vous sortez de chez une marquise, de chez une comtesse françaises?

— Oui, très chers. Pendant que vous attendiez avec quelque impatience notre retour de chez l'officier russe, nous étions, comme l'a dit un de nous, tombés dans des émigrés.

La table était mise, Rieux n'avait pas oublié la recommandation de son camarade; la soupe était chaude. Lévronski, les épaules ensanglantées, tuméflées, couvertes de cloches douloureuses, la mangea avec un appétit qu'une correction aussi insignifiante que celle qu'il venait de recevoir n'était pas capable de lui ôter ou d'affaiblir. La faim de Jackson et la mienne avaient disparu; Hutteau, de Champs, et Rieux mangèrent à peine quelques bouchées. Lévronski fit, seul, honneur au repas. Après avoir mangé comme un clerc de notaire et bu comme un gendarme, il alluma sa pipe et se rendit au cabaret.

— Honte et pitié! dîmes-nous tous à la fois.

— Voyez, s'écria le capitaine irlandais, l'effet inévitable du despotisme tel qu'il est dans cet atroce pays; s'il pervertit la raison du maître jusqu'à la démence, il ravale le sens moral de ses esclaves jusqu'à l'abrutissement, jusqu'à les rendre, par leur patience et leur lâcheté, complices de leurs bourreaux.

XII.

M. Kerkoff. — Demi-révélation. — Justice russe. — Le point d'honneur en Russie. — Eloge de la bastonnade. — Le capitaine et le colonel. — Citation biblique. — Un mot d'Alexandre-le-Grand. — Le sommeil de Lévronski.

M. Kerkoff vint passer la soirée avec nous.

— Je vois, dit-il à Jackson et à moi, que vous êtes sortis de la mêlée sains et saufs; j'ai laissé des blessés au château.

— Madame la marquise et madame la contesse sont donc...

— Outrées, furieuses. La marquise dit que les Bourbons à leur rentrée dans leur royaume, renverront les officiers de l'usurpateur dans leurs échoppes et leurs greniers. La comtesse trouve que ce ne serait pas assez; elle pense que Sa Majesté Louis XVIII enverra tous ces gens-là aux galères.

— Très bien; mais qui donc, s'il vous plaît, appelez-vous sa majesté Louis XVIII?

— Qui? Mais apparemment le comte de Provence, ci-devant comte de Lille, le frère de Louis XVI, S. A. R. Louis, Stanislas-Xavier Monsieur, fils de France.

— Ah ça! monsieur, vous plaisantez?

— Nullement. Quoi! Avez-vous si peu étudié votre histoire nationale que vous ignoriez qu'en France le roi ne meurt jamais. Le roi est mort, vive le roi!...

— Mais entre Louis XVI et Louis XVIII, il y a donc eu un roi?

— Certainement.

— Et ce roi s'appelait?

— Louis XVII.

— Où prenez-vous Louis XVII?

— Dans le fils de Louis XVI donc!
— Quoi! ce pauvre enfant, chétif, souffreteux, abruti à dessein, à plaisir, par cet infâme cordonnier Simon, le Dauphin en un mot, a été roi sous le nom de Louis XVII?
— Sans aucun doute.
— De sorte que si Louis-Stanislas-Xavier rentrait aujourd'hui *dans son royaume* de France, ce qu'à Dieu ne plaise, il daterait son règne de la mort de son neveu?
— Assurément.
— De sorte qu'il y aurait eu en France un interrègne de dix-neuf ans?
— Pas du tout, puisque le roi de France ne meurt pas.
— Ainsi, le dauphin, manquant de vêtemens, de souliers, de chemises, de pain, chez ce misérable Simon, était roi de France?
— Oui.
— Ainsi Louis-Stanislas-Xavier, vivant à cette heure d'aumônes impériales et royales à Hartwet, à Mittau, à Londres ou ailleurs, est roi de France?
— Evidemment.
— Par conséquent s'il rentrait *dans son royaume*, il y rentrerait comme un seigneur châtelain dans son château; tout ce qui a été fait depuis la révolution pourrait être mis à néant, regardé comme non avenu? les émigrés reprendraient leurs propriétés vendues par la nation? les nobles rentreraient dans la plénitude de tous leurs anciens droits?
— Vous l'avez dit: tout ce que vous venez d'avancer par supposition, les Bourbons, maîtres de la France, le feront.
— Le *feront!* vous dites *le feront!*
— Je le dis.
— Heureusement l'impossible n'est pas possible?
— Qu'est-ce qui n'est pas possible?
— Le retour des Bourbons.
— Ne jurez de rien.
— Quoi! nous écriâmes-nous tous quatre, les Bourbons pourraient rentrer en France!!... Savez-vous quelque chose de notre pays? Au nom du ciel, parlez! oh! parlez, monsieur.
— Je ne sais rien: je saurais quelque chose, je ne vous le dirais pas; sous le gouvernement russe on doit être muet comme sous l'ancien gouvernement des dix à Venise. Parlons d'autre chose. Que pensez-vous de la justice de ce pays? N'est-elle pas prompte, expéditive et juste?
— Et russe? dîmes-nous.
— Et Russe!... Certainement, Russe. Voulez-vous que nous traitions nos soldats, familiarisés dès le berceau avec la bastonnade, comme vous traitez les vôtres, imbus, en naissant, d'idées de droits, de liberté, d'égalité, de fraternité? Il serait impossi-

ble, ou du moins très dangereux, je le conçois, d'introduire le régime du bâton dans vos régimens ; un ministre de l'ancienne monarchie (1) l'essaya, le monarque s'en trouva mal ; l'armée s'en souvint en 1789. Mais, en Russie, il n'y a pas d'autre moyen de se faire craindre et obéir, et, ce qui va vous étonner, de se faire aimer du soldat.

— C'est que le soldat russe n'a pas le sentiment de sa dignité d'homme, n'est pas un homme, est une brute ! Un sous-officier qui frapperait le dernier de nos fantassins, comme le sergent Pouskoï a frappé Lévronski, serait un homme mort ; le soldat lui enfoncerait son briquet ou sa baïonnette dans la poitrine.

— Et les conseils de guerre ?
— L'acquitteraient.
— Et si un officier portait la main sur un officier d'un grade inférieur, qu'en adviendrait-il ?
— Le voici, dit Jackson. Le colonel d'un régiment étranger...
— De votre régiment, capitaine ?
— Non, d'un autre. Le colonel de ce régiment, voulant lui faire ouvrir les rangs pour une revue, avait plusieurs fois averti le capitaine d'une compagnie du centre, qu'il faisait manquer l'alignement.

— Capitaine, lui avait-il crié et fait dire par l'adjudant-major, capitaine, rentrez donc !

Cet officier, soit qu'il fût dur d'oreille, soit que son ventre assez proéminent l'empêchât de se conformer aux injonctions de son supérieur, ne rentrait point, et n'était pas, par conséquent, parfaitement aligné.

Le colonel, impatienté, arriva sur lui au galop de son cheval. «Rentrez donc !» lui cria-t-il en frappant d'un léger coup du plat de son épée la partie du corps qui avançait trop. Le capitaine fit deux pas en avant, saisit de la main gauche la bride du cheval du colonel, de la droite lui enfonça dans le flanc son épée jusqu'à la poignée.

Le colonel tomba mort. Le capitaine se tourna vers son lieutenant : « Prenez, lui dit-il, le commandement de la compagnie ; » Il remit dans le fourreau son arme sanglante, et se rendit à la garde du camp où il se constitua prisonnier. Livré au grand prévôt de l'armée, il comparut devant un conseil de guerre qui l'acquitta à l'unanimité des voix.

— Si vous aviez plus d'embonpoint, répondit l'officier russe, je croirais que vous êtes le héros de cette histoire ; au surplus, ce capitaine, d'après les idées reçues en France, fit bien de venger son insulte dans le sang de l'insulteur ; et ses juges, en l'acquittant, firent leur devoir.

---

(1) Le comte de Saint-Germain.

Nos idées sur l'honneur ne sont pas les vôtres ; un coup de plat d'épée donné par un supérieur à son subordonné ne déshonore pas celui-ci. Quant au soldat Lévronski, s'il eût levé la main sur le sergent Puskoï qui le souffletait, il n'en eût pas été quitte pour cinquante coups de battocks. Vous vous indignez, vous autres Français, contre les peines corporelles ; pourquoi ? parce que vous y attachez un déshonneur. Il n'en est pas de même en Russie.

Pensez-vous, par exemple, que votre dennchick se croie déshonoré par la punition qu'il vient de recevoir ? qu'il en soit honteux, humilié ? Oh bien ! oui ! Qu'il ait la moindre rancune contre le sergent qui l'a souffleté et bâtonné ? Pas le moins du monde. Qu'il me garde, à moi, la moindre haine ? Il en est à mille lieues.

Lévronski, à cette heure, ne pense pas plus aux soufflets et aux coups qui viennent de lui être distribués, qu'à ceux qu'il a reçus il y a vingt ans. Avec qui croyez-vous qu'il soit en ce moment ? Il est en train de s'enivrer en buvant à notre santé, du kaback, avec l'exécuteur de ma sentence.

Allez, je défie tous les philosophes du dix-huitième siècle, tous les orateurs de la Convention, tous les membres du comité du Salut Public de mettre dans la tête d'un Moujick russe qu'il est l'égal de son officier, et le pair de son seigneur, et que tous deux n'ont pas le droit de le faire fustiger. — Les idées qui ont fait la Révolution française et transformé la France, pénétreront en Russie, me direz-vous ; cela est possible, probable même dans un temps que Dieu seul connaît ; et il sait seul aussi ce qui en adviendra ; mais cela sera, passez-moi un de vos proverbes, quand les poules auront des dents ; ou, pour emprunter une comparaison à la Bible, quand les montagnes sauteront comme les béliers, et les collines comme les agneaux.

Maintenant, messieurs, bonsoir ! Un mot encore pourtant, celui d'Alexandre à Diogène : « Si je n'étais pas Russe, je voudrais être Français. J'aime la France. »

M. Kerkoff nous donna une poignée de main et sortit.

Sous l'impression des paroles que nous venions d'entendre, qui résumaient si fidèlement la situation, les mœurs, le caractère du peuple russe et de son gouvernement, nous gardâmes le silence.

Celui qui régnait dans toute la maison fut tout à coup troublé par un bruit dont, d'abord, nous ne pûmes deviner la nature et la cause.

Rieux entra dans notre chambre.

— Permettez-moi, nous dit-il, de coucher ici ; Lévronski ronfle si fort qu'il m'empêche de dormir.

Le bruit que nous entendions c'était le ronflement de notre dennchick.

XIII.

Route de Tchernigoff.

Recrudescence du froid. — La fluxion.— Remèdes pires que le mal. — Une maison bénie de Dieu. — Le curé Wigonovski ; — sa sœur ; — sa nièce. — Culte idolâtre. — Récit. — Persiflage de bon goût. — Coup d'œil rétrospectif.

Peu de jours après le malheur arrivé à Lévronski, nous entrâmes dans le gouvernement de Mohilew.

Le froid qui, depuis notre départ de Borisof, avait été assez doux, descendit tout-à-coup à vingt six degrés.

M. Kerkoff, toujours obligeant, nous fit voyager à petites journées ; du village où nous avions passé la nuit, nous partions à l'heure qui nous convenait pour gagner le sélo où nous devions coucher. Nous avions, sinon la réalité, du moins les apparences de la liberté.

Je souffris beaucoup de la recrudescence du froid ; outre une fluxion sur les dents, qui ne causait des douleurs à me rendre fou, je fus affligé d'une surdité complète ; ma fluxion résista à tous les remèdes !... ils étaient cent fois pires que le mal.

Le sous-aide m'ordonnait des fumigations qui, faisant refluer mon sang à la tête, faillirent me donner une congestion cérébrale ; Boscarolli, moins habile, à ce qu'il paraît, à guérir les fluxions que les fièvres intermittentes, appliquait sur mes joues enflées des linges si chauds que mon épiderme y demeurait attaché.

Lévronski bourrait ma bouche de tabac, Rieux la remplissait d'eau-de-vie ; l'un me faisait vomir, l'autre me grisait et je gardais ma fluxion ; elle ne céda que lorsque la température se radoucit ; ma surdité devint une dureté d'oreille, que je conservai jusqu'au commencement d'avril, lorsque le froid cessa tout à fait, ou à peu après.

Un jour, ma bonne chance voulut que, dans un sélo, sur les bords du Dnieper, je fusse, avec Lévronski, logé chez un prêtre, Polonais d'origine, appartenant au culte catholique romain, homme d'une soixantaine d'années, qui vivait avec une sœur de cinquante ans et une nièce qui en avait vingt-deux.

Je n'étais pas débarrassé de ma fluxion, quand j'entrai dans cette maison bénie de Dieu ; les soins que j'y reçus m'eurent bientôt guéri ; les jours que j'y passai compteront dans ma vie au nombre de mes jours heureux.

M. Wigonouvski avait fait son éducation en France ; sa piété était éclairée, douce et tolérante comme celle des ecclésiastiques, nés, nourris et élevés dans la société polie, élégante et facile du dix-huitième siècle ; il était fort instruit et parlait plusieurs langues.

Mme Wigonouvski, veuve d'un officier tué à la sanglante bataille de Malojaolavetz, avait autant d'esprit que de bonté, autant d'instruction que de jugement.

Mlle Anastasie Wigonouvski, blonde aux yeux noirs, était, pour l'esprit, la grâce, la candeur et l'innocence, un modèle, un type.

Chez M. Wigonouvski, j'étais dans la maison d'un Français du nord, j'étais en famille.

Une chère dont j'avais perdu l'habitude, du vin de France dont j'avais oublié le goût, un lit dont je ne connaissais plus l'usage, c'étaient là des avantages auxquels un prisonnier pouvait, sans être un gourmand, ou passer pour un efféminé, attacher un certain prix ; j'en attachai un bien plus grand aux soins affectueux dont m'entouraient les membres de cette vénérable famille et aux preuves de confiance que je recevais d'eux.

On n'a peut-être pas oublié les paroles de M. Kerkoff au sujet de la restauration possible de Louis XVIII : elles pesaient sur mon cœur comme la confidence d'une nouvelle funeste, comme la révélation d'un danger imminent et le pressentiment d'un malheur suprême ; elles me rappelaient les menaces de l'émigré Langeron, le jour où nous étions tombés en son pouvoir, et les bravades de cet autre émigré de Byalistock, que nous avaient racontées le capitaine de Récald, aussi m'empressai-je, dès que je crus pouvoir m'ouvrir à mon hôte sans indiscrétion, de lui demander des nouvelles de la France, de l'armée et de l'Empereur.

Il était, à cet égard, dans la plus complète ignorance. Le sélo qu'il habitait n'étant pas sur la route de Pétersbourg ou de Moscou, il ne passait là aucun courrier porteur de dépêches qu'il pût questionner, dont il pût apprendre quelque chose du théâtre de la guerre. Aucun journal n'arrivait à sa résidence ; les autorités de Mohilew, chef lieu du gouvernement de ce nom, gardaient le plus profond silence sur la marche des armées combinées ; les marchands qui en venaient, ou des autres parties de l'Empire, étaient muets comme elles, par peur, par ignorance ou par discrétion. Mon hôte ne savait donc rien de ce que j'avais tant d'intérêt à savoir.

— De temps à autre, me dit M. Wigonouvski, des Lithuaniens nobles, riches, puissans, convaincus, ou seulement soupçonnés d'être du parti de la vieille Pologne, et par conséquent du parti de la France, sont brutalement enlevés de leurs châteaux et transportés en Sibérie. Il va sans dire que l'autocrate s'empare de leurs biens, et qu'il enferme leurs femmes et leurs enfans dans des forteresses ou dans des couvens où ils n'ont pas besoin de richesses. Nous apprenons le sort de ces infortunés, et à peine avons-nous eu le temps de nous appitoyer sur leur malheur, que nous craignons pour nous-mêmes un malheur pareil. *Nous sommes comme les Grecs enfermés dans l'antre de Polyphême, en attendant notre tour d'être dévorés* (1).

— Ah! si votre Empereur, suivant les conseils d'une bonne politique eût, en 1812, reconstitué le royaume de Pologne sur ses anciennes bases, en améliorant la condition du peuple, et l'eût circonscrit dans ses véritables limites, les Russes n'écraseraient pas aujourd'hui ma déplorable patrie; leur puissance colossale ne menacerait pas la civilisation et la liberté de l'Europe. Hélas! hélas! qui sait si, à cette heure, les hordes barbares des bords de l'Oural et de la Couma ne plantent point leurs tentes sur les rives de la Seine!

— Mon oncle! mon bon oncle, s'écria Mlle Wigonouvski, vous êtes bien triste ce soir! Il ne faut pas que M. l'officier se retire sur les paroles de sinistre augure que vous venez de prononcer; elles lui donneraient une mauvaise nuit.

Pour les effacer de sa mémoire, parlez-lui, parlez-nous de la France, de cette terre favorisée du ciel, qui, nous dites-vous souvent, est l'orgueil, le phare et l'espoir du monde; de ce pays de la politesse et de la grâce, de l'esprit et du goût, du talent et des sciences, des arts et du génie; de ce pays de la franchise et de l'honneur, du patriotisme et du courage, de l'héroïsme et de la gloire; de ce pays où vous avez reçu deux fois un accueil si bienveillant, une hospitalité si généreuse; de ce pays que j'aime tant, que, tous les matins et chaque soir, son nom est mêlé dans mes prières, avec votre nom, mon bon oncle; avec le vôtre, ma bonne mère; avec le nom de la Pologne, qui est ma mère aussi, ma malheureuse mère!!!

Ou plutôt, que monsieur nous en parle lui-même; qu'il nous fasse voyager par la pensée dans ces belles contrées, plus belles dans mes rêves que les plus délicieuses contrées de l'Espagne et de l'Italie; qu'il nous mène à Lyon, à Bordeaux, à Marseille, à Toulouse, à Montpellier, dans ces cités opulentes où resplendissent toutes les merveilles de la civilisation; qu'il nous conduise à Paris, cet autre soleil de l'univers. Mais non, ajouta la belle en-

---

(1) M. Wigonouvski dénature le texte de Rousseau. Le voici :

« On dira que le despote assure à ses sujets la liberté civile, soit
» mais qu'y gagnent-ils si son insatiable avidité, si les vexations de
» son ministère les désolent plus que ne feraient leurs dissensions?
» Qu'y gagnent-ils si cette tranquillité même est une cause de leurs
» misères? Les Grecs enfermés dans l'antre du Cyclope y vécurent
» tranquilles en attendant que leur tour vînt d'être dévorés.

Contrat social, chap. IV, de l'*Esclavage*.

thousiaste; non, ne nous parlez pas de la France, ne nous parlez pas de ses villes populeuses, florissantes, riches, industrielles ou savantes; je n'y suis pas allée, mais je les connais... Parlez-nous, monsieur, oui, parlez-nous de votre Empereur, de ce Napoléon que mon oncle met au-dessus d'Annibal, plus haut qu'Alexandre, à côté de César... L'avez-vous vu?

— Oui, lui répondis-je en souriant de cette exaltation fiévreuse.

— Que vous êtes heureux!... Vous l'avez vu plusieurs fois?

— Oui, mademoiselle, plusieurs fois.

— De près?

— De très près.

— Vous lui avez parlé peut-être?

— Non, je n'ai pas eu cette chance et cet honneur, mais je l'ai entendu parler.

— Et vous avez retenu ses paroles?

— Sans doute; les paroles d'un tel homme tombées dans l'oreille d'un Français, dans une circonstance historique, demeurent gravées dans sa mémoire et n'en sortent plus.

— Mon dieu! mon Dieu! que j'aurais voulu être à votre place! Que je voudrais être Française; non, Français; Français pour servir Napoléon, que je n'oublie pas dans mes prières; car, j'espère qu'il refoulera ces abominables Russes dans leurs déserts de neige et de glace, et qu'il nous donnera une patrie; Français pour être soldat; soldat pour me battre contre les oppresseurs de mon pays qui menacent d'être les oppresseurs des peuples qui ne rampent pas comme eux dans la fange de la servitude; soldat pour tuer ces bêtes féroces qui ont tué mon père, qui, demain peut-être teront mon oncle, tueront ma mère!...

En achevant ces mots, Mlle Wigonouvski, dominée par son émotion, cacha sa tête dans ses mains et fondit en larmes.

— Vous êtes folle, ma fille! lui dit doucement sa mère en l'attirant sur ses genoux et en la baisant au front; calmez votre tête, morigénez votre imagination, maîtrisez votre cœur, et défiez-vous de votre sensibilité, si vous ne voulez pas en souffrir. Venez avec moi, venez, mon enfant.

Après ces paroles, elle l'emmena hors de l'appartement. M. Kerkoff entra.

—Ma visite, dit-il au curé, après nous avoir salués, a un triple but; vous offrir mes devoirs, présenter mes hommages à Mme et à Mlle Wigonouvski, m'informer de la santé de mon prisonnier et de son identité, ajouta-t-il en riant.

Je remerciai M. Kerkoff de son attention, mon hôte le remercia de sa politesse.

Ces dames rentrèrent dans le salon.

Après les complimens d'usage, et dès que nous fûmes assis, Mme Wigonouvski demanda et fit servir le thé. Sa fille n'était pas à la conversation; je compris facilement pourquoi, et je me hâtai d'aller au devant d'un désir qu'elle n'osait pas manifester.

— Monsieur, dis-je à Kerkoff, il n'y a ni danger, ni imprudence, ni indiscrétion même, à vous avouer que votre venue a interrompu une conversation sur l'Empereur Napoléon, et qu'à la prière de mademoiselle, son admiratrice jusqu'à l'adoration, jusqu'au culte, j'allais raconter dans quelles circonstances j'ai eu le bonheur de le voir et de l'entendre. Je commencerais mon récit si je ne craignais d'offenser des oreilles russes.

Le Moscovite se récria.

Ne nous avait-il pas dit, peu de jours avant, que s'il n'était pas Russe, il voudrait être Français? qu'il aimait la France? A Minsk, en prenant le commandement de notre convoi, ne nous avait-il pas assuré que son père lui avait légué sa reconnaissance pour notre hospitalité, son enthousiasme pour notre gloire, son admiration pour notre génie?... Je pouvais donc parler hardiment devant lui ; ni ses oreilles, ni sa susceptibilité nationale ne seraient blessées de l'éloge que, Français et soldat, je ferais de la France et de son Empereur; Mlle Wigonouvski pouvait laisser éclater ses sentimens ; elle et lui, sur plusieurs points, étaient bien près de s'entendre.

— Cette réponse, répliquai-je, étonnera peut être monsieur le curé et ces dames... moi je l'attendais... je ne vous en remercie pas moins et de tout mon cœur. Retournant par politesse une phrase que vous venez de prononcer, je ne puis vous dire : Si je n'étais pas Français, je voudrais être Russe : j'aime la Russie. Non, je ne puis pas, je ne dois pas vous dire cela ; mais, sur mon honneur et sur ma conscience, je donnerais sans hésiter la moitié de ce que je puis espérer de posséder dans ce monde, grades et fortune, pour que vous fussiez mon concitoyen et mon frère d'armes. Ah! capitaine, il y a eu erreur et méprise du Destin sur votre nom et le lieu de votre naissance... Mais, ajoutai-je en interceptant au passage par un geste et par un salut les remercîmens de l'officier russe, je fais languir l'impatience de mademoiselle, je lui en demande cent fois pardon, et je commence.

Je racontai alors avec tout l'entrain que je pus y mettre, mais dans toute sa simplicité, l'anecdote de Napoléon et du sergent porte aigle qui fait le sujet d'un chapitre de la première partie de ces souvenirs.

Je ne tenterai point de décrire l'effet qu'elle produisit ; ce serait le faible ébauche d'un tableau que l'émotion de ceux qui l'ont lue ou qui la liront achèvera; je dirai seulement que le vénérable curé était visiblement ému, que sa sœur porta plusieurs fois son mouchoir à ses yeux, que sa nièce, complétement identifiée avec les acteurs et les témoins de la scène que je racontais, passa graduellement par les impressions qui les avaient agités.

Vous l'eussiez vue s'exalter, aux cris unanimes de : Vive l'Empereur ! poussés par les troupes de Lauriston, enivrées de la présence de leur souverain; pâlir, quand l'Empereur, imposant silence d'une voix courroucée aux soldats du 134e, les appelait traîtres, les traitait de lâches!... trembler, lorsque, de plus en plus irrité, il menaçait les innocens complices de Mallet de faire décimer un de leurs bataillons.

Elle joignit les deux mains et demeura sans poulx, sans haleine, immobile, lorsque le porte-aigle, s'introduisant de force au milieu du cercle formé autour du monarque dont l'irritation allait toujours croissant, le saisit par sa redingote grise. Elle jeta un cri d'effroi quand l'intrépide sous-officier, se mesurant, pour ainsi dire, corps à corps, avec son Empereur, ne reculant pas d'un pouce, dans cette lutte si inégale, ne baissant ni sa voix d'un ton, ni ses yeux d'une ligne, sous la voix furieuse et le regard de feu de son formidable interlocuteur, opposa à des reproches de lâcheté le souvenir des victoires passées, à des accusations de trahison les preuves d'un dévouement de tous les jours!

Mais lorsque le héros, attendri par les larmes de son vieux grognard, les essuya de ses doigts tremblans, et, pleurant lui-même, lui ordonna de ne plus pleurer, Mlle Wigonouvski laissa échapper un cri d'admiration, et elle pleura comme avaient pleuré les témoins de cette scène unique dans l'histoire merveilleuse de cet homme, de cette scène dont les annales de l'histoire ancienne et moderne n'offrent pas de précédent, et qui ne se reproduira peut-être pas dans l'histoire des temps à venir.

Si, lorsque je terminai mon récit, la belle enthousiaste ne cria pas Vive l'Empereur! comme le corps de Lauriston au dénoûment si imprévu et si pathétique d'un drame dont le commencement avait été si effrayant, c'est que sa voix fut étouffée dans ses larmes; et ce silence et ces larmes, hommage du respect, de l'admiration, de l'amour et du culte de cette noble jeune fille, eussent touché le cœur de Napoléon, car son cœur lui aurait dit que ces larmes n'étaient pas une flatterie et ce silence un calcul.

L'officier russe, déguisant sous un ton de plaisanterie l'attendrissement profond qui l'avait gagné lui-même, dit à Mlle Wigonouvski qu'il avait lu quelque part qu'un philosophe de l'école de Pythagore, le maître, peut-être, se souvenait, bien des siècles après la guerre de Troie, avoir, pendant le siège de cette ville héroïque, animé le corps d'Euphorbe, le fils de Panthoüs; il disait: qu'après avoir le premier blessé le vaillant Patrocle, il était tombé sous le fer de l'époux de la divine Hélène, le blond Ménélas. Ne serait-il pas possible que Mlle Wigonouvski eût vécu du temps de Charlemagne et se fût rendue célèbre dans les batailles et dans les tournois sous le nom, les traits et les armes de la belle et fière Marphise ou de la tendre et belliqueuse fille du duc Aymon? Que mademoiselle, ajoutait

Kerkoff, veuille bien recueillir ses souvenirs, et qu'elle nous raconte, avec ses propres exploits, les exploits de l'invincible Roland, du volage Renaud, du terrible Rodomont, du fougueux Maudricart, du fidèle Brandimart, du brave Roger.

— Si j'eusse vécu à l'époque dont vous parlez, répliqua la Polonaise ainsi plaisantée, je n'aurais pas été une des héroïnes que j'entends nommer aujourd'hui pour la première fois.

Fille d'un gentilhomme obscur, ma vie eût été modeste et cachée ; occupée des travaux de mon sexe, de la lecture des livres saints et de l'accomplissement des devoirs qui m'auraient été imposés par la nature et commandés par la religion, je me serais bornée, si mon pays eût été en guerre, à faire des vœux pour ses défenseurs, et peut-être, continua-t-elle en s'animant, peut-être aurais-je quelquefois, comme tout à l'heure, regretté de n'être qu'une faible femme, condamnée à ne faire que des vœux !

— Il n'est pas besoin, dis-je alors, de chercher dans un poème de chevalerie de nobles femmes que le saint amour de la patrie a précipitées dans les combats, ni de rappeler que, dans des temps de troubles, de malheurs publics, de dissensions intestines, Jeanne d'Arc a vaillamment combattu pour arracher la France aux Anglais, et est morte victime de ses victoires. De nos jours, l'armée de Dumouriez a vu, dans ses rangs, deux sœurs (1) belles et courageuses comme Marphise et Bradamante, héroïques et chastes comme la vierge de Vaucouleurs, rivaliser, sur les champs de bataille, de sang-froid, de patriotisme et de courage, avec les plus intrépides habits bleus des phalanges républicaines. Et combien d'autres filles, d'autres femmes, d'un rang moins élevé, mais aussi respectable, d'un sang moins noble, mais aussi pur; saisies de la passion de la République, ont, à cette immortelle époque, revêtu l'uniforme pour braver les fatigues des camps, et défier les balles des émigrés.

— Cette fièvre de patriotisme, dit M. Wigonouvski, ce délire de la liberté, cette idolâtrie de la république qui ont enfanté dans votre pays des prodiges que Dieu m'a permis de voir, pour qu'une fois, dans le cours de ma vie, il me fût donné d'être témoin du plus sublime spectacle qui soit sous le ciel, celui d'un peuple régénéré se levant en masse pour défendre l'indépendance de ses droits, l'intégrité de son territoire, la paix et l'honneur de ses foyers, tous ces sentimens, s'ils ne sont pas éteints, dorment dans le sein de votre nation. Napoléon a tout attiré à lui; il absorbe tout ; tout en France se fait par lui et pour lui ; son nom, sa main, son inspiration, sa pensée, sa volonté, toute sa personnalité sont dans le plus petit comme dans le plus grand acte de son administration qu'on a comparée à une immense toile

---

(1) Mesdemoiselles Théophile et Félicité de Fernig.

d'araignée dont tous les fils aboutissent à lui, de telle sorte que personne ne peut en toucher un seul sans que le maître en soit immédiatement averti.

En 1792, vos enfans, vos adolescens, vos jeunes gens, ceux d'un âge plus mur, des vieillards, des femmes, des filles s'enrôlaient dans les bataillons de leurs départemens aux cris de : Vive la nation ! Tous partaient pour les frontières, au chant de la Marseillaise ; c'est en chantant cet hymne immortel que vos conscrits, moins instruits, moins aguerris, mais ausi braves que vos habits bleus, enfonçaient les rangs ennemis, emportaient des redoutes hérissées de baïonnettes, des murailles armées de canons.

Aujourd'hui, c'est au cri de : Vive l'Empereur ! que jeunes et vieux soldats combattent, triomphent et meurent héroïquement sur les champs de bataille. La France, pour eux, c'est leur Napoléon, c'est leur Empereur ! Et, je conçois que le soldat aime cet homme d'un amour immense, presque fanatique; qu'il n'ait qu'en lui une confiance sans limite, sans restriction ; qu'il ne se batte que pour lui, qu'il ne veuille mourir que pour lui; Napoléon est son enfant, c'est lui, c'est le soldat qui l'a fait capitaine, chef de bataillon, général de brigade; qui lui a donné le commandement des armées d'Italie et d'Egypte; c'est le soldat qui l'a fait *passer consul et Empereur*! et Napoléon en convient, il le dit, il s'en vante, il en remercie le soldat.

Tous ses soldats, presque, l'Empereur les connaît par leurs noms.

Il dit à celui-ci : « Je t'ai vu à Toulon » ; à celui là : « Tu étais à Marengo. » A cet autre : « Nous étions ensemble aux Pyramides ! » A un quatrième : « Tu t'es bien conduit à Austerlitz. »

Il se souvient qu'il a donné, au camp de Boulogne, une pièce d'or à ce fantassin ; à ce dragon, un sabre d'honneur, à Saint-Jean d'Acre ; à Friedland la Croix des braves à ce cuirassier. Les généraux, les maréchaux, les princes, les rois, tremblent en présence de l'Empereur ; le simple soldat, le sous-officier, ne tremblent pas. L'Empereur est, pour eux, l'Empereur sans doute; mais il est toujours, avant tout et surtout, le petit *caporal*.

Napoléon ne renie point son origine plébéienne, il la proclame.

L'Empereur ne rougit pas d'être un parvenu; il s'en glorifie. En descendant jusqu'à ses soldats, il semble à ceux-ci qu'il les élève jusqu'à lui ; de là cet amour pour sa personne qu'aucun grand homme de guerre n'a obtenu à un aussi haut degré; cette foi en son génie, cette confiance en sa justice qui sont peut-être le secret de la force, le principe de la puissance et la cause des victoires de cet homme qui est si prodigieux et qui pourrait être si grand.

Mais il est tard, ajouta M. Wigonouvski, en s'interrompant ; le plaisir d'entendre parler et de parler de celui qui tient dans ses mains le sort de l'Europe, nous a fait dépasser l'heure de la sonnée déjà depuis longtemps. A demain donc, monsieur, notre seconde anecdote sur Napoléon.

— Vous me permettrez de l'entendre, dit Kerkoff au curé et en se tournant vers Mme Vigonouvski.

— Vous nous ferez honneur répondirent le frère et la sœur.

M. Kerkoff prit congé et sortit.

Je pris congé à mon tour, et je me retirai dans ma chambre.

XIV.

Le psaume CXXXIV.

Souvenirs de la patrie et de la famille. — Madame Wigonouvski. Conseils maternels. — Promesses. — Essais de traduction.

Je fus étonné de voir sur ma table de nuit une Bible latine et un paroissien romain. La Bible était ouverte au psaume CXXXVI ; le paroissien de l'Oraison dominicale.

Je lus le *Super flumina Babylonis*, qui me rappela ma situation avec une vérité si poignante que mes yeux furent inondés de larmes ; non de ces larmes qui annoncent et précèdent le calme et qui soulagent le cœur ; mais de ces larmes qu'accompagnent des cris étouffés, de profonds soupirs, des sanglots convulsifs. J'eus beau faire un appel à ma fermeté, à ma raison, il me fut impossible de me maîtriser.

La porte de ma chambre s'ouvrit ; Mme Wigonouvski parut sur le seuil.

Je n'eus pas la force de quitter mon siége ; la sœur du curé vint s'asseoir près de moi, et me regardant comme une mère regarde son fils affligé :

— Depuis un quart-d'heure, dit-elle, vos sanglots interrompent nos prières. Pourquoi vous trouvé-je dans ce désespoir ? Tout à l'heure vous étiez si calme et paraissiez si ferme ? D'où vient ce changement ? Comment se fait-il qu'un officier qui commande à des hommes, qui lui-même doit être un homme, se lamente comme un vieillard, se désole comme une femme, pleure comme un enfant ?

Sans lui répondre, car je pleurais encore, je montrai du doigt à Mme Wigonouvski la Bible ouverte devant moi. Elle y jeta les yeux.

— Ah ? dit-elle, je comprends tout. C'est Anastasie qui a placé là le livre sacré ; elle a pensé que la lecture de ce cantique, cints d'une manière si touchante et si poétique les tourmens et les humiliations de l'exil, vous feraient verser des larmes qui auraient leur douceur, car il y a de la douceur à pleurer ses amis, ses parens, à pleurer la patrie absente!... Mon enfant, ajouta cette vénérable dame tandis que son visage exprimait une compassion toute maternelle, mon enfant, — laissez-nous donner ce nom... — vous appartenez à des parens honorables, cela est certain ; votre éducation, vos principes politiques me le prouvent mieux encore que vos épaulettes ; vous avez été élevé avec soin, dans la culture des lettres ; mais... mais avez-vous été élevé dans des sentimens religieux ? Croyez-vous en Dieu? Aimez-vous Dieu? Priez-vous Dieu ?

Je baissai la tête sans répondre.

— Vous croyez en Dieu? poursuivit Mme Wigonouvski ; il est impossible que vous n'y croyiez pas!... Dans votre position, loin des êtres qui vous sont chers, en proie à des privations de tous les jours, environné de dangers que votre faiblesse ne peut surmonter qu'avec l'aide de Dieu, au pouvoir d'ennemis dont la main de Dieu seule peut détourner les coups..., quand tout vous ramène à Dieu, il est impossible que vous ne croyiez point en Dieu ! Vous y croyez, n'est-ce pas? Ah! j'en étais sûre! mais ce n'est pas assez, mon enfant! non, ce n'est pas assez; il ne suffit pas de croire en Dieu, il faut le prier. La prière, sœur de l'espérance et fille de Dieu, obtient tout de lui.

Allons, vous voilà plus calme. Relisez le psaume sacré qui retrace les malheurs et l'exil des fils de Jérusalem captive elle-même, déchue de sa gloire, désolée, pleurante sur ses rues désertes, ses prêtres errans, ses temples abandonnés, ses vierges souillées, pleurante sur elle-même remplie d'amertume. Cette lecture vous fera du bien, cette fois.

Récitez le *Pater* ; cette oraison vous donnera l'espoir que Dieu, loin de vous abandonner, vous tendra une main secourable, et que sa bonté paternelle vous rendra bientôt sain et sauf à votre famille et à votre patrie. — Vous me promettez de prier Dieu avant de vous coucher ? En ce moment, sans doute, votre mère le prie pour vous. Elle prie surtout la sainte Vierge, cette consolatrice des affligés !... notre mère à tous !...

Après le *pater*, dites l'*ave*... Vous riez aujourd'hui de l'efficacité de la prière ; la prière vous semble puérile ; un jour vous reviendrez de ce mépris et de cet orgueil, un jour vous arriverez à des sentimens plus humbles et meilleurs quand, tombé des folles illusions de la jeunesse dans les misères de la vie réelle, vous serez convaincu que cette vie n'est qu'un passage à une autre vie, seul but où doive aspirer une créature que Dieu a daigné former à son image.

Mon enfant, un jour vous vous souviendrez de mes paroles; alors le vieil homme ne sera plus, alors votre superbe aura disparu, alors vous ne serez pas encore pieux, peut-être, mais près de le devenir, vous prierez Dieu... Je serai morte... Unissez dans vos prières mon nom aux noms des êtres que vous aurez aimés... et perdus...

— Merci, lui dis-je, mille fois merci, madame, pour les bonnes et consolantes paroles que vous venez de prononcer ; je ne les oublierai jamais !.. Elles sont là, dans mon cœur... Elles me font tant de bien !.. Elles me ramènent au foyer de ma famille !.. En vous écoutant, je crois entendre ma mère !.. Madame, continuai-je en tombant à ses genoux et en pressant entre mes mains ses mains qui, dans mon émotion, je mouillais de mes larmes et et que j'osais toucher de mes lèvres... Madame, vous m'avez appelé votre enfant ; permettez-moi de vous appeler ma mère !..

— Oui, mon enfant, me répondit Mme Wigonouvski; oui, appelez-moi de ce nom, il n'en est pas de plus tendre et de plus saint dans tous les idiômes qu'on parle dans le monde depuis que le monde est sorti des mains du Créateur... Appelez-moi de ce nom ; c'est le premier que Dieu apprend au cœur, et le cœur à la langue. Oui, mon cher enfant, appelez-moi votre mère !

— Appelez-moi votre sœur ! murmura la voix de Mlle Wigonouvski que je vis debout à l'entrée de la chambre.

Elle vint près de sa mère.

— J'ai tout vu et tout entendu, dit-elle ; je ne croyais pas vous causer du chagrin. En faisant ranger vos livres dans cette pièce, je me suis aperçue qu'aucun ne vous rappelait que vous êtes chrétien ; j'ai pensé que ma sainte Bible et mon livre de messe et de prières vous en feraient souvenir. — Vous avez votre mère et vous ne priez pas le bon Dieu !... Elle ne vous a donc pas appris à le prier ?

— Ma mère, répondis-je en me levant, confus de mon émotion et troublé des reproches de cette jeune fille aussi ardente que noble et pure... ma mère est une bonne, une respectable et digne femme, la providence des pauvres !... Vous me demandez si une telle mère m'enseignait à prier Dieu ! Cette demande ravive des souvenirs effacés ; elle me rappelle les jours si sereins, si joyeux et si purs de ma première enfance !

Je me souviens, je me souviens bien que, chaque soir, avant de me confier à la vieille servante chargée de me coucher (elle s'appelait Marie Darbans), ma mère me faisait mettre à genoux devant elle, et réciter lentement, les mains jointes, la tête nue, une prière que je trouvais si touchante et si belle, que je l'achevais rarement sans pleurer.

Vos reproches fraternels et ceux de madame votre mère rendent présentes à mon souvenir mes prières d'autrefois. A l'avenir, j'essaierai de prier... mais, ajoutai-je en souriant, j'ai entendu dire que la prière était une lettre morte sans la grâce ; et que la grâce était un don du ciel, que le ciel n'accordait qu'à ses élus.

— Demandez-la lui, répéta Mme Wigonouvski, avec un cœur simple et confiant, il vous l'accordera. Commencez dès ce soir. Vous êtes tout à fait tranquille ; adieu, mon enfant ! nous allons reprendre nos prières ; nous prierons pour vous ! Dormez, dormez bien !

Ce souhait bienveillant ne fut pas exaucé.

Après la retraite de ces dames, fidèle à ma promesse, je m'agenouillai devant un Christ en ivoire placé dans un cadre de velours noir, et j'essayai de prier ; ensuite je me couchai.

La scène qui venait de se passer m'avait fortement ébranlé ; j'éprouvais une agitation nerveuse qui éloignait le sommeil ; mon imagination, si active qu'elle me fatiguait, errait sur mille objets et dans mille endroits à la fois. Enfin, elle se fixa sur les livres de psaumes et de prières qui étaient restés à la place où Mlle Wigonouwski les avait mis, et que je voyais ouverts aux pages qu'elle avait choisies ; la pensée me vint d'en risquer la traduction. Cette pensée m'obséda à tel point, qu'il me fut impossible de goûter un instant de repos jusqu'à ce que j'eusse cédé à cette obsession. Alors ma fièvre d'agitation se calma, mon imagination cessa de fatiguer ma tête de ses rêves et de ses visions, et, avant la venue du jour, j'eus fini le double essai de traduction que je ne place pas ici parce que travail n'est pas dans la nécessité de ma narration.

XV.

Le réveil. — Le latiniste. — Voltaire historien. — Les Irlandais unis. — Le père du capitaine Jackson. — Mlle Wigonouvski. — La politique anglaise. — Portrait du capitaine. — Un nouveau commensal. — Lévronski et M. Kerkoff. — L'appétit de la brute. — Le sommeil de l'esclave. — Paroles caractéristiques.

Après ce double enfantement poétique, reposé des fatigues de cette nuit d'émotions et d'insomnie, je m'endormis, tranquille comme si j'eusse fait deux bonnes actions, heureux comme si mes traductions eussent été deux chefs-d'œuvre.

Mon sommeil, égayé de songes qui me rendaient à la tendresse des miens, fut interrompu par un léger bruit ; j'ouvris les yeux, et je vis au milieu de ma chambre, derrière la face réjouie de Lévronski, la figure honnête d'un domestique de la maison.

Mon dennchick me traita irrespectueusement de liénivuii (paresseux).

Je sautai à bas de mon lit.

— Kathorie Czass? dis-je au serviteur du curé, quelle heure est-il?

— *Hora modo duodecima*, me répondit-il.

— Comment! lui répliquai-je en latin que je parlais moins correctement que lui, bientôt midi! Il est aussi tard que cela?

— Oui, monsieur. Ma maîtresse m'a ordonné deux fois de venir m'informer si vous étiez malade ou si vous aviez besoin de quelque chose; vous dormiez, je vous ai laissé dormir. Maintenant je vous éveille pour vous prévenir qu'il est l'heure du dîner.

Ma toilette fut faite en un tour de main.

Je trouvai la famille réunie dans la salle à manger. Je voulus m'excuser sur ma paresse.

— Vous êtes tout excusé, me dit la sœur du curé. Après les agitations de la soirée et de la nuit dernière, vous deviez vous lever plus tard que de coutume. J'ai tout raconté à mon frère. Il vous sermonerait et vous gronderait, si je ne m'étais acquittée de ce double office; mais il est possible que sa mercuriale et son sermon ne soient qu'ajournés, ajouta-t-elle en souriant.

Pendant le dîner, j'exprimai ma surprise, d'avoir entendu un domestique, un serf, parler un latin correct, même pur. Cela m'avait rappelé que Voltaire disait quelque part, que tous les Polonais parlaient cette langue.

— Voltaire, répondit mon hôte, s'est trompé en cela comme en bien d'autres choses. Les nobles de la vieille Pologne parlent tous la langue des Romains, parce que l'étude du latin entre dans une bonne éducation; mais ce n'est que dans les très grandes maisons et chez les prêtres catholiques élevés aux premières dignités de l'Eglise ou sortant des familles les plus distinguées, que les principaux domestiques comprennent et parlent cette langue.

Vous avez lu, continua le curé, les histoires de Pierre Ier et de Charles XII, ces deux titres de gloire de Voltaire? Eh bien! elles sont pleines d'erreurs qui attestent son ignorance des hommes et des faits et la légèreté de son esprit. Voltaire les a écrites non en historien impartial et honnête homme, mais en courtisan de Catherine II, dont il était le flatteur en titre et le pensionnaire.

Voulez-vous deux exemples, entre cent que je pourrais citer, de la basse courtisannerie du patriarche de Ferney pour la Sémiramis du Nord?

L'Europe frémissait d'horreur au récit des supplices récents des Strelitz et de l'assassinat plus récent du prince Alexis; elle savait que le czar avait de sa main décapité une vingtaine de conjurés; qu'il avait, de sa main ôté la vie, par le fer ou par le poison, à son malheureux fils; et Voltaire se taisait sur le rôle de bourreau qu'avait joué l'infâme Pierre! et c'était sur le ton de la plaisanterie que Voltaire parlait de l'abominable parricide de l'empereur!

« Le fils de Pierre, écrivait-il, mourut le lendemain de l'arrêt, » et le czar avait à Moscou une des plus belles apothicaireries » de l'Europe. »

Ce ton léger est indigne de la gravité du sujet et de la majesté de l'histoire.

J'écoutais M. Wigonouvski avec le plus grand étonnement. Ses paroles bouleversaient toutes mes idées sur Voltaire, *le prophète et la loi* des jeunes gens de mon âge. Trop ignorant pour me permettre de les combattre, je me bornai à dire l'impression qu'elles produisaient sur moi.

— Vous reviendrez de votre admiration pour ces ouvrages de Voltaire, les plus faibles de ce genre qu'il ait écrits, quand vous aurez, avec plus d'années, acquis plus d'expérience et de savoir. En attendant, soyez sûr que les Polonais, les Suédois et les Russes vraiment instruits en font assez peu de cas.

— Je conviens, répondis-je, que je ne sais pas l'histoire, ou que je la sais mal, ce qui revient au même. Je m'incline donc avec respect devant une autorité telle que la vôtre, monsieur ; mais je regrette que le capitaine Jackson ne soit pas ici ; il défendrait peut-être avec succès le mérite et la gloire de Voltaire historien.

— Je ne le crois pas... Mais, poursuivit le curé, vous venez de citer le nom d'un Anglais : Est-ce que vous avez de ces gens-là dans votre convoi?

— L'officier dont je parle est Irlandais. Il sert dans le troisième régiment étranger.

— Irlandais ! Votre camarade est Irlandais?

— Oui, monsieur.

— Et il s'appelle Jackson?

— Thomas Jackson, monsieur.

— Thomas Jackson! fit le curé se parlant à lui-même. Thomas Jackson! Puis, avec une émotion croissante :

— Savez-vous si M. Thomas Jackson est de Dublin?

— Il y est né.

— C'est cela! Oui, c'est cela... et... M. Jackson vous a-t-il quelquefois parlé... de... son... père?

— Il m'a dit seulement que la fin de son père, membre influent d'une association secrète de patriotes irlandais, a été prématurée et sanglante.

— Et glorieuse! s'écria mon interlocuteur, tandis qu'une larme brillait dans ses yeux ; oui, glorieuse! celle d'un martyr de la liberté de sa patrie et de la religion de ses pères. Plus de doute : votre compagnon est le fils de l'Irlandais Thomas Jackson, que j'ai intimement connu à Paris dans les premiers jours de votre sainte révolution! Et le fils de cet homme dont j'ai eu l'honneur d'être l'ami politique et le bonheur d'être l'ami de cœur : son fils est dans ce village, souffrant, misérable, prisonnier des Russes! des Russes!!!

En prononçant ces mots, M. Wigonouvski se leva avec la vivacité d'un jeune homme.

— Votre dennchick, me dit-il, va me conduire au logement du capitaine. Je vais vous l'amener, poursuivit-il en se tournant vers sa sœur; recevez-le comme votre enfant; c'est le fils d'un des hommes que j'ai le plus tendrement aimés; un de ces citoyens dont les vertus privées et publiques ont, dans un temps de dévouement, d'héroïsme et de sacrifices, le plus honoré leur pays et l'humanité.

Il quitta la salle à manger, appela Lévronski, et sortit de la cure suivi du Russe.

Nous passâmes dans le salon.

— Monsieur, me dit Mlle Wigonouvski, le capitaine Jackson est-il de vos amis?

Je fis un signe affirmatif.

— Ainsi vous le connaissez? vous le connaissez bien?

Nouvelle affirmation.

— Quel homme est-ce?... Mon Dieu! je ne vous demande pas la hauteur de sa taille, la couleur de ses cheveux, la forme de ses traits; je vous demande s'il déteste bien les Anglais, ces Russes de l'Irlande, ces alliés de nos tyrans, ces ennemis de la France, ces perturbateurs de la paix du monde... Je vous demande s'il abhorre, s'il abomine ces marchands, ces agioteurs, ces flibustiers, ces forbans dont les flottes vogueraient comme en pleine eau dans les flots de sang qu'ils répandent pour asseoir leur domination, assouvir leur passion du lucre et leur haine contre la France!

Mme Wigonouvski fit un mouvement.

Mlle Anastasie s'arrêta, baissa la tête, réfléchit une seconde et continua :

— Je lis dans vos yeux, ma mère, et je devine votre pensée.

Il y a trop de passion dans ma haine contre l'Angleterre; mes paroles sont pleines d'emportement et de violence, vous trouvez que je pèche contre la charité et que je manque de modestie. Si j'ai commis ces fautes, je vous en demande pardon, ma mère; pardonnez-moi, vous aussi, monsieur.

Elle s'arrêta encore, puis :— N'est-il pas vrai que ces odieux Anglais (je supprime l'épithète), envoient leurs escadres, jettent leurs soldats, sèment leurs intrigues, prodiguent leur or, dans toutes les parties du globe où la France pose le pied, afin de contrarier ses établissemens, de ruiner son commerce, de lui susciter des embarras, de lui dresser des obstacles, de lui créer des ennemis?

Cette politique n'est-elle pas déloyale et punique ?

Et le long martyre qu'elle fait subir à nos frères d'Irlande n'est-ce pas un crime devant Dieu ?

Et Dieu souffre que cette nation prospère ! qu'elle soit la plus grande et la plus puissante entre les nations de la terre ! Ah ! sans doute, il ne permet ces prospérités, cette grandeur et cette puissance que parce qu'il lui réserve dans un avenir prochain un châtiment terrible, effrayant ! Oui, Dieu l'aveugle parce qu'il veut la perdre (1).

Mlle Wigonouvski s'interrompit une troisième fois, alla s'asseoir sur les genoux de sa mère, et tendit son front à ses baisers. Elle revint à sa place, et elle me dit d'un ton plus calme : Je voulais vous demander, monsieur, si le capitaine Jackson porte bien le nom de son père.

— Mademoiselle, je répondrai à ce que vous demandez et même à ce que vous ne me demandez pas

Le capitaine Thomas Jackson a plus de trente ans ; on ne lui en donnerait pas plus de vingt-cinq ; il est grand, mince, élancé. Tous ces mouvemens ont de la grâce, de l'élégance et de la souplesse. Sa personne est pleine de distinction ; on sent l'homme du monde, et du meilleur, sous l'homme de guerre.

Des cheveux blonds bouclent naturellement sur un front haut, large et intelligent. Ses yeux bleus, animés dans les momens de calme d'une expression de bienveillance et de douceur, brillent, dans les circonstances décisives, d'un éclat extraordinaire et presque effrayant.

Jackson a visité les quatre parties du monde ; il connaît les usages, les mœurs et les lois des contrées qu'il a parcourues et il en parle les langues.

Jackson, c'est la franchise et la loyauté, la noblesse et la distinction. Il y a chez lui, sans étude et sans effort, tout ce qu'il peut y avoir de bon, de noble et de beau dans le cœur de l'homme. Son courage tient du prodige. Je ne parle pas du courage qu'on montre devant l'ennemi, le dernier soldat de l'armée a celui-là. Je veux parler de ce courage moral qui, dans un moment suprême, grandit un homme à la hauteur du danger qui le menace, lui donne assez de sang-froid pour le regarder en face, de calme pour mesurer sa portée, de résolution pour l'affronter, d'énergie pour le combattre, de force pour le surmonter.

J'ai vu le capitaine Jackson dans un de ces momens, et, je vous le jure, Jackson était plus qu'un homme.

Vous en auriez jugé ainsi, mademoiselle, vous, dont l'âme s'ouvre à toutes les inspirations généreuses et comprend tous les

---

(1) *Quos vult perdere Jupiter dementat.*
Mlle Vigonouvski savait le latin.

genres d'héroïsme ; vous qui réunissez aux qualités aimables et charmantes qui parent vos compatriotes et les miennes, le patriotisme d'une Romaine et les vertus viriles d'une Spartiate. Oui, vous auriez trouvé le capitaine bien grand ; mais que je vous aurais semblé petit !

Je fis à madame et à mademoiselle Wigonouvski le récit des incidens de cette affreuse nuit où le capitaine Jackson, ayant à lutter contre la rigueur des élémens, l'horreur des ténèbres, la rage des loups, surtout contre mon abandonnement et ma faiblesse, avait surmonté tous ces obstacles, triomphé de tous ces dangers par la vigueur de sa constitution, l'énergie de son caractère, la force de sa volonté, son sangfroid et son courage.

— Mais c'est superbe, ce que vous nous racontez là ! C'est héroïque ! c'est antique ! s'écria Mlle Wigonouvski en battant des mains. Savez-vous, monsieur, que votre capitaine Jackson est un grand cœur, une nature hors ligne ? N'est-ce pas, ma mère !

Vous n'êtes pas tout à fait de sa taille, ajouta-t-elle en souriant ; mais patience ! vous êtes jeune, vous l'atteindrez peut-être avec les années. L'amitié d'un homme tel que M. Jackson oblige. Remerciez Dieu de l'avoir placé sur votre route de douleurs et d'épreuves, et de vous l'avoir donné pour ami.

Et ce Lévronski, c'est un brave, c'est un digne homme ! Quel dommage, ajouta Mlle Anastasie avec dépit et en frappant du pied, quel dommage qu'il soit Russe !

Sa mère l'interrompit d'un ton de doux reproche.

— Anastasie, lui dit-elle, si vous vous laissez aller ainsi au courant de vos impressions, si vous ne jugez les hommes que d'après vos inimitiés ou vos sympathies, vous commettrez bien souvent des erreurs et des injustices. Vous détestez les Russes, soit ; mais pourquoi n'y aurait-t-il pas une vertu dans le cœur d'un individu de cette nation ?

— Il y en a sans doute dans celui de ce Lévronski ; mais ma mère, pourquoi la vertu s'est-elle nichée si mal ?

Cette saillie, qui rappelait un mot connu, nous fit rire Mme Wigonouvski et moi ; Mlle Anastasie nous imita. Cette hilarité durait encore lorsque le curé et le capitaine entrèrent dans le salon.

— Oui, disait le premier ; vous êtes la vivante image de votre père ; vous avez sa taille, sa pose, le son de sa voix, ses yeux, ses traits, l'expression de son visage. Je vous retrouve tel que vous étiez resté dans mes souvenirs, lorsque encore enfant vous accompagnâtes votre père à Paris, en 1792.

J'ai appris sa mort héroïque par les journaux, en apprenant la défaite des Irlandais-Unis vaincus par le nombre et livrés par la trahison. J'étais alors revenu en Pologne. Je savais que vous étiez entré dans l'Union ; que vous y aviez un grade ; que vous vous trouviez au combat où votre père avait si noblement péri, sous les murs de Dublin. J'ignorais ce que vous étiez devenu après cette fatale journée, et la dispersion des Irlandais-Unis. Je regrette presque de n'être pas Russe ! j'aurais le droit de vous retenir dans ma maison, de vous y garder, de vous aimer comme l'enfant d'un frère dont je vous présente la veuve, dont vous voyez la fille unique.

Après ces présentations, le capitaine Jackson fut installé dans la cure sur le même pied que moi, c'est-à-dire comme un membre de la famille.

La présence de mon commensal ne me fit rien perdre des bontés de Mme Wigonouvski et de son frère ; Mlle Anastasie resta pour moi bonne et affectueuse comme ma sœur quand elle est bonne. Mais, ces marques de bienveillance et d'intérêt, je les devais à ma qualité de Français, à ma jeunesse, à ma condition de prisonnier, non à mon mérite propre ; au lieu que mon camarade obtenait tout cela pour sa valeur réelle, pour son mérite personnel. Cette nuance dans les sentimens de nos hôtes, si délicate qu'elle fût, ne m'échappa point. Évidemment Jackson m'était préféré. Cette préférence ne m'humilia point ; c'était une justice. Jackson, ainsi que l'avait si bien dit Mlle Wigonouvski, était un grand cœur, une nature hors ligne ; je n'étais, moi, qu'un écolier, un adolescent, tout au plus un sous-lieutenant.

Après les politesses qui accompagnent les présentations, M. Wigonouvski emmena Jackson dans son cabinet. J'obtins de ces dames la permission de me retirer dans ma chambre.

Ceux de mes lecteurs qui ont la passion des vers ne s'étonneront pas si je passai mon temps à retoucher mes deux traductions. Je leur donnais le dernier coup de rabot, lorsque le domestique latiniste vint me prier, dans la langue harmonieuse d'Horace, de Tibulle et de Cicéron, de descendre dans la salle à manger pour le repas du soir.

Pendant le souper, Lévronski nous porta de la part de son officier des pipes et du tabac. Je m'aperçus que Mlle Wigonouvski le regardait avec une attention mêlée d'intérêt.

Dès qu'il se fut acquitté de sa commission, — mademoiselle, dis-je à la nièce du curé, il me semble que la bonne et franche figure de notre dennchick vous a disposé presque à lui pardonner son péché originel.

La Polonaise hocha la tête en souriant. Jackson fit l'éloge de Lévronski.

— Lévronski, dit-il, est, si je puis me servir de cette expression triviale, la meilleure pâte humaine que je connaisse, et la preuve évidente, qu'il y a toujours deux hommes dans un.

Aux défauts, aux vices même inhérens à sa nature, ce Russe allie des qualités et des vertus qui feraient honneur à un être plus intelligent et d'un ordre supérieur. Ainsi, pour ne parler que du vice qui, chez lui, est le plus saillant, Lévronski est voleur au superlatif. Tout ce qui appartient à autrui lui plaît ; tout de qui lui plaît il le vole. Et ne croyez pas qu'il vole seulement pour ses besoins ou ses plaisirs ; il vole pour voler et parce qu'il est né voleur.

Lévronski volerait son hôte, son officier, son camarade de lit, sans hésitation, sans scrupule. Je le crois capable de dérober le voile de la Sainte-Vierge sur son autel, et l'image de son patron dans sa niche — il est né voleur.

Eh bien! mes amis, Hutteau, de Champs, monsieur que voilà et moi, nous serions riches à millions ; Lévronski aurait la clef de nos trésors, il pourrait y puiser à pleines mains, qu'il ne toucherait pas un sou.

Il s'est pris pour nous d'une si grande tendresse qu'il l'étend à tous ceux que nous aimons et qui à leur tour nous montrent de l'amitié. Cette maison serait pleine d'or, la pensée ne lui viendrait pas de dérober un kopeck.

— Vous ne vous douteriez pas, ajouta Jackson, qu'il y a, dans ce Russe esclave, du Spartiate et du Romain.

Mme Wigonouvski sourit, sa fille se récria :

— Lévronski, comme cet enfant de Sparte, dont parle Plutarque, se laisserait dévorer le sein par le renard qu'il cacherait sous son habit plutôt que de pousser un cri qui décelât son larcin. A l'exemple de Mucius Scévola, il verrait sans pâlir fumer sur l'autel des sacrifices la chair de la main qui aurait manqué Porsenna.

Jackson continua.

— Nous l'avons vu, dit-il, il y a quinze jours, subir le supplice des battocks avec une fermeté vraiment antique.

La mère et la fille demandèrent à quelle occasion notre dennschick avait reçu des coups de battock.

Jackson le leur raconta.

— Lévronski, sanglant, déchiré, couvert de plaies, dit le narrateur en terminant, a mangé son souper et le nôtre avec un appétit superbe, et s'est endormi après du sommeil du juste.

— Ah ! répondit Mlle Wigonouvski d'un ton de dédain suprême, votre Lévronski n'est qu'un Russe digne de l'être ; son appétit est celui de la brute qu'une souffrance physique ne peut troubler ; son sommeil est celui de l'esclave qui ne sent pas son abjection et qui s'endort dans la fange au bruit de ses fers.

Votre monsieur Kerkoff est un Russe aussi, un vrai Russe. Placés aux bouts opposés de l'échelle sociale, ces deux hommes se valent bien ; les deux font la paire. Ne m'en parlez plus ; mais je me trompe, dit en s'interrompant cette singulière jeune fille : je me trompe, ces deux êtres ne sont pas égaux ; l'esclave est plus méprisable et plus vil que son tyran ; nous autres Polonais, nous sommes esclaves aussi, mais nous sentons le poids de nos chaînes, et nous les briserons un jour avec le secours de la France et la protection de Dieu.

— Que l'Empereur ait pitié de nous et que Dieu l'assiste! s'écria le curé. Messieurs, remplissez vos verres et levez-vous. Capitaine Jackson, à la mémoire de votre noble père et de ses héroïques complices tombés les armes à la main en étreignant le drapeau de l'Irlande, ou morts dans les cachots et sur les échafauds en confessant la foi catholique! Capitaine, lieutenant, ma sœur, ma nièce, à la France! à la résurrection de la Pologne!

Après ces toasts pieux et patriotiques, nous quittâmes la table et nous entrâmes au salon. L'officier russe nous y attendait.

XVI.

Le Russe bien léché. — Définition de la politesse. — Les préventions. Un miracle. — Offres généreuses. — Noble refus. — Portraits de famille. — L'école de Saint-Cyr. — Le mamelouck Roustan. — Un mot de l'Impératrice. — L'Empereur et le fourrier. — Le vin de Bourgogne.

M. Kerkoff avait appris par Lévronski les événemens de la journée. Il était accouru pour féliciter M. Wigonouvski d'avoir trouvé dans le capitaine un digne fils de son ami, et Jackson d'avoir rencontré dans le curé un digne ami de son père.

Tout cela fut dit avec une grâce et une aisance parfaites, et de ce ton de vérité qui ne permet pas de douter de la franchise de celui qui parle.

J'en fis la remarque à Mlle Wigonouvski, occupée à préparer le service du thé.

— Que prouvent ces manières affables et gracieuses? me répondit Mlle Anastasie. Que cet officier appartient à une famille noble; qu'il a reçu une haute éducation; qu'il vit dans un monde choisi? Elles ne prouvent rien pour la bonté de son cœur. Sous ces dehors séduisans, je vois le *Russe bien léché*; mais je vois le Russe.

— Vous venez d'entendre ses paroles?

— Oui.

— Vous conviendrez qu'elles sont pleines d'obligeance et d'intérêt pour monsieur votre père et pour mon ami.

— Je conviens seulement qu'elles sont polies. Qu'est-ce que la politesse après tout? Une hypocrisie permise, une lâcheté autorisée, un mensonge de bon goût.

— Vous gardez donc toujours vos préventions contre M. Kerkoff?

— Certainement.

— Vous en reviendrez.

— Quand ?
— Tout à l'heure.
— Il va donc s'opérer un miracle ?
— En vous, oui. Et cependant il ne se sera passé rien que de très naturel.
— Et je changerai d'opinion sur cet officier russe ?
— Oui ; vous comprendrez qu'une Polonaise, si ardente patriote qu'elle soit, peut aimer un Russe.
— Je puis aimer un Russe ! moi !
— Vous.
— Parlez-vous sérieusement, monsieur ?
— Très sérieusement, mademoiselle.
— Alors expliquez-vous.
— Tout de suite. Les grandes pensées viennent du cœur, n'est-ce pas ?
— Quelqu'un l'a dit ; je ne sais qui.
— C'est Vauvenargues.
— Sa maxime est vraie. Continuez.
— Mettez-vous à la place de M. Kerkoff et sondez votre cœur. Vous y trouverez naturellement, dans la circonstance présente, une bonne, une généreuse inspiration, et alors...
— Alors ?
— Vous ferez...
— Quoi ?
— Ce qu'il fait ; veuillez vous retourner.

Mademoiselle Wigonouvski se retourna avec vivacité. Dans ce moment, le Polonais et l'Irlandais pressaient affectueusement les mains du Russe.

Cédant à une espèce de courant électrique, Mlle Wigonouvski me tendit les siennes avec la naïveté d'un enfant et l'abandon d'une sœur.

— Ah ! s'écria-t-elle, ah ! monsieur, que je vous regrette ! que je vous plains !
— Vous devinez donc ?
— Hélas ! oui ; vous allez perdre M. Jackson.
— Merci de vos bons sentimens ; vous vous occupez de moi d'abord ; votre première pensée est toujours pour le plus malheureux. J'aurais désiré, pardon, oui j'aurais voulu que la seconde fût au moins pour M. Kerkoff, et que vous dissiez de lui, comme il n'y a qu'un instant de M. Jackson : C'est un grand cœur, une nature hors ligne.
— Je l'ai pensé.
— Quant au malheur que vous redoutez pour moi, je puis vous rassurer.
— M. Jackson refusera de demeurer parmi nous ?
— Il a refusé ; écoutez plutôt.

Nous prêtâmes l'oreille au dialogue suivant :

Kerkoff. — Vous ne serez pas assez ennemi de vous même pour repousser ma proposition. Allons, capitaine, vous ne m'avez pas dit votre dernier mot.

Jackson. — Si, monsieur, et je n'en ai qu'une. Je n'en suis pas moins profondément touché, croyez-le, de l'offre que vous me faites, et sur laquelle vous voulez bien insister. Mon refus vous prouve ma reconnaissance.

Kerkoff (vivement). — Je comprends, je comprends bien ; vous refusez par discrétion, par délicatesse ; vous craignez de me compromettre. Oh ! soyez sans inquiétude à cet endroit. Ma mission me donne le droit et le pouvoir de changer votre position. Je vous laisse malade dans cette maison *sous la garde obligée, sous la responsabilité forcée* de monsieur (montrant le curé) qui accepte l'une et l'autre.

Guéri, vous avez le presbytère pour prison, ce village et ses environs pour chemins de ronde.

Dans ce sélo, qui n'est ni sur une ligne de poste, ni sur une route militaire où l'on ne voit pas un un uniforme, où l'autorité municipale est exercée par des Lithuaniens qui ne sont pas Russes, où monsieur est aimé, vénéré et béni de la population presque toute catholique, vous ne serez ni inquiété, ni recherché.

Aussi heureux que peut l'être un prisonnier de guerre loin de son pays, un soldat loin de son drapeau, un ami séparé de ses amis, vous attendrez, au sein d'une famille honorable où vous aurez trouvé des amis aussi, que la paix vous ouvre les portes de votre patrie adoptive ou celles de votre mère-patrie.

Un jour, dans vingt ans, dans trente ans d'ici, lorsque les luttes du bon et du mauvais principe qui divisent les peuples de l'Europe auront cessé, lorsque les nations éclairées sur leurs véritables intérêts, séparant leur cause de celle des rois, ne formeront qu'une seule et même famille, si vous lisez l'histoire de ces grandes guerres, *quarum pars fuisti*, vous vous direz : J'ai combattu contre les Russes, ils se battaient bien ; captif dans leur pays, barbare alors, aujourd'hui plus civilisé, j'y ai connu un homme, un officier de Kerson qui était avancé d'un siècle sur ses sauvages compatriotes ; il s'appelait André Kerkoff ; j'ai dû à son humanité le soulagement de bien des maux, à son amitié les quelques momens de rare bonheur que peut espérer un prisonnier. A sa sympathie pour une patrie d'adoption, j'ai dû de passer plusieurs mois de captivité dans une maison où j'ai goûté toutes les joies de l'âme, car j'y ai trouvé toutes les douceurs et toutes les affections de la famille. Dites cela, capitaine, et tout ce que j'aurai fait pour vous sera dépassé et au delà par cette mémoire du cœur.

Jackson. — Ces paroles ne sortiront pas de mon souvenir ; je les répéterai souvent, en France, s'il m'est donné d'y rentrer ; dans ma chère et malheureuse Erin s'il m'est permis de la revoir, partout où me conduira la mauvaise fortune qui me poursuit depuis mon berceau, et qui, aujourd'hui encore, trompe vos généreuses intentions.

Mme Wigonouvski. — Comment, monsieur, vous ne resterez pas avec nous ?

M. Wigonouvski. — Avec de véritables amis ?

Mlle Wigonouvski. — Avec l'ami de votre père ?

Jackson, se tournant vers moi. — Quel est l'avis de mon jeune camarade ?

Moi. — Si je ne savais que votre résolution est arrêtée, je vous dirais : Capitaine, Dieu, la générosité d'un loyal ennemi, le dévoûment d'une vénérable famille, vous ouvrent un port de salut; restez-y jusqu'à ce que la mer soit calme, les vents apaisés, le ciel serein. Mais vous n'avez jamais qu'un mot, et vous l'avez dit. Je vous admire et je me tais.

Jackson. — A l'admiration près, bien répondu.

Kerkoff, riant. — Et poétiquement.

Jackson, à la famille Wigonouvski. — Le capitaine Kerkoff vient de parler pour moi; tout ce qu'il m'a fait dire, je l'aurais dit, si des devoirs d'honneur et de conscience m'eussent permis d'accepter ses offres et de demeurer dans cette respectable maison. Le premier, le plus sacré de tous, pour le fils de Thomas Jackson, c'est de ne point compromettre la sûreté de la famille Wigonouvski; ma présence ici la compromettrait. Que M. Kerkoff ne m'interrompe point : il va convenir que j'ai raison.

Il dépend de lui de me laisser dans ce village atteint de la maladie que j'aurai choisie. D'ici à Koursk, il ne doit compte de la conduite de notre convoi à âme qui vive; le gouverneur de ce cercle acceptera de confiance le rapport qu'il lui fera; je sais tout cela. Je sais aussi que son sauf-conduit me protégera pendant quelque temps dans ce village, écarté des grandes villes et des grandes routes, où il n'y a ni garnison ni colonie militaire ; je sais enfin que le bourgmestre et les deux conseillers qui composent la *Douma* de cette localité, loin de m'inquiéter, me couvriront de leur autorité contre les Mougicks russes, et que cette protection je la devrai un peu à la sympathie de ces municipaux pour la France, mais surtout à leur respect pour mes hôtes.

» Mais le gouvernement russe, pardon, capitaine, est de sa nature, tracassier et persécuteur. Ses espions sont partout, dans les grandes villes et dans les petites cités, dans les bourgs et dans les villages. Que l'un d'eux me dénonce au gouverneur de Mohilew; cette maison hospitalière, mal notée sur les registres de la police, sera assaillie par ses sbires, bouleversée, mise au pillage ; ses habitants arrachés avec violence au foyer domestique iront expier dans les cabanons du Kremlin ou dans les puits de la Sibérie, le crime abominable d'avoir abrité la misère d'un officier de Napoléon ; leurs biens confisqués grossiront le trésor de l'empereur de toutes les Russies. »

Ce que je vous dis là, monsieur, est-ce dans l'ordre des choses possibles ?

— Existe-t-il, madame, dans ce pays, de pareilles énormités ?

— Avez-vous entendu dire, mademoiselle, que de semblables malheurs aient frappé des familles nobles de ces contrées ?

— Vous me faites tous la même réponse.

— Les catastrophes que je redoute ne sont donc pas des rêves de mon imagination.

Et vous, monsieur Kerkoff, vous ne m'accusez point de calomnier votre gouvernement. Nous sommes donc tous d'accord ici. Vous voyez donc bien que je ne puis profiter de vos offres, capitaine Kerkoff, que je ne puis demeurer votre hôte, M. Wigonouvski, que je ne puis, mon jeune ami, abandonner mes camarades dans des temps d'épreuves et de danger.

Comme le capitaine Jackson prononçait ces dernières paroles d'un air et d'un ton qui ne permettaient ni insistance ni réponse, le domestique latiniste entra dans l'appartement portant du thé, du lait et des gateaux. Tout le monde s'assit. M. Wigonousvki et les deux officiers engagèrent une conversation technique sur les différentes races de chevaux que produisait la Russie.

Mlle Wigonouvski me dit :

— Vous aviez raison hier, il y a eu erreur et méprise du destin sur le nom et le lieu de la naissance de M. Kerkoff ; il aurait dû naître sur les bords de la Seine et non sur les bords de la mer Noire. Mais, ajouta-t-elle, Dieu vous protége visiblement ; le capitaine Jackson vous reste.

— Dieu, lui répondis-je, ne laisse jamais les bonnes actions sans récompense, j'en ai fait ou j'ai voulu en faire deux cette nuit.

— Vous l'avez prié ?

— Oui. En vers.

— Vous avez fait des vers ?

— Je me suis vanté ; j'ai fait des lignes de prose qui ont la mesure et qui riment ou à peu près.

— Sur quel sujet s'est exercée votre muse ?

— J'ai essayé de traduire le *Super flumina Babylonis*, et le *Pater noster*.

— Ah ! mon Dieu ! je suis l'occasion directe, ou, comme on dit en théologie, la *cause efficiente* de vos essais poétiques...

— Certes, oui. Si mes vers sont mauvais...

— La responsabilité tombera sur moi.

— S'ils sont bons...

— La gloire en sera aux textes sacrés qui vous auront bien inspiré.

— C'est juste.

Notre conversation fut interrompue par cette question de l'officier russe :

Ce que je vous dis là, monsieur, est-ce dans l'ordre ?

— Vous sortez de l'école impériale militaire de Saint-Cyr ?

— Oui, monsieur.

— Est-il vrai, dit le curé, que Saint-Cyr soit l'école de prédilection de l'Empereur ?

— Oui, répondis-je, et cela se conçoit : l'école de Saint-Cyr est une création monarchique, l'école Polytechnique une institution républicaine ; chacune est fidèle à son origine.

Les saint-cyriens ne voient dans Napoléon que le général qui conduit ses armées à la victoire, que le héros dont la gloire efface toutes les gloires contemporaines, que le chef qui promet et donne à ses braves des grades, des distinctions et des dignités. Ils ne connaissent pas l'Empereur ; ils ne jugent ni ses actes ni sa politique ; ils sont napoléoniens jusqu'à la moelle des os.

Les *polytechniciens*, occupés d'études sérieuses et spéculatives qui élargissent le cercle de leurs idées et de leurs connaissances, voient l'Empereur derrière le général et le héros ; ils regrettent la République. L'Empereur le sait ; de là cette préférence bien marquée pour Saint-Cyr où il n'a que des admirateurs enthousiastes et passionnés.

— Vous avez vu l'Empereur à Saint-Cyr ? me demanda Mlle Wogonouvski.

— Oui, mademoiselle, il y est venu, non pas dans tout l'appareil de sa puissance, chef suprême de vingt armées, Empereur des Français et roi d'Italie, mais sans façon, en déshabillé, s'il m'est permis de parler ainsi, en particulier qui veut visiter la maison de son voisin.

— Ou en père de famille qui rend visite à ses enfants, dit Mlle Wogonouvski.

— Vous répétez ses propres paroles. Par une belle matinée du mois de juin 1811, au moment où nous allions descendre aux réfectoires, le tambour appela les sergens-majors au rapport. Ils remontèrent un instant après dans leurs compagnies, et, d'une voix haletante, ils firent retentir la caserne de cris de : Vive l'Empereur ! Ce cri avait de l'écho dans les cœurs saint-cyriens ; il fut répété de manière à éveiller les échos de Versailles et de Trianon ; les murs de l'École en furent ébranlés.

— Mais pourquoi crions-nous donc : Vive l'Empereur ! se demandèrent les élèves, après s'en être donné à cœur joie pendant cinq minutes ; il y a donc du nouveau ? Voyons ; laissons parler les majors.

Ceux-ci, quand il leur fut permis de se faire entendre, s'écrièrent : Allons, la grande tenue, et que dans un quart d'heure l'on soit prêt. L'Empereur vient voir la Spéciale.

Inutile de dire que cette nouvelle fut accueillie par des applaudissements, des bravos, des transports et des acclamations vive l'Empereur! plus fortement accentuées que les premiers cris.

Nous nous occupâmes gaiement de notre grande toilette. Elle était à demi faite lorsqu'une seconde batterie rappela les chefs de compagnie à l'ordre; ils y coururent.

Une minute après ils revinrent.

— La petite tenue, sans fausses manches! dirent-ils joyeux : le petit caporal vient en voisin.

Nous fûmes bientôt prêts.

Les hommes de corvée pour le service de la gamelle descendirent à leur poste. Dans le vestibule, près des cuisines, étaient l'Empereur et l'Impératrice, entourés de maréchaux, de chambellans, de dames d'honneur, en tout une dizaine de personnes.

Un incident égaya les augustes visiteurs :

Un élève chargé de recevoir le pain de son escouade, au lieu de présenter l'ouverture de son sac au receveur ou distributeur des rations, le lui présenta en sens inverse. Toutes les rations tombèrent sur les dalles; un pain tomba jusqu'aux pieds de l'Empereur, qui le ramassa et le remit en riant à notre camarade. Le saint-cyrien fut si interdit et si troublé de cette obligeance impériale qu'il ne put jamais parvenir à ouvrir son sac.

La suite de l'Empereur voyant rire le maître rit à son tour; les fourriers, les caporaux de service, les hommes de corvée rirent par imitation ; ces rires furent entendus des élèves restés dans les compagnies, qui rirent aussi parce qu'ils entendaient rire, de sorte que dans un instant la caserne eût pu être comparée à l'Olympe riant à gorge déployée de la marche chancelante du pauvre Vulcain voulant servir d'échanson aux Dieux.

L'Empereur voulut assister à notre déjeuner; il entra dans le réfectoire des cinq premières compagnies. Les élèves se précipitèrent au devant de lui avec des trépignemens de joie et des élans de tendresse qui le firent sourire à plusieurs reprises.

Les autres compagnies abandonnant leur réfectoire se ruèrent sur le nôtre et y pénétrèrent de vive force, sans se soucier des observations et des remontrances du mamelouck Roustan. Celui-ci s'étant permis des paroles un peu hautes et des gestes un peu brusques, fut rudement bousculé jusqu'auprès des personnes qui accompagnaient l'Empereur. Il se plaignit de ce traitement cavalier.

— Il veut nous empêcher de voir notre Empereur, cria un voltigeur.

— Retirez-vous, dit Napoléon à son mamelouck, je n'ai pas besoin de vous ici; je suis au milieu de mes enfans.

— Vive l'Empereur!

— Et moi aussi, dit l'impératrice, moi aussi je les adopte.

— Vive l'Impératrice!

Roustan se retira penaud et confus.

L'empereur arriva près d'une table composée de dix élèves; un fourrier aux cheveux rouges, à la figure chiffonnée qui aurait été laide si tous ses traits n'eussent rayonné d'intelligence, était le chef de l'escouade.

La mastication cessa à l'approche de l'Empereur.

— Continuez, mes enfants, dit celui-ci, continuez.

La mastication recommença.

— Fourrier, poursuivit l'empereur, ces haricots sont-ils bons?

— Ah! sire, répondit le fourrier d'un ton comiquement piteux en retroussant sa lèvre supérieure, ah! sire, détestables; ils sont préparés avec de la moëlle de bœuf.

— Bah! sont-ils donc si mauvais?

— Ah! sire, au delà de tout ce qu'on peut imaginer, je puis en donner ma quinte (1). — Si votre majesté veut les goûter?

Ce disant, le fourrier plongea sa cuiller dans la gamelle, la remplit et la présenta à l'Empereur, les talons assemblés sur la même ligne, la main gauche élevée à la hauteur de l'œil.

Napoléon prit bravement la cuiller; il la portait à sa bouche quand ses yeux rencontrèrent ceux du fourrier, dont le regard était pétillant d'une malicieuse gaîté, à la seule pensée que l'Empereur grimacerait en goûtant aux haricots; s'apercevant qu'il était deviné, l'élève changea à l'instant de physionomie.

Napoléon se tourna en souriant vers sa petite cour, regarda le fourrier d'un air moitié gai, moitié sérieux et avala hardiment la cuillerée de légumes.

— Mais, dit-il, en rendant la cuiller au sous-officier, ils ne sont pas si... si mauvais.

— Sire, Votre Majesté veut-elle récidiver?

— Ma Majesté a mangé de la vache enragée avant vous, mon camarade, répondit l'Empereur d'un ton goguenard.

Le fourrier lui présenta une seconde cuillerée de haricots qui fut avalée comme la première.

— Je voudrais, sire, goûter de ces haricots, dit l'Impératrice, d'un ton timide.

L'officieux fourrier se hâta de plonger sa cuiller en fer dans l'énorme gamelle; il allait l'offrir à l'Impératrice quand, se ravisant tout-à-coup, il se contenta de la saluer avec le plus profond respect, et il présenta l'ustensile de table à Napoléon.

Celui-ci, visiblement satisfait, sourit d'un air qui disait : voilà un jeune homme bien appris, qui a de l'entre-gent et qui fera son chemin.

---

(1) Les élèves de Saint-Cyr ne donnaient leur parole d'honneur que dans les grandes occasions; ils juraient par leur quinte et leur triple quinte, ce qui était un serment sans conséquence.

Il prit la cuiller des mains du fourrier, se tourna vers l'Impératrice, se découvrit, la salua avec une respectueuse galanterie, se déganta et offrit la cuiller à Marie-Louise.

L'Impératrice répondit au salut de l'Empereur par une profonde révérence, à celui du fourrier par un gracieux mouvement de tête, reçut la cuiller et mangea ce qu'elle contenait.

Du coin de l'œil, Napoléon observait le saint-cyrien. Le fourrier était sur ses gardes ; sa pose eût été celle du soldat sans armes si sa tête n'eût été profondément inclinée en signe de respect, si ses yeux n'eussent été modestement baissés comme indignes de se fixer sur l'auguste épouse de son Empereur.

Napoléon se retourna une seconde fois vers sa suite, sourit encore, et prenant la cuiller des mains de l'Impératrice, la rendit au sous-officier.

— Et ce vin? dit-il ; voyons fourrier, là, est-il bien mauvais?

— Sire, véritable piquette... si votre Majesté veut en essayer.

Il prit le broc qui contenait le plus détestable liquide qui ait jamais empoisonné une créature humaine, et il remplit jusqu'au bord une tymbale d'étain où se désaltéraient alternativement tous les soldats de l'escouade.

— Sire, dit-il, en la lui présentant avec les marques de respect, les saluts et l'air de malice que j'ai tout à l'heure signalés: Sire, voilà, mais, sur ma double et triple quinte, je préviens votre majesté que c'est diantrement sophistique.

— Je n'ai pas toujours été Empereur, mon camarade ; j'ai mangé et bu un peu de tout, comme tant d'autres qui te valent bien, entends-tu? Allons, donne-moi la tymbale.

L'Empereur but, les yeux sur son malicieux interlocuteur ; mais quoiqu'il dût s'attendre à n'avaler que la plus abominable des boissons, la réalité dépassa sa prévision ; il ne put retenir une assez forte grimace. Le fourrier sourit.

— Je conviens, dit Napoléon en s'exécutant, que ce vin n'est pas bon ; mais, messieurs, ajouta-t-il d'un ton légèrement ironique, messieurs, l'on vous donnera du vin de Bourgogne.

— Sire, c'est dit, s'écria le fourrier.

L'Empereur partit d'un franc éclat de rire. — Berthier, dit-il, en s'adressant au prince de Wagram, je parie que ce gaillard-là est Gascon. D'où es-tu?

— Sire, de Toulouse.

Je l'avais bien dit. — Et l'Empereur rit de nouveau et plus fort qu'auparavant.

— Comment t'appelles-tu?

— François Charbonnier, sire. — Le vin de Bourgogne pour demain, ça va toujours, sire?

— Certainement, l'Empereur ne retire jamais sa parole.

— Camarades! s'écria le fourrier, la spéciale boira demain

du vin de Bourgogne des caves de l'Empereur à la santé de l'Empereur.

— Vive l'Empereur ! cria la caserne comme un seul homme.

Napoléon sortit du réfectoire en riant de tout son cœur.

Inutile d'ajouter que l'Impératrice, les maréchaux, les écuyers, les chambellans, les aides de-camp, les pages et les dames qui l'accompagnaient partageaient son hilarité. Une seule personne de cette suite brillante et dorée gardait son sérieux : c'était le mamelouck Roustan.

Napoléon partit pour Versailles où il devait déjeuner, en nous disant : Au revoir !

Le caporal-fourrier, couronné de feuilles de marronniers, fut placé sur des fusils entrelacés, comme sur un pavois, et promené en triomphe dans les compagnies, les réfectoires, la grande cour et le Champ-de-Mars aux cris de : Vive l'Empereur ! vive l'Impératrice ! vive le vin de Bourgogne et la spéciale !...

XVII.

Encore l'Ecole militaire. — Les conscrits et les anciens. — Monsieur, je suis de Tours. — Le premier bataillon de France. — Le caporal Valley. — M. Coulmann. — Marie-Antoinette et Marie-Louise. — Rapprochement. — Malheureux présages. — François II. — Pressentimens. — Mlle Wigonouvski. — L'Impératrice Joséphine. — Un mot de Mme Wigonouvski. — Un duel à l'Ecole militaire de Saint Cyr. — Réflexions à ce sujet. — La formule sacramentelle. — Course nocturne. — Regrets. — La joie de Lévronski. — Attentions délicates. — Souvenirs précieux.

L'Empereur revint à deux heures.

Le bataillon l'attendait sous les armes dans la cour d'honneur ; les tambours battirent aux champs ; les fifres jouèrent, le bataillon présenta les armes, l'aigle salua, nos vivats couvrirent le bruit des tambours et le son des fifres.

Les conscrits qui n'avaient pas encore de fusils — j'étais du nombre — étaient sur deux rangs, en face du bataillon ; l'Empereur les passa d'abord en revue ; plusieurs d'entre eux — j'étais encore de ceux-là — n'avaient pas une tournure bien militaire. Leurs uniformes mal portés, leurs jambes fluettes, dont des guêtres étroites, d'étamette noire, montant au dessus du genou et jarretées au dessous, faisaient ressortir la ténuité ; leurs bonnets de police à pans carrés, posés perpendiculairement sur leurs têtes comme les mitres des évêques, firent sourire la jeune et belle duchesse de Montebello et les dames plus ou moins jeunes, plus ou moins belles qui étaient à la suite de l'Impératrice. Les dames durent être plus satisfaites de l'air délibéré, résolu et déjà martial de nos anciens. Marie-Louise, rouge et timide comme une demoiselle qui sort de son couvent, ne leva pas une seule fois les yeux sur eux.

Napoléon nous sourit en passant devant nous, de son sourire le plus gracieux. Il s'arrêta à quelques pas de moi, devant un élève dont il redressa la taille.

— Comment t'appelles-tu, mon ami? lui dit-il, d'un ton de bonté vraiment paternelle, en lui pinçant la joue, comme aurait fait un père à son fils, comment t'appelles-tu?

— Monsieur, répondit le conscrit, monsieur, je suis de Tours.

Cette réponse saugrenue fit rire l'Empereur et provoqua une hilarité générale parmi les personnes qui l'entouraient, et dans les rangs des conscrits et dans ceux du bataillon.

Le général Bellavène, commandant de l'école, ne rit pas; il saisit par les boutons de son habit le malencontreux Tourangeau, le secoua et le gourmanda sur sa sottise.

— Co-om-me ent (le général est un peu bègue), vou-ous a-a-ppe-elez mo-on si-ieur Sa a Ma ajesté l'Em-pe-ereur et et Roi? il fa-allait di-i-ire : Si-i-ire, ou du moins, mo-on gé-é-né-éral.

— Ne le grondez pas, Bellavène, dit l'Empereur en riant toujours, il s'aguerrira. Qui sait? il y a peut-être là l'étoffe d'un maréchal de l'Empire.

— Mon ami, continua-t-il du ton le plus familier, tu viens de me dire d'où tu es; dis-moi maintenant comment tu te nommes, et appelle-moi comme tu voudras.

Le conscrit allait, immanquablement, commencer sa réponse par le mot *monsieur* qui avait si fort irrité le général Bellavène; mais celui-ci lui souffla le mot convenable :

— Dites si-i-ire, lui glissa-t-il dans l'oreille.

— Sire, reprit le futur maréchal de France, je m'appelle Gillet de Laumont.

— Je connais ce nom-là, reprit Napoléon : c'est celui d'un ancien tribun, aujourd'hui membre du Corps législatif, un bon citoyen, qui m'est fort dévoué, que je ferai préfet. Général, je vous recommande ce jeune homme; il se dégrossira : c'est un joli garçon; ce sera un bel et bon officier. Adieu, mon ami, continua l'Empereur en pinçant un peu plus fort la joue qu'il tenait toujours, et qui conserva une partie de la journée les empreintes — objet de notre admiration et de notre envie — de cette main blanche, fine et délicate qui donne le signal des batailles, détrône les rois, détruit et crée des royaumes, distribue des couronnes, gouverne l'Europe et fait trembler le monde.

Après la revue des nouveaux, celle des anciens.

Un neveu du prince Berthier commanda l'exercice et les grandes manœuvres. L'Empereur était enchanté.

Une marche de front, au pas de charge, la baïonnette croisée, excita surtout son admiration. Quand le bataillon fit halte, après avoir parcouru une grande partie du Champ-de-Mars, il ne fut pas nécessaire de rectifier l'alignement.

L'Empereur, le prince Berthier, le maréchal Bessières, le grand maréchal Duroc, le grand écuyer Caulaincourt battirent des mains; l'Impératrice, la duchesse de Montébello, toutes les dames agitèrent leurs mouchoirs. Le bataillon de l'Ecole spéciale impériale militaire de Saint-Cyr, méritait le nom de premier bataillon de France, gravé par ordre de l'Empereur sur son drapeau, que l'Impératrice promit de décorer d'une cravate brodée de ses mains.

Les manœuvres de l'artillerie furent exécutées avec la même précision ; le caporal instructeur Valley envoya une bombe dans le tonneau.

— Très bien pointé, mon vieil Egyptien, lui dit Napoléon, en lui tirant l'oreille. Je suis bien aise de te revoir; nous ne nous étions point vus depuis Saint-Jean d'Acre ; je suis content de toi; tu fais de bons élèves.

— Commandant Nacquart, capitaine d'Auvillez, je suis aussi très content de vous, dit Napoléon en se tournant vers ces officiers ; c'est très bien.

Il adressa de nouveau la parole au caporal dont les mains tremblaient si fort d'émotion et de joie, d'avoir été reconnu par son Empereur, qu'il lui eût été impossible de tourner la manivelle de sa pièce :

— Je vois bien ce sabre d'honneur, dit-il, une croix te ferait plaisir, n'est-ce pas? Tu l'as gagnée, je te la donne.

Le caporal Valley, pleurant d'attendrissement et de bonheur, reçut à l'instant la décoration de la Légion-d'Honneur.

Ainsi finit cette journée, qui laissera dans le cœur des élèves de Saint-Cyr des souvenirs que les années n'effaceront point.

Le lendemain, M. Coulmann, valet de chambre du général Bellavène, et notre coiffeur, mais, disait en parlant à la première personne du pluriel : Nous avons été très contens; nous ferons une levée de deux cents officiers, peut-être de deux cent cinquante.

— Kerkof. La levée eut lieu?

— Moi. Certainement. La parole de M. Onlmann était un oracle sûr; il avait l'oreille....

— Kerkof, riant. De l'Empereur?

— Moi. Non pas, du général.

— Mme Wigonouvski. Si la parole de M. Coulmann était infaillible, celle de l'Empereur était sacrée; vous dûtes avoir du vin de Bourgogne ?...

Moi. — Nous devions avoir une bouteille par tête; nous en eûmes une par escouade.

Mlle Vigonouski. — L'Empereur n'oublia pas le fourrier?

Moi. — Il le nomma sous-lieutenant dans les fusiliers de la garde impériale.

Kerkoff. — Les anecdotes que vous venez de raconter valent celle d'hier ; Napoléon s'y peint tout entier. Je comprends qu'il soit plus qu'un homme pour ces cœurs de seize ans que passionne l'amour de la gloire, et qu'à travers ce prisme ils ne voient point l'Empereur.

Ces paroles furent suivies d'un long silence.

Le serf latiniste entra dans le salon et dit quelques mots à l'oreille du curé, qui se leva tout surpris, et sortit de l'appartement ; sa sœur le suivit.

M. Kerkoff songeait à se retirer ; mais se ravisant :

— Est-il vrai, me dit-il qu'à l'école de Saint-Cyr les duels soient très fréquens?

— Oui, et très meurtriers.

— Quelles sont les armes du combat? Le sabre, l'épée, la baïonnette?

— L'arme dont se servent les Saint-Cyriens, est autrement dangereuse.

— Et quelle est cette arme?

— Un compas de maçon attaché avec une ficelle à un bâton long d'un pied et demi.

— Un combat avec une arme comme celle-là est un véritable assassinat, s'écria le curé.

— Avec un compas, les principes de l'escrime sont inutiles, dit Kerkoff ; il n'y a ni garde ni parade ; les deux combattans doivent fréquemment être blessés ; leurs blessures doivent être dangereuses et souvent suivies de mort.

Vous êtes-vous battu ?

— Oui ; et dans une circonstance assez curieuse pour être racontée ; elle peint parfaitement l'éducation et les mœurs de l'école militaire.

— J'étais à l'Ecole militaire depuis quinze jours, quand j'ai fait mes premières armes ; j'avais seize ans.

Une nuit, je dormais profondément ; je fus éveillé par une voix qui prononçait mon nom près de mon oreille ; je sentis en même temps une main se poser sur ma bouche, pour arrêter le cri de surprise qui devait s'en échapper. Ouvrant les yeux, je vis, penché sur mon lit, un élève revêtu de son uniforme, portant des galons en or, insigne de son grade de sergent, une giberne indiquant qu'il était de service ou de planton, et une lanterne pour éclairer sa ronde nocturne ; je reconnus à l'instant le visiteur pour un de mes amis, Phocion Brieu (1).

---

(1) Aujourd'hui chef d'escadron d'artillerie en retraite, attaché à un des conseils de guerre de Toulouse.

Brieu, quand il me vit bien éveillé, s'assit sur mon lit, cacha sa lanterne dessous, et continuant à me parler à l'oreille :

— Sais-tu jouer du fleuret, dit-il ?
— Un peu.
— Tant mieux !
— Pourquoi, tant mieux ?
— Parce que tu auras besoin de ton savoir.. T'es-tu déjà battu ?
— Non.
— Tant pis ! mais il y a un commencement à tout.
— Sans doute.
— S'il faut que tu te battes cette nuit, auras-tu peur ?
— Allons donc ! si j'étais un poltron je ne serais pas à Saint-Cyr.
— Bien parlé ! — Dans une heure je viendrai te prendre, sois prêt à me suivre.
— Pour aller où ?...
— Tu le sauras.
— Tu parles comme un oracle ; que veux-tu de moi ?
— Le voici.
— J'ai trois duels cette nuit ; je ne puis me battre contre trois adversaires à la fois. Les anciens (1) ont décidé que Darmagnac me servirait de second, et que tu serais mon troisième ; cela te va-t-il ?
— Parfaitement. Contre qui dois-je me battre ?
— Tu n'as pas besoin de le savoir. Tu te battras contre l'homme qui se posera en face de toi ; tu ne le connaît point.

---

(1) Les élèves sortant du même lycée ou venant de la même ville formaient une société qui n'admettait jamais ou presque jamais un étranger dans son sein. — Cette société, véritable république où tout était en commun, argent, provisions, livres, fournitures de bureau, instrumens de dessins et de mathématiques, où la considération, la réputation et l'honneur de chacun étaient sous la sauvegarde de tous, reconnaissait pour chefs les deux plus anciens d'entre ses membres. — Ceux-ci décidaient souverainement de l'admission ou du rejet d'un arrivant, et, au cas où l'un des sociétaires devaait proposer ou accepter un duel, désignaient celui ou ceux qui devaient servir de seconds ou de troisièmes dans une rencontre.

L'élève qui aurait souffert qu'un camarade lui parlât un peu haut, lui marchât sur le pied, le poussât du coude ; qui aurait donné, même en plaisantant, sa parole d'honneur à faux ; qui, dans un combat, aurait rompu d'une ligne ; celui-là aurait été impitoyablement chassé comme indigne d'une société où son nom n'aurait plus été prononcé, et déclaré *buson*, en présence de tous, par l'organe du président.

Le malheureux *buson*, relégué sous les arbres de la cour d'honneur, passait le temps des récréations absolument seul ; pas un de ses anciens amis ne le regardait. C'était à peine si dans les compa-

— Je n'ai point de compas.

— Tu en auras un, sois tranquille, pointu et solidement emmanché, je t'en donne ma *quinte*. Adieu, ne te rendors pas; comme les chevaliers errans, recommande toi à la dame de tes pensées, si tu en as une; encore adieu.

Brieu me quitta.

Quoique calme et résolu, ce duel dans la circonstance où il se présentait ne laissa pas de me préoccuper un peu. Je ne pensais point, il est vrai, que j'allais m'exposer à tuer quelqu'un qui ne m'avait point offensé, ou que j'allais donner à un *inconnu* la même chance, mais je sentais le besoin de causer avec un ami.

A ma droite couchait dans un lit séparé du mien par une étroite ruelle un de mes compatriotes appelé Thomassin; je l'appelai à voix basse et je lui racontai la visite de Brieu.

Les premières paroles de Thomassin, après qu'il eut entendu ma confidence, ne furent point rassurantes.

— Tu vas te battre? dit-il, tu ne verras pas, toi qui es myope, le bout de compas de ton adversaire; on va te tuer.

— Que veux-tu que j'y fasse? tu pourrais bien te passer de me dire cela.

— Contre qui te bats-tu?

— Je n'en sais rien.

— As-tu un compas?

— On m'en donnera un.

— Au diable les anciens! ils auraient bien pu choisir pour servir de troisième à Brieu un de nos amis qui ne fût pas un

---

gnies, dans les classes, au réfectoire, quelqu'un daignait lui parler; le *buson* était un vrai paria.

La société dont je faisais partie, comptait parmi ses membres des sergens, des fourriers, des caporaux, des grenadiers et des voltigeurs. Plusieurs d'entre eux se seraient fait distinguer même à l'Ecole polytechnique. Elle a fourni à l'armée les généraux de division d'artillerie Bonnet et Bressoles; le général de brigade Galinié et le général Rey, représentant du peuple à l'assemblée constituante et à l'assemblée législative, et plusieurs colonels de toutes armes.

Mon compatriote Thomassin n'a pas voulu monter si haut. Après avoir fait honorablement les rudes campagnes de 1813, 1814 et 1815, et servi peu de temps la Restauration, il a quitté sa vie agitée et vide des garnisons pour la vie sédentaire et laborieuse de greffier en chef du tribunal civil de Saint-Pons. Il s'est marié à une femme spirituelle, instruite, aimable et bonne, et en a eu deux filles qui ont le bonheur de ressembler à leur mère.

Darmagnac, neveu du général de ce nom, dont il ne partageait pas les opinions politiques, ne voulant pas servir les Bourbons, est allé se faire tuer en Grèce dans la guerre qui a assuré l'indépendance de ce pays. (*Note de l'auteur.*)

conscrit et qui y vît plus clair que toi, qui n'y vois pas la nuit plus loin que ton nez ! On va te tuer !

— Quand tu me répéteras cent fois ce que je sais, pour le moins aussi bien que toi, à quoi bon ? J'ai été désigné pour me battre, quoi qu'il puisse arriver, je me battrai.

— Tu te battras, me répondit mon camarade en grommelant, tu te battras ! Tiens, je sais bien que tu te battras ; mais comment te battras-tu ?

— Comme on se bat.

— Oui, mais comment t'en tireras-tu ?

— De mon mieux.

— Mais, malheureux ! tes yeux sont détestables, et la nuit, sur ce grand palier où vous allez vous battre, éclairé par un seul réverbère qui n'éclaire pas, et par la lanterne fumeuse du sergent de ronde, tu y verras comme dans la gueule d'un loup. On va te tuer.

— Mais encore une fois, comme en cent, que veux-tu que je fasse à cela ?

— On te tuera.

— Sais-tu que tu m'impatientes ? Si l'on me tue je serai mort ; il est au moins inutile que tu me chantes toujours le même refrain.

— Ne te fâches pas.

— C'est que tu lasserais la patience d'un ange.

— As-tu de la charpie ?

— Non.

— Des compresses ?

— Non, non.

— Des bandes ?

— Non, non, non !

— Des onguents ?

— Non, non, non, non !

— De l'eau de Goulart ?

— Non, non, non, mille fois non !

— Si tu es blessé, avec quoi te pansera-t-on ?

— Est-ce que je le sais ? Mais, voyons : pourquoi veux-tu que je sois blessé ?

— Tu es si myope !

— Vas te promener !

— Puis-je être ton témoin ?

— Je l'ignore.

— Vous allez vous aligner tous les six à la fois ?

— C'est probable.

— Eh bien ! il vous faudra un témoin. Je serai celui de Brieu, celui de Darmagnac et le tien.

— Arrange cela avec Brieu. En attendant, écoute-moi. Il est possible que je sois tué. Je suis myope, comme tu t'es plu à me le répéter; et, de plus, — à quoi sert de le nier? — je suis maladroit. Si malheur m'arrive, annonce-le à mon père ou à ma mère. Mais non, ce coup serait trop affreux. Tu es l'ami de mes frères, écris-leur et bonne nuit.

— Tu crois que je vais dormir? répondit mon compatriote d'une voix émue. Il me tendit la main, nos têtes se rapprochèrent, nous nous embrassâmes.

Je m'endormis.

Plus sage ou moins étourdi que moi, Thomassin ne ferma pas l'œil de la nuit; ce fut lui qui, me secouant par le bras, m'avertit de l'arrivée du sergent Brieu.

— Es-tu prêt, me dit celui-ci à voix très basse.

— Oui.

— T'es-tu rendormi?

— Oui.

— Superbe! magnifique! Comme Alexandre avant la bataille d'Arbelles! comme Napoléon la veille d'Austerlitz! Lève-toi.

Je me levai.

— Faut-il que je m'habille? dis-je à Brieu.

— Point. Les souliers, la culotte et les bretelles; c'est la tenue.

— Pas de casque à mèche? demanda Thomassin.

— C'est entendu, répondit Brieu en riant tout bas. Un élève de la spéciale qui irait se battre en bonnet de nuit, la coiffure bien-aimée des épiciers, ce serait du propre.

Il rit de nouveau; Thomassin et moi nous l'imitâmes de bon cœur.

— Dis-moi, Brieu, reprit Thomassin, puis-je vous servir de témoin?

— Nous avons Rhul.

— C'est que je serais bien aise de me trouver là quand *il* se battra; il est si myope!

— Est-ce que tu lui prêteras tes yeux pour qu'il y voie mieux? répliqua Brieu riant toujours.

— Non; mais je le placerais comme il faut, je le soutiendrais de ma présence, je serais là enfin!

Je remerciai mon ami de ses intentions obligeantes, et je dis à Brieu que j'étais prêt à le suivre.

— Eh bien! me dit-il, en avant! marche!

Je serrai la main de Thomassin. En m'éloignant, je l'entendis murmurer entre ses dents ces mots qui attestaient son amicale sollicitude, mais qui n'étaient pas faits pour me rassurer.

— Mon Dieu! mon Dieu! il est si myope! comment se tirera-t-il de là? On va le tuer...

Sous l'unique réverbère qui éclairait l'immense palier en forme d'étoile où venaient aboutir cinq compagnies, je trouvai mes camarades Rhul et Darmagnac. A deux pas, je vis quatre élèves dont trois m'étaient inconnus ; je connaissais de vue le quatrième, appelé Ménard, de Carcassonne ou des environs : c'était le témoin de nos adversaires. Rhul et Ménard portaient leurs uniformes ; les adversaires de Brieu et de Darmagnac étaient comme moi en tenue de combat ; Brieu y fut bientôt.

Ménard présenta à mes partners et à moi trois compas de la même longueur solidement attachés à un manche à balai. Rhul offrit des armes pareilles à nos adversaires. Nous nous plaçâmes sur deux rangs.

Brieu se mit au centre de sa ligne.

J'avais en face de moi un jeune homme de dix-sept ans, d'une taille petite mais replète ; je remarquai qu'il avait les cheveux rouges.

Ménard éleva la lanterne du sergent de ronde de manière à ce qu'il pût voir et éclairer le mouvement des combattans. Rhul était en face de lui.

Au moment où nous allions croiser le fer, Rhul, qui avait le grade de sergent, me dit d'un ton de sévère recommandation : Dans la spéciale, on ne sait pas ce que c'est que de rompre ; ainsi, que ton pied gauche ne bouge pas d'un pouce, entends-tu ? sinon, *buson*. Allons ! commencez, et, pour que ce soit bientôt bâclé, ne ferraillez pas. Le capitaine Létendart va faire sa ronde ; il ne faut pas qu'il nous surprenne ici.

Les six compas se baissèrent, les fers s'engagèrent, le combat commença.

La recommandation de Rhul et la crainte de devenir *buson* me donnèrent une sorte de rage fiévreuse ; je me précipitai en aveugle sur mon adversaire qui recula d'une demi-semelle.

— Ferme, Crouzet ! lui cria Ménard, qui m'apprit ainsi le nom de mon antagoniste.

Crouzet marcha bravement sur moi ; je l'attendis de pied ferme. Son compas s'enfonça dans un bouton de ma culotte ; avant qu'il l'en retirât il avait reçu deux blessures à la main droite.

Ménard et Rhul déclarèrent que le combat était fini.

Je jetai les yeux sur le champ de bataille. Brieu avait reçu un coup en pleine poitrine ; son adversaire demanda à sucer sa plaie : cette opération fit couler le sang en abondance.

Darmagnac n'avait reçu aucune blessure. Les deux amis de Crouzet avaient été fortement touchés : l'un à la cuisse, l'autre à l'avant-bras droit.

— Tu as fait merveille, me dit Rhul en me serrant la main ; à partir de ce moment, tu n'es plus un conscrit.

Ménard, Crouzet et leurs amis rentrèrent dans leur compagnie. Je dis adieu à mes camarades et je regagnai mon lit.

Thomassin m'attendait avec impatience. Sa première question fut :

— On ne t'a pas tué ?

— Il paraît que non, lui répondis-je.

— C'e t étonnant! Tu n'es pas même blessé ?

— Ni blessé ni mort. Tu calomniais mes yeux, et tu te défiais trop de mon adresse.

Je lui fis le récit des incidents de notre rencontre.

— Je te félicite, répliqua mon Saint-Ponais, d'en être quitte à si bon marché; j'aurais parié cent contre un, que tu n'en reviendrais pas.

— Je crois, Dieu me pardonne que tu es fâché de n'avoir pas deviné juste.

— Non pas, non pas; mais tu viens de jouer une partie sans atouts, ni rois, ni as, et tu l'as gagnée; tu conviendras, mon cher, que c'est avoir du bonheur.

Nous nous donnâmes une poignée de main et nous nous endormîmes, Thomassin, tout étonné de s'être trompé dans ses prévisions, moi fort satisfait que les événemens ne les eussent pas justifiées.

— Ma foi, s'écria gaîment M. Kerkoff, ces détails d'intérieur sont fort curieux. Mais savez-vous? je suis de l'avis de votre ami M. Thomassin. Vous deviez rester sur le carreau. Ne pouviez-vous remettre votre duel, après votre sortie de l'École, et à un temps où vous auriez pu vous battre en plein jour avec des armes courtoises ? Un combat nocturne ne serait pas de mon goût! Comme Ajax, le fils de Télamon, j'aurais peur des ténèbres ; j'aimerais à me battre à la clarté des cieux !

— Un pareil ajournement, répondis-je, n'est pas possible à Saint-Cyr; le point d'honneur, quand il s'agit d'un duel, ne connait aucun retard.

M. Wigonouski se leva, la veillée était finie; M. Kerkoff se retira.

Je souhaitais la bonne nuit au curé et à ces dames, quand Mlle Wigonouvski réclama mes deux essais de traduction. Je m'empressai de les lui présenter; elle y jeta un coup d'œil.

— Il y manque quelque chose, dit-elle; vos vers ne sont pas signés ; nous tenons beaucoup, ma mère et moi, ajouta-t-elle obligeamment, à ce que votre signature atteste que vous nous avez donné vos œuvres.

Elle alla chercher dans le cabinet de son oncle une écritoire et une plume, j'écrivis au bas de chaque morceau la formule sacramentelle : *Hommage de la reconnaissance profonde, du profond respect du traducteur* Justin Bouisson; après quoi j'offri le *pater* à la mère et le *super flumina* à la fille.

Comme je sortais du salon, le curé disait au capitaine :

— Le froid est très vif; nous en souffrirons un peu ; heureusement nous n'allons qu'à seize verstes d'ici.

— Où vont à cette heure, M. Wigonouvski et Jackson ? me dis-je ; je le saurai, sans doute, demain.

Le lendemain, mon hôte et mon camarade n'assistaient pas au repas du matin.

La politesse ne me permettait pas de faire des questions répétées sur les causes de leur absence, mais elle m'imposait le devoir de demander si ces messieurs n'étaient point malades. Mme Wigonouvski répondit à cette question que ces messieurs étaient allés faire une visite à un seigneur du voisinage, et qu'ils rentreraient dans la journée. Je dus me contenter de cette réponse.

Je me retirai dans ma chambre pour écrire à mon père. Ma lettre ne lui parvint point. Je dirai, en passant, qu'aucune de celles que j'ai écrites de Varsovie, de Grodno, de Minsk, de Tchernigoff, d'Obaianka, de Voronège, de Koslof et d'autres villes où je me suis arrêté, n'est arrivée à sa destination.

Le gouvernement russe ne souffrait pas que des lettres de ses prisonniers allassent au loin consoler leurs familles et leur donner l'espérance qu'elles les reverraient un jour.

Pendant que j'écrivais, Jackson entra dans ma chambre, il mit ses mains dans les miennes : mes mains sont gelées, dit-il.

— Il fait donc bien froid?

— Moins que cette nuit qui a été rude.

— Vous avez fait une longue course?

— Non ! partis d'ici à une heure du matin, nous sommes arrivés à deux, au château du comte de ***, qui nous était venu chercher dans la soirée. Nous n'avons pas jugé convenable de vous metttre du voyage. Monsieur Kerkoff, s'il était venu ici dans la matinée, aurait pu s'étonner de l'absence de ses deux prisonniers.

— Fort sagement raisonné. Qu'avez-vous fait chez le comte de *** ?

— Nous n'y avons rien fait : *nous y avons vu ?*

Jackson appuya sur le dernier mot.

Je le regardai fixement.

— *Vous y avez vu,* lui dis-je, quoi donc ! des francs-maçons ? des francs-juges ? des conspirateurs?

— Je n'ai vu dans le château que le maître, M. Wigonouvski, et le serviteur de céans qui parle latin.

— Ecoutez, Jackson, si vous n'aviez pas voulu me dire le but de votre voyage nocturne et m'apprendre son résultat, vous ne m'auriez pas mis sur la voie et vous ne seriez pas ici. Expliquez-vous donc, à moins que vous ne jugiez que je sais de cette course mystérieuse tout ce que je dois en savoir. Si la chose est ainsi, vous me connaissez assez pour être bien sûr que je ne chercherai pas à pénétrer un secret que vous désirez me cacher...

Vous plaît-il que nous allions visiter nos braves amis Hutteau et de Champs? Etienne Rieux est venu me donner tous les jeurs de leurs nouvelles. Mais, depuis notre arrivée dans ce village, nous ne nous sommes pas vus. Ils se tiennent col chez eux comme des loirs ; nous demeurons blottis chez nous comme des marmottes ; il n'y a pas moyen de se rencontrer.

— Nous nous rencontrerons après-demain.

— Pourquoi après-demain ?

— C'est le jour fixé pour notre départ d'ici.

— La volonté de Dieu et des Russes soit faite, quoique, je l'espère bien, il n'y ait rien de commun entre eux ! Quand mon heureuse étoile m'a conduit dans cette maison, je n'ai point pensé que je dusse y planter ma tente ; je suis prêt à la quitter. Mais vous pourriez...

— Je pourrais trouver ici une autre Capoue, je le sais; mais je dois accepter toute entière la part que m'ont faite les chances de la guerre. Venez, allons visiter nos amis. Vous saurez les secrets de la nuit dernière, je n'en ai pas pour vous ; à cette heure, une confidence ne serait pas à sa place.

Nous allâmes voir de Champs et Hutteau, logés avec Etienne Rieux chez un tokare (tourneur), nous leur apprîmes notre prochain départ du village. Nous en partîmes, en effet, le surlendemain.

Ceux qui se sont séparés d'êtres chéris, certains de ne pas les retrouver un jour, comprendront quelle fut l'amertume de nos regrets, quand nous nous séparâmes de nos hôtes ; ils la comprendront surtout si, comme nous, jetés captifs par les vicissitudes de la guerre à une immense distance du pays natal ou du pays adoptif, avoir trouvé sur une terre inhospitalière, sous un ciel inclément, au milieu d'un peuple barbare, les douceurs ineffables du toit paternel, ils ont dit un adieu sans fin, au père, à la mère, à la sœur qu'un hasard providentiel leur avait donné dans un digne prêtre, grand citoyen ; dans une femme, ornement et modèle de son sexe ; dans une jeune fille, si admirablement douée des qualités qui plaisent, des talens qui séduisent, des grâces qui captivent, des vertus qui commandent le respect, qu'on ne prenait pas garde à son esprit et qu'on oubliait sa beauté. Le souvenir des bienfaits de M. Wigonouvski, de sa sœur et de sa nièce, restera dans mon cœur aussi longtemps que le souvenir des malheurs qu'ils ont adoucis.

Nous partîmes dans un traineau couvert que cette noble famille nous força d'accepter ; le latiniste le conduisait. M. Wigonouvski avait voulu que son serviteur nous menât à la première couchée.

Lévronski suivait dans un sani qu'il tenait de la bonté de Mme Wigonouvski ; il s'y carrait comme un général romain sur son char triomphal, chantant à pleins poumons et n'interrompant ses chants que pour lancer aux koutcherrs, qui venaient derrière, des lazzis et des quolibets.

Ces chants et cette gaîté me mirent en mémoire que Lévronski chantait aussi, était gai aussi lors de notre départ de Bobruisk, après avoir volé le sac de farine du boulanger, son hôte ; je craignis que, cédant à sa nature russe, il n'eût volé M. Wigonouvski ; cette crainte me parut d'autant mieux fondée que son véhicule était encombré de caisses et de bagages.

Jackson ne partagea pas mes appréhensions, — elles calomniaient Lévronski ; tout ce qui appartenait à la famille Wigonouvski était sacré pour notre dennechick ; les effets qui éveillaient mes soupçons devaient être les effets de ses camarades ou ceux de Kerkoff.

Le raisonnement du capitaine me rassura, je laissai la gaîté de Lévronski s'épanouir en toute liberté. Arrivé à l'étape, je fus logé avec mes commensaux d'habitude, chez un revendeur.

Nous allâmes attendre l'heure de notre dîner dans un café. Lévronski vint nous y chercher.

Il était d'une gaîté si bruyante, que je repris ma première crainte.

—Ce drôle, me dis-je, ne serait pas si content, s'il n'avait fait quelque tour de son métier.

Nous arrivâmes au logis : jugez de notre étonnement ! Le bois grossier de la table sur laquelle nous devions prendre notre repas avait disparu sous un linge blanc et fin ; sur des assiettes d'étain, si luisantes qu'on aurait dit de la vaisselle plate, étaient posées des serviettes fines, blanches comme la nappe ; aux deux bouts de la table nous vîmes un jambonneau, du saucisson, du beurre et du piment ; au milieu, un superbe gigot de mouton frais, plusieurs espèces de pâtisserie, et, ce qui attira surtout notre attention, sur des plateaux en cuivre, plusieurs bouteilles de vin cacheté.

C'était une attention de Mme Wigonouvski. C'était l'expectative de cette bonne chère, et surtout l'espoir de goûter du vin, dont il ne connaissait pas plus l'usage qu'un observateur fidèle des préceptes du Coran, qui avaient mis notre Russe en si belle humeur. Là ne s'étaient pas bornés les soins affectueux de Mme et de Mlle Wigonouvski. Tous les effets de corps dont elles avaient deviné que nous avions un grand besoin, des bottes fourrées, des souliers, des gants, des mitaines et des provisions de viande salée avaient été placées dans des caisses parfaitement conditionnées.

Le lendemain matin, avant de prendre congé de nous et de recevoir nos complimens pour la famille Wigonouvski, le domestique du curé me remit un petit paquet de la part de Mlle Wigonouvski. Je l'ouvris avec empressement. Sous une double enveloppe était le paroissien romain que j'avais trouvé dans ma chambre. Sur la première feuille elle avait écrit de sa main : *Donné comme un souvenir et une recommandation à mon-*

sieur Justin Bouisson, officier français, par mademoiselle Anastasie Wigonouvski.

— Portez, dis-je au latiniste, les assurances de ma profonde reconnaissance et de mon humble respect à monsieur, à madame et à mademoiselle Wigonouvski : dites à Mlle Anastasie que je tâcherai de me rappeler sa recommandation, et que je garderai son livre tant que je vivrai comme le plus cher et le plus précieux des souvenirs.

XVIII.
Route de Tchernigoff.

e capitaine Rouquié et sa petite chienne turque.

Ceux qui lisent ces souvenirs voudront bien se transporter avec moi dans un petit village distant de soixante verstes de Mohilew, et me suivre dans une salle d'auberge percée de quatre fenêtres, larges comme le guichet d'un confessionnal, qui éclairent cette pièce, la plus importante de la maison. Autour d'une table massive et mal rabottée, ils distingueront, autant que pourra le permettre une épaisse fumée qui s'échappe de quinze bouches comme d'autant de fourneaux, quinze officiers de la division Puthod et de la garnison de Dantzick.

Ces messieurs causent à voix basse, et boivent, les uns de la bière, les autres de l'eau-de-vie de grain. Tous fument du tabac turc dans des pipes en bois, dont le godet et le tuyau n'ont d'autre prix, pour un amateur, que d'être admirablement culottés.

Je les prie de faire attention à l'un des fumeurs assis à l'un des bouts de la table.

C'est un homme de quarante-cinq ans, taille de cinq pieds un pouce, épaules larges, bras longs et nerveux, mains sèches et velues, tête grosse couverte de cheveux noirs grisonnant à peine, sourcils noirs, épais, yeux gris, petits et pleins de feu, nez aquilin, bouche grande, armée de dents blanches et pointues ; visage long, couleur olive. Tout, dans les traits de cet homme, accuse une nature méridionale, impressionnable, ardente et résolue ; il tient sur ses genoux une petite chienne à poil ras ; cet officier est une ancienne connaissance du lecteur, c'est le capitaine adjudant-major Rouquié.

Devant une seconde table, près du poêle, douze Mougicks russes boivent du prostaïavodka (eau-de-vie commune). Ils fument, ils causent aussi, mais si bruyamment que cinq ou six koupets, placés autour d'une troisième table, ont beau rapprocher leurs visages pour s'entretenir de leurs affaires, il leur est impossible de s'entendre. Importuné de leurs éclats de voix mêlés de chants, tantôt obscènes, tantôt injurieux pour l'Empereur Napoléon et pour la France, l'hôte, homme à cheveux blancs, à l'air et à la figure honnêtes, s'approche d'eux, et du ton obséquieux d'un subalterne qui craint toujours de blesser ses maîtres, lors même qu'il ne leur demande qu'une chose juste, les prie de faire moins de bruit et de ne pas troubler les conversations des personnes qui sont dans son cabaret.

Un des Mougicks, à qui s'adresse cette humble prière, se lève ivre de colère et de vodka, saisit le Lithuanien à la gorge, le secoue de toutes ses forces, et, le repoussant avec violence, l'envoie tomber à reculons sur le dos du capitaine Rouquié; il s'élance en même temps d'un seul bond vers cet officier qu'il traite de voleur, de brigand, d'athée, de chien, et lui demande d'un ton furieux si c'est lui qui vient d'ordonner à ce chien de Polack de lui imposer silence. Le capitaine regarde le Mougick en face, hausse les épaules et lui rit au nez.

Le poing du Mougick s'abat sur la figure du capitaine; celui-ci se dresse sur ses pieds, prend sur la table un broc cerclé en fer, rempli de vodka, et, sans prononcer un mot, sans ôter sa pipe de sa bouche, il frappe le Mougick à la tête si fort et si raide, qu'il l'étend à terre sans mouvement et sans vie; puis, il se rassied et continue à fumer.

Voilà l'exposition de la scène que je vais essayer de raconter.

Après le terrible coup porté par le capitaine Rouquié, les compagnons du mort, poussant des rugissemens de rage, s'avancèrent vers nous, tenant à la main de petites haches dont les paysans russes sont toujours munis.

Les officiers de Dantzick dégainèrent; ceux de Putbod saisirent les bancs et les brocs qu'ils trouvèrent sous leurs mains; une mêlée était inévitable, lorsqu'un soldat moscovite qui passait dans la rue, attiré par les cris, les provocations et les hurlemens qui retentissaient dans le cabaret, montra par une des fenêtres sa figure enluminée. C'était Lévronski.

— Courez chercher vos camarades, lui dis-je, et venez armés. Qu'Etienne Rieux vienne avec les siens; ne perdez pas une seconde. Lévronski partit comme un trait; deux minutes après, il parut sur la porte de la salle à la tête de nos dennchicks russes. Rieux suivait avec nos dennchicks français.

Evidemment nous étions les plus nombreux et les plus forts; nos adversaires le comprirent, tout ivres qu'ils étaient; aussi se retirèrent-ils en nous laissant pour adieux des imprécations et des menaces.

Nous voilà donc maîtres du champ de bataille et du mougick tué, mais très embarrassés de cette victoire et de ce trophée, et fort inquiets des suites de cette affaire. Il y avait un homme mort, et ce mort était un Russe; comment l'autorité militaire envisagerait-elle cet événement? C'est ce que nous nous demandions, lorsqu'un personnage officiel apparut au milieu de cette scène de trouble et de confusion. — C'était le commandant de place, suivi de toute sa garnison, composée d'une vingtaine de soldats.

— Qui, demanda-t-il en français, a tué l'homme étendu là?

— C'est moi! répondit hardiment le capitaine Rouquié, en s'avançant; oui, c'est moi. Je l'ai tué, de même que j'aurais tué tout autre qui, comme cette canaille, aurait porté la main sur moi; de même que je tuerais quiconque me frapperait à la joue, vous tout le premier.

— Monsieur, dit au Russe le capitaine de Récald, vous a-t-on rendu compte des circonstances qui ont amené si malheureusement, et, certes, bien contre l'intention de notre camarade, la mort de ce Mougick?

— Monsieur, répondit le commandant en appuyant sur chaque mot, je vois ici un Russe *assassiné*; l'auteur de cet *assassinat* est un prisonnier, un Français, il y a des témoins de *l'assassinat*; *l'assassin l'avoue et s'en vante*; cela me suffit; le procès est fait, la cause est jugée.

Rouquié voulait répondre, nous l'en empêchâmes.

— Pour Dieu! lui dîmes nous, n'aggravez pas votre position, laissez parler M. de Récald.

Celui-ci répliqua au commandant:

— La cause est jugée, dites-vous, monsieur? D'après quels témoignages?

— Sur ceux des amis du mort, sur l'aveu de l'assassin; il ne faut pas d'autres preuves. Soldats, arrêtez cet homme, dit-il en se tournant vers ses fantassins.

Nous pâlîmes tous. Rouquié demeura impassible. Les soldats firent un mouvement pour le saisir; nous le plaçâmes au milieu de nous pour le défendre; nos camarades de Dantzick, avec leurs épées; nous, officiers et soldats de la Bober, avec des banquettes et des bâtons.

Nos dennchicks russes, en présence d'un officier de leur nation, avaient pris une attitude respectueuse; il était à peu près évident que nous ne pouvions pas compter sur eux; je cherchai Lévronski des yeux; il n'était plus là.

— Prenez garde à ce que vous allez faire, dit M. Récald au commandant, en maîtrisant son émotion, M. le capitaine adjudant-major Rouquié a reçu un outrage, le plus grand qu'on puisse faire à un homme d'honneur qui est Français, qui est officier français! Ce Mougick lui a donné un soufflet; comprenez-vous? un soufflet!... Là, devant tous ses camarades, devant ces Russes, devant ces Lithuaniens et ces Polonais qui m'écoutent. Interrogez-les ensemble ou séparément; demandez à tous ou à chacun si cet officier avait fait au mort la moindre offense, s'il lui avait même adressé la parole. Frappé au visage, il a cédé à un sentiment naturel; sans préméditation, même sans réflexion, il a pris le premier objet qu'il a trouvé à sa portée, ce broc qui était sur notre table, et il en a asséné un coup sur la tête de l'insulteur. Son intention n'était pas de le tuer, mais de le punir. L'intention fait la criminalité d'un fait ; ici, où est l'intention ?... Il n'est pas de tribunal au monde qui, en présence des choses telles qu'elles se sont passées, mît en jugement notre compagnon.

— Cela saute au yeux, dîmes-nous; cela est clair comme le jour. Le capitaine ne voulait pas tuer le Mougick, mais le châtier. Le coup qu'il lui a porté a été malheureux, voilà tout.

Le Russe répliqua à M. de Récald :

— En France, le meurtrier serait jugé d'après les lois de son pays ; en Russie, il sera jugé d'après les lois russes.

— Mais, monsieur, qui le jugera ?

— Moi ! qui ordonne qu'on le saisisse ; qu'on le garrotte s'il résiste, et qu'on le conduise sur la place où il recevra trente coups de knout.

Nous poussâmes un cri d'indignation ; le visage de Rouquié devint pourpre, sa voix accentuée domina nos cris.

— Le knout à moi !... au capitaine Pierre-Barthélemy-Guillaume Rouquié ! à un troupier qui a vingt quatre ans de service sur la carcasse ! autant de campagnes dans le ventre !... toutes les campagnes de la République et de l'Empire, rien que ça ! Allons donc ! vous voulez rire ? Le knout à un dur-à-cuire qui a reçu cinq coups de feu en pleine poitrine... Excusez du peu ! Vous vous moquez de moi ! Je suis prisonnier des Russes ; je ne suis pas leur esclave... Traitez vos soldats comme des bêtes de somme, vos Mougicks comme des brutes ; ils méritent ces traitemens, puisqu'ils les souffrent. Moi, entendez-vous ? traitez-moi en officier français, traitez-moi en homme libre... Faites-moi juger par des juges... justes, s'il y en a dans votre chien de pays ; des juges qui ne prononcent qu'après avoir entendu des témoins dignes de foi ; et, après m'avoir entendu, moi, dont la parole, sacrebleu ! vaut bien un témoignage prêté avec serment ! S'ils me condamnent à mort, je subirai ma sentence en brave, sans pâlir ni trembler... Qu'on me fusille, à la bonne heure ; mais point de knout !

Sur un commandement de leur officier, que la fière réponse du capitaine rendit furieux, les soldats armèrent leurs fusils.

Le capitaine de Récald voulut encore intervenir.

— Je ne vous écoute plus ! s'écria le commandant. Si cet homme, cet *assassin* ne se livre pas de suite entre mes mains (il prit et il baisa à plusieurs reprises un portrait de l'empereur Alexandre suspendu à son cou), je le jure par le père.... j'ordonne le feu à l'instant même.

— Vous n'égorgerez pas notre camarade, reprit de Récald,

sans que nous protestions tous contre cet abus de la force, contre cette violation du droit des gens. Vous répondrez du sang que vous allez verser.

— Protestez, faites tout ce que vous voudrez, mais que l'assassin se rende, se rende à l'instant, sinon feu !

Toute résistance était inutile ; nous n'en essayâmes aucune.

— Me voilà ! dit le capitaine Rouquié, en jetant, à côté du Mougick mort, le broc qu'il avait pris sur la table, pour s'en faire une arme ; oui, me voilà ! Vous ne me faites pas peur ; vos fusils et votre knout ne m'empêcheront pas de vous dire en face que les Russes sont de la canaille et des lâches ! Il n'y a que la canaille qui puisse condamner à mort, sans l'entendre et sans le juger, un homme qui n'a fait que se défendre ; des lâches peuvent seuls assassiner un prisonnier de guerre, placé par sa position sous la protection de la loi et du droit des gens.

Tas de gredins ! ce n'est pas comme ça que nous avons traité en France les soldats que nous vous avons pris par milliers en Hollande, en Autriche, en Italie, en Suisse, en Prusse, en Pologne, en Russie, sur tous les champs de bataille où vous avez osé vous montrer. Vous êtes des capons et je me f... de vous !

Ah ! te voilà aussi, toi ! ma pauvre Zémire ! tu te rends prisonnière comme ton maître ! Tu veux partager sa mauvaise fortune, comme tu as partagé son bonheur, tu veux mourir avec lui ?

En prononçant ces derniers mots adressés, on le devine, à sa petite chienne turque, la voix du capitaine était légèrement altérée ; cette émotion ne dura qu'une minute.

— Monsieur Bouisson, reprit-il d'un ton ferme, j'ai été votre capitaine, et vous êtes mon plus proche pays : je vous donne Zémire. Ayez-en soin, je vous la recommande, et la recommandation d'un ami qui va mourir doit être sacrée pour un ami autant ou plus que l'ordre d'un capitaine pour son lieutenant ; oui, je vous la recommande, cette pauvre bête, aimez-la comme je j'ai aimée, comme l'aimait ma pauvre femme, et, quand vous aurez le bonheur de revenir à Saint-Pons... eh bien ! allez à Saint-Amand, et remettez-la à ma vieille mère ; dites-lui qu'elle a eu, cette bonne vieille mère, ma dernière pensée ; mais cachez-lui le genre de mort que ces brigands...

Ici la voix du capitaine faiblit pour la deuxième voix ; mais, reprenant toute sa fermeté :

— Approchez-vous un peu, que je vous dise deux mots à l'oreille.

Il me les dit en glissant quelque chose dans ma main.

— Et maintenant, poursuivit-il, adieu ! adieu ! vous tous mes camarades, mes amis ! A bas les Russes ! Vive la France ! vive l'Empereur !

Il se tourna du côté du commandement, et, d'un air et d'un ton de mépris écrasant :

— Vos soldats ne doivent pas avoir peur d'un seul homme désarmé s'ils sont vingt contre un, sans vous compter; qu'ils marchent devant, je les suis.

Le commandant donna l'ordre à sa troupe d'emmener le capitaine hors du kaback et de le conduire sur la place publique. Nous suivîmes tous.

Le capitaine Jackson marchait à côté de moi.

— Ceci prend une mauvaise tournure, me dit-il. M. Kerkoff peut seul faire entendre raison à cette bête brute de commandant, et sauver notre camarade. Malheureusement il n'est pas dans le village ; je crois qu'il est dans un château, à quelques verstes de ce sélo.

— Ah! vous m'y faites songer, m'écriai-je. J'appelai Rieux. Où est Lévronski ? lui dis-je.

Rieux me répondit que notre dennchick, quand il avait vu le commandant entrer dans l'auberge, en était sorti précipitamment, et qu'il l'avait vu courir du côté de notre logement, comme si une meute de diables eût été à ses trousses.

Jackson me demanda ce que je voulais de Lévronski.

— Je voulais, lui dis-je, le dépêcher au château où est M. Kerkoff, pour l'instruire de ce qui se passe.

— Il y est allé, fit Jackson, le brave garçon a vu de suite de quoi il retournait ; il a couru à votre logis chercher un traineau ; à cette heure, il est sur la route du château.

— Vous croyez?

— J'en suis sûr. Il ne faut pourtant pas que cette certitude nous endorme ou nous paralyse. Faisons tout ce que notre position nous permettra pour sauver notre compagnon. Boscarolli était là tout à l'heure... Ah! je le vois... venez !

Nous joignîmes le courrier de l'Empereur ; et tout en marchant :

— Monsieur, lui dit le capitaine, vous parlez la langue russe ?

— Passablement, répondit Boscarolli.

— C'est parfaitement que vous voulez dire ? reprit Jackson.

L'Italien s'inclina. L'Irlandais lui rendit son salut et continua :

— Vous parlez parfaitement la langue russe, c'est convenu ; vous êtes Italien et homme d'esprit, c'est encore convenu ; ne répondez pas... la vie de Rouquié tient à un fil ; nous n'avons d'autre espoir que dans le sergent Pouskoï ; il est vain et poltron ; flattez-le et faites-lui peur.

— A quoi bon ?

— Vous le saurez.

— Comment m'y prendre ?

— Rien de plus facile. Pour le flatter, dites-lui : Votre capitaine a été chargé à Minsk de la conduite de notre convoi jusqu'à

Koursk. Nul n'a le droit de se mêler de son commandement, de lui donner des ordres ou de contrarier ceux qu'il a reçus; après lui vous êtes le premier; présent, vous relevez de lui seul; absent, vous ne relevez de personne. En s'emparant d'un prisonnier qui est actuellement sous votre surveillance, dont vous répondez corps pour corps, le commandant qui, après tout, n'est qu'un simple lieutenant, empiète sur vos droits, usurpe votre autorité; demandez lui donc votre prisonnier; qu'il le remette entre vos mains, ou, que, tout au moins, il ne touche pas à un de ses cheveux jusqu'à l'arrivée de votre supérieur, qui arrangera cette affaire dans la limite de ses droits et de ses pouvoirs.

— Dites-lui, pour l'effrayer : M. Kerkoff, averti de ce qui arrive, sera ici dans une demi-heure. S'il trouve le capitaine encore vivant, mais en prison par ordre du commandant de place, il dira qu'en vous laissant enlever un prisonnier dont vous devez lui rendre compte, vous avez manqué à votre consigne; vous avez souffert que l'autorité de votre chef fût méconnue dans la personne de son représentant. Alors adieu vos galons! adieu vos médailles! gare les battocks.

Si M. Kerkoff arrive après l'exécution du capitaine, gare le knout! Après le knout, si vous n'en mourez pas, gare les mines de Sibérie ou les prisons souterraines de Schusselbourg!... Ce que vous avez de mieux à faire, c'est de réclamer notre camarade au nom de votre capitaine et au vôtre, sinon vous savez ce qui vous attend. Dites-lui cela, en termes meilleurs, je n'entends pas vous donner des leçons; je serais, au contraire, disposé à en prendre de vous, — car je vous crois plus fait pour écrire des dépêches diplomatiques, que pour les porter; oui, dites-lui cela, et je suis bien trompé, ou vous sauverez notre frère d'armes. — Pouskoï, pressé par la peur ou la vanité, demandera au moins un sursis à ce goujat de Russe qui n'osera le refuser... Ainsi le temps filera, Kerkoff aura celui d'arriver, mais vous n'en avez pas à perdre. Au nom du ciel! qui daigne vous inspirer et vous conduire, allez, monsieur.

Boscarolli nous quitta; il avait fait quelques pas; il revint.

— Kerkoff prendrait-il sur lui la présence d'un délit flagrant?

— Oh! que oui! répliqua Jackson, dans ce pays de routine et d'obéissance servile les ordres ne se supposent point, ne s'interprètent point; on ne va pas au delà, on ne reste pas en deçà. Kerkoff a l'ordre de conduire à Koursk le capitaine adjudant-major Rouquié; il doit l'y mener, à moins que cet officier ne meure en route, ou ne reste malade dans un hôpital. Cet ordre ne prévoyant pas le cas où se trouve le capitaine, Kerkoff l'exécutera à la lettre.

Nous arrivâmes sur la place publique; le commandant entra dans une belle maison, celle qu'il habitait, et s'y renferma pour prendre les mesures nécessaires à l'exécution; un factionnaire fut placé à sa porte.

Au milieu de la place, la garnison se forma en cercle et resta immobile, l'arme au bras.

Dans le cercle, le capitaine, si calme qu'on eût juré qu'il ne devait jouer aucun rôle (et quel rôle!) dans le drame horrible qui se préparait, s'assit sur un banc, parut se recueillir mentalement et s'isoler par la pensée des objets qui l'entouraient.

A quelques pas du cercle, nous nous réunîmes en groupe, causant à voix basse, attendant pleins d'inquiétude!...

Un quart-d'heure s'écoula. Pendant ce court intervalle de temps, plusieurs Mougicks entrèrent chez le commandant, et en sortirent presque aussitôt; nous ignorions le motif de ces allées et de ces venues.

Un bruit circula sur la place, qui attira toute notre attention.

Le bourreau du village, disait-on, était malade, et personne ne se présentait pour le remplacer.

— Il s'en présentera, gardez-vous d'en douter, dit le capitaine de Récald; vous voulez qu'une exécution à mort, et par le knout encore, manque faute d'un exécuteur, dans un pays où un empereur qu'ils appellent grand a rempli les fonctions de bourreau, où ses ministres ont décapité des strélitz et empalé des généraux, des princes et des archevêques!... Si le pauvre capitaine Rouquié n'a pas d'autre chance de salut que l'absence d'un bourreau, il est perdu!

Persuadés que le capitaine de Récald n'avait que trop raison, Jackson et moi, nous n'espérâmes plus qu'en l'arrivée de M. Kerkoff.

M. Kerkoff n'arrivait pas.

Etienne Rieux, en sentinelle à l'entrée du village, sur le chemin du château, était venu, dix fois en quelques minutes, pour nous dire qu'il n'apercevait ni cet officier, ni Lévronski.

En ce moment, un individu à cheveux rouges aplatis sur ses tempes, au front osseux et déprimé, aux joues creuses, aux yeux de chat-tigre, à la barbe de la couleur des cheveux, fourchue, sale et mal peignée, coiffé d'un bonnet de drap vert à côtes, orné d'une croix en cuivre, vêtu d'une pelisse de peau de mouton usée qui laissait son cou à découvert, chaussé de bottes de cuir jaune à demi tanné à souliers ronds, entra chez le commandant de place. En passant devant nous, il brandit, en signe de menace et de défi, un objet qu'il portait à la main. Les hourras joyeux des Mougicks russes à l'apparition de cet homme et à la vue de l'objet qu'il nous avait montré comme un trophée et une menace, nous apprirent suffisamment qui il était et quel office il venait remplir. C'était un Mougick qui, selon la prédiction du capitaine de Récald, s'était spontanément présenté pour suppléer en amateur le *maître du knout*.

Il faut rendre justice à tout le monde ; son exemple piqua d'honneur ses compatriotes. Plusieurs s'empressèrent d'offrir leurs services à l'officier russe. Déchiqueter à coups de lanières le corps d'un prisonnier de guerre, d'un officier de Napoléon, c'était aux yeux de ces brutes une œuvre pieuse à la fois et patriotique, qui devait leur faire obtenir des indulgences de leur Bog et des médailles de leur Empereur.

Le commandant, en Russe expert et avisé, choisit le plus digne de ces prétendans, — ils étaient vingt-cinq ; — ce fut, comme de raison, le plus lâche et le plus cruel !

L'objet que nous avait fait voir le hideux personnage, c'était l'instrument du supplice.

Figurez-vous une lanière de cuir dur, à angles tranchans, garnie de crochets de fer, épaisse de quatre à cinq lignes, longue de quatre pieds, attachée à un bâton de deux pieds et demi par un anneau en fer qui lui permet de tourner en tous sens. — Voilà le knout !

Un second Mougick vint poser aux pieds du capitaine Rouquié un réchaud allumé, et, sur ce réchaud, un poëlon rempli de lait.

— Ah ! ça, s'écria le prisonnier d'un ton d'impatience, ces gredins auront-ils bientôt fini ?

— Pourquoi ce lait ? demandai-je à Lévronski que je vis en ce moment à mes côtés, la face plus enluminée que de coutume.

— Pour y tremper le knout, augmenter son poids, rendre ses coups plus douloureux.

A cette réponse qui me fit sentir toute l'horreur du supplice réservé à mon frère d'armes, un frisson courut sur toutes les parties de mon corps.

— Bêtes féroces ! dis-je entre mes dents, et tout haut : Vous venez de chez M. Kerkoff, n'est-ce pas ?

— Oui, votre honneur.

— Brave garçon ! Vous avez vu votre officier ?

— Je l'ai vu, et je lui ai raconté ce qui s'est passé.

— Va-t-il venir ?

— Il vient ! il vient ! avec deux de vos officiers que j'ai porté au château ; je les ai devancés pour vous prévenir de leur arrivée, et remettre au sergent l'ordre de délivrer le capitaine français. Tenez, voilà Pouskoï ! le voilà !

Pouskoï débouchait, en effet, sur la place, à la tête de ses soldats. Le sous-officier qui commandait ceux de la garnison, fit rompre le cercle à sa troupe, et la plaça en bataille devant la maison de son chef où fut conduit le capitaine Rouquié.

Pouski commanda halte à ses hommes et les rangea également en bataille à l'endroit où étaient le réchaud et le poëlon qu'il renversa d'un coup de pied ; puis, donnant le commandement à Lévronski, comme au plus ancien soldat, il entra chez le commandant.

Boscarolli s'approcha de Jackson et de moi.

— Vous aviez raison, et Beaumarchais aussi, dit-il à l'Irlandais. Dans le vaste champ de la diplomatie (1), il faut tout cultiver, jusqu'à la vanité d'un sot. Mon homme avait mordu à l'hameçon. Avant d'en recevoir l'ordre de son capitaine, il était résolu à obtenir, de force ou de gré, la liberté provisoire de M. Rouquié. Tout va bien.

Il y avait une demi-heure que le sergent était entré chez le commandant, — demi-heure longue comme un demi siècle, — les yeux fixés sur la maison, l'oreille attentive au moindre bruit qui en sortait, lorsque nous entendîmes une altercation violente entre les deux Russes. Il nous sembla que la voix du sous-officier faiblissait sous la parole impérative de son chef; nous crûmes voir celui-ci donner l'ordre fatal de l'exécution d'un ton qui n'admettait aucune réplique. Nous nous attendions à chaque minute à voir apparaître la figure atroce du Mougick qui devait remplacer le bourreau en amateur, lorsqu'un cri s'éleva de tous les coins de la place : — Voilà l'officier! voilà M. Kerkoff! — En effet, M. Kerkoff descendait de traîneau avec le capitaine Neigle et l'adjudant Bruno.

Nous nous précipitâmes tous autour de lui, nous félicitant de son arrivée, comptant sur son intervention dans une affaire où il s'agissait de la vie d'un innocent, nous confiant tous en sa justice.

M. Kerkoff nous dit que nos deux camarades lui avaient tout raconté; il avait foi en leur récit; leur parole d'honneur était pour lui une garantie de la vérité; mais, chef d'un convoi de prisonniers de guerre, il avait des comptes à rendre et des devoirs à remplir. Il nous engageait, dans l'intérêt de notre compagnon d'armes, dans notre propre intérêt, à nous interdire toute manifestation, et à modérer cette vivacité française devenue proverbiale qui pouvait être un des traits aimables du caractère national, mais qui dans les circonstances actuelles, et pour tout dire, sous le gouvernement russe, ne serait ni utile, ni de saison.

Un sujet de son souverain avait péri de la main d'un prisonnier français commis à sa garde, il ferait une enquête sur un accident si regrettable; le résultat de cette enquête serait la base de sa conduite.

M. Kerkoff termina en nous invitant à choisir quatre d'entre nous pour être présens à tout ce qui allait se passer, et signer le procès-verbal qu'il allait dresser.

---

(1) Boscarolli change le texte. Figaro dit : Dans le vaste champ de l'intrigue.

— Choisissez vous-même, criâmes-nous ; vous nous connaissez tous ; votre choix sera toujours bon.

— En ce cas, je prie les capitaines Neigle, Duthil, de Récald et M. Boscarolli de vouloir bien m'accompagner.

Messieurs, continua-t-il, retirez-vous chacun dans votre logement ou dans celui de l'un de vous, et demeurez-y tranquiles, jusqu'à ce que tout soit terminé. Je n'ajoute qu'un mot : Je ferai justice.

— Pouskoï n'est pas là ? continua-t-il en s'adressant au sergent postiche Lévronski.

— Il est chez le commandant de place, répondit notre dennchick.

— En ce cas, reprit son officier, allez vous-même chercher le maître de l'auberge où le Mougick a été tué. Amenez-le moi, et, avec lui, trois ou quatre koopetz et autant de Mougicks russes et polaki, présens à l'événement.

M. Kerkoff et nos camarades entrèrent dans la maison du commandant ; nous nous réunîmes tous dans celle du capitaine Jackson, attendant l'issue de cette affaire. Elle pouvait être si effroyable que la confiance que nous avions dans le caractère de M. Kerkoff ne suffisait pas pour nous rassurer. Nous attendîmes deux heures ! Enfin un soldat russe vint nous dire de nous rendre chez le commandant de place. Nous y courûmes.

Le sergent Pouskoï nous fit entrer dans la salle d'audience. Au haut bout d'une table qui en occupait le centre, était M. Kerkoff. Tous les traits de son noble visage exprimaient la satisfaction d'un devoir loyalement et courageusement rempli.

On lisait sur ceux du commandant, placé à sa gauche, le désappointement et la confusion.

La figure du capitaine Rouquié n'aurait trahi aucune émotion intérieure si le mouvement de sa lèvre supérieure, fièrement retroussée quand il regardait son juge, n'eût été un signe évident d'indignation et de mépris.

Le capitaine avait les mains libres.

Le bourreau-amateur avait disparu.

Nous étions restés au fond de la salle, debout et découverts, les yeux fixés sur Kerkoff, attendant en silence, mais sans inquiétude, qu'il prononçât son arrêt.

Par ce qu'il nous dit, nous pûmes juger des incidens de la séance.

Le gouverneur de Minsk lui avait transmis un ordre du ministre de la guerre de conduire à Koursk un convoi de prisonniers français ou faisant partie de l'armée française, officiers, sous-officiers et soldats ; cet ordre lui enjoignit de constater par des procès-verbaux les causes (décès ou maladie, pas d'autres) qui l'obligeaient à laisser sur sa route, à l'hôpital ou dans des maisons particulières, quelque prisonnier. Le cas où se trouvait le capitaine Rouquié n'y était point prévu ; or, son devoir était d'exécuter l'ordre du ministre, non pas selon son esprit seulement, mais à la lettre ; il n'avait pas le droit de l'interpréter ; il n'avait donc pas celui de l'étendre ou de le restreindre, de le changer ou de le modifier.

M. Rouquié avait tué un Mougick. Avait-il eu raison, avait-il eu tort, cela ne le regardait pas lui, M. Kerkoff ; il rendrait compte des faits qu'il venait de recueillir au gouverneur de Koursk qui aviserait.

— Capitaine Rouquié, poursuivit M. Kerkoff, retournez parmi vos compagnons d'armes, libre comme eux, sur votre parole, de ne vous point soustraire à mon autorité.

— Je le jure ! s'écria le capitaine. Monsieur, vous êtes un brave homme, et j'aimerais peut-être les Russes s'ils vous ressemblaient ; mais, ajouta-t-il plus bas, en sortant de la salle de justice, appuyé sur le bras du capitaine Evrard : Ces gredins de mangeurs d'oignons et de bouts de chandelles ressemblent à M. Kerkoff, comme saint Crépin à Jésus-Christ.

Nous conduisîmes chez lui, en triomphe, notre intrépide camarade sauvé d'une mort ignominieuse et terrible par la sagacité de Lévronski, une inspiration de Jackson, la finesse de Boscarolli, la peur et la vanité de Pouskoï, le dévouement de chacun de nous ; par l'esprit de justice et de droiture de M. Kerkoff, sans nul doute, mais surtout par la soumission routinière de cet officier aux ordres de ses supérieurs. Dans tout autre pays que la Russie, où l'on aurait été pénétré de la vérité de cet axiome que *la lettre tue* et que *l'esprit vivifie*, le capitaine Rouquié n'aurait peut-être pas été perdu ; mais soumis à une information préliminaire, il eût été nécessairement mis en prison, étroitement resserré, et il n'aurait été rendu à la liberté qu'après un emprisonnement qu'il aurait pu trouver bien long.

Les personnes qui n'ont pas eu de rapports intimes avec les individus appartenant à la race canine, s'étonneront seules que le capitaine Rouquié, après nous avoir remerciés de notre attachement dévoué, d'un ton qui témoignait de la sincérité de sa reconnaissance, payât de paroles et de caresses l'affection fidèle que vint lui témoigner, à son tour, par des petits cris, des sauts, des aboiemens joyeux, des gambades et des frétillemens de queue sa petite chienne turque. Nous laissâmes Zémire et son maître dans la situation de deux amis d'autant plus heureux de rester ensemble, qu'ils se sont vus plus près d'une séparation prochaine et sans fin.

Quand je le quittai, le capitaine me dit tout bas :

— *Motus* sur les deux mots que je vous ai coulés tantôt dans l'oreille.

— Soyez tranquille, répliquai-je, en lui rendant l'objet qu'il m'avait confié ; je ne parlerai que lorsque le temps de parler sera venu.

— Il viendra, répliqua-t-il ; et alors, comptez sur moi ; alors, à bas le kvasse ! arrière la piva ! enfoncé le wodka !... Vive la joie ! vive le vin de France ! et vive l'Empereur !...

Rentré au logis avec de Champs et Hutteau, Lévronski nous dit, de la part de son officier, de manger de suite un morceau et de nous préparer à partir aussitôt que la nuit serait venue, c'est-à-dire dans une demi-heure. Lévronski ajouta que les traîneaux du convoi allaient être conduits hors du village, sur la route de Mohilew.

Il était aisé de deviner les motifs de ce départ précipité. Quels que fussent, au reste, ceux qui faisaient agir M. Kerkoff, nous nous conformâmes tous à ses instructions.

Rendus près de nos sanis, nous y montâmes sans bruit et nous quittâmes ce village dont je ne retrouve le nom ni dans ma mémoire ni dans mes notes.

Nous voyageâmes rapidement toute la nuit à la clarté d'une lune brillante et par un temps assez doux. Quand le jour parut, nous fîmes halte dans un sélo pour changer de chevaux et de traineaux et prendre un léger repas, puis nous nous remîmes en route, courant de toute la vitesse de nos attelages, comme si nous eussions été poursuivis par l'ennemi.

Après avoir marché de ce train pendant un jour et deux nuits, sans nous arrêter autrement que pour avoir des cognas et des sanis de relais, et prendre à la hâte quelque nourriture, nous arrivâmes à un assez gros village, terme de cette course accélérée ; elle nous avait horriblement fatigués, car nos traîneaux étant découverts, sans dossiers, trop étroits et trop courts pour que nous pussions nous y attendre et dormir, nos yeux ne s'étaient pas fermés un instant. Nous jugeâmes, par ce que nous éprouvions de lassitude et de malaise, combien doivent être atroces et intolérables la fatigue et la souffrance d'un malheureux qui, de Saint-Pétersbourg, de Moscou ou des frontières de la Pologne, est transporté dans les déserts de la Sibérie sur une méchante kibitka, sans ressorts, voyageant jour et nuit, en poste, sur des routes abominables, sans qu'il lui soit permis de s'arrêter un instant, même pour satisfaire un besoin naturel, excepté aux relais.

M. Kerkoff nous avait fait voyager avec tant de célérité parce qu'il avait craint contre le capitaine, peut-être même contre nous, un coup de main nocturne qu'aurait provoqué, encouragé ou tout au moins toléré le commandant de place, furieux qu'on lui eût arraché sa victime ; il craignait que cet homme n'eût envoyé un courrier au gouverneur de Mohilew pour lui rendre compte à sa manière de la mort du Mougick, et lui demander l'ordre de s'emparer de l'*assassin*.

Trompé par ce rapport, le gouverneur pouvait accorder cette autorisation contre laquelle les pouvoirs de lui, Kerkoff, se seraient brisés.

Autre sujet de crainte sérieuse et fondée!...

Notre convoi devait, de toute nécessité, passer par Mohilew. Le gouverneur, abusé par la relation de son subordonné, retiendrait peut être notre compagnon, le ferait battre de verges, le jetterait dans un cachot, le condamnerait au knout l'expédierait en Sibérie ; tout cela était possible ; Kerkoff le savait ; comment empêcher cet abus de la force, cet acte d'iniquité?

Le danger était imminent; ne pouvant le vaincre, n'osant l'affronter, Kerkoff le tourna. Il prit si bien ses mesures que nous franchîmes Mohilew de nuit, sans nous y arrêter, même pour changer de relais, et nous sortîmes du gouvernement de ce nom sans être inquiétés.

Une fois dans celui de Tchernigoff, nous n'avions plus rien à craindre pour la vie et la liberté du capitaine. Le chef de cette province ne se mêlerait pas d'une affaire, si elle lui était connue, qui n'intéressait pas son commandement ; celui de Kourk, où le convoi ne ferait que passer, ajoutait M. Kerkoff, ne s'en mêlerait pas davantage; outre qu'il lui ferait toucher au doigt et à l'œil l'innocence du capitaine, qu'importait à un fonctionnaire si haut placé qu'un misérable Mougick eût été tué à deux cents lieues de son gouvernement? Cette mort ne touchait en rien à l'autorité de l'autocrate; elle pouvait être une cause de dommage pour le propriétaire du défunt, soit ; pour la morale, pour la vaindicte publique, pour le *maître*, non.

A ce dernier point de vue, *un esclave, un Mougick mort n'était qu'une chose de moins.*

Notre ami n'avait donc rien à redouter ; si sa conscience le laissait tranquille, l'autorité russe le laisserait en repos.

XIX.

Biélitza.

Les femmes de la petite Russie, leur portrait; ce qui leur manque pour être belles.

Quelques jours de repos nous étaient nécessaires; M. Kerkoff nous les donna.

Biélitza bâti en bois sur les deux rives du Borysthène a, comme tous les celo de la petite Russie, un aspect plus riant que les villages des gouvernemens que nous venons de traverser ; ses habitans ont aussi un air de contentement et de gaîté que nous n'avions pas vu sur les visages des serfs polonais et lithuaniens.

Leurs maisons sont aussi mieux et plus solidement construites, plus propres, mieux meublées, mieux approvisionnées ; leurs mœurs, leur langue même sont plus douces que dans les autres circonscriptions de l'empire ; c'est un heureux effet de la liberté dont ils jouissent.

Les malo Russes n'appartiennent pas entièrement à leurs seigneurs ; ils sont presque tous bourgeois des villes (meztcha ine), bourgeois des champs (raznotchnski), propriétaires (odnovordji) ou fermiers (potzadki). Ajoutez à ces causes d'un bien-être relatif que, dans la petite Russie, il n'y a pas de juifs, *manceniliers* vivans pour tous ceux qui les approchent.

Les femmes de la grande, surtout de la petite Russie, sont certainement jolies ; beaucoup peuvent passer pour belles.

Leurs visages ont de la régularité, de la finesse, de l'expression ; leurs têtes petites et bien faites, couvertes de cheveux blonds ou châtains, rarement noirs, posent gracieusement sur des cous longs, flexibles et bien attachés ; leurs tailles, au-dessous de la médiocre, ont de la cambrure, de la souplesse et de l'élégance ; leurs bras et leurs mains sont à peu près irréprochables ; il n'y a pas d'observation maligne à faire sur leurs jambes fines et souples, sur leurs chevilles nettes et détachées, sur leurs pieds comparables presque aux pieds appétissans des Polonaises ; on peut louer sans flatterie la forme de leurs nez et de leurs oreilles, la vivacité de leurs yeux, l'émail de leurs dents, la blancheur de leur peau, l'éclat de leur teint ; que leur manque-t-il donc pour être charmantes, pour disputer le prix de la beauté aux femmes de l'Espagne, de la France, de l'Angleterre et de l'Italie ? Ce qui leur manque... c'est une belle poitrine, sans laquelle une femme, aurait-elle reçu de la nature les trente grains de beauté qui faisaient d'Hélène la plus belle des mortelles, serait un modèle imparfait, un chef-d'œuvre inachevé.

La poitrine des femmes russes qui ont atteint leur vingt-cinquième année, mariées ou filles, mères ou non, a perdu ses formes et ses contours ; pubères à onze ou douze ans, les Russes sont vieilles à vingt-cinq ; cette double précocité est un effet des mêmes causes : l'atmosphère dans laquelle elles vivent une moitié de l'année, l'usage immodéré des bains de vapeur.

On peut assigner une autre cause au dépérissement de leur beauté physique, c'est la coupe, chez les paysans, la coupe ridicule de leurs vêtemens, dont j'aurai l'occasion de parler plus loin.

XX.

Le dégel. — Aspect du pays pendant la débacle. — Surprise et plaisir. — Les maisons dans la petite Russie. — Les auberges. — Les lits. — Les poux. — Les palais de l'Empereur. — Les cheveux de l'Impératrice. — Le persica. — Condition des serfs attachés à la glèbe. — Les écrivains royalistes de la Restauration. — Les écrivains à gages du gouvernement de 1830. — Dégradation morale des esclaves. — Effets de la liberté.

Au moment où nous allions quitter Biélitza, le dégel commença et nous y retint.

Celui qui n'a pas habité la Russie, ne peut se faire une idée de l'aspect du pays pendant les quinze premiers jours de la débacle ; les communications cessent complètement dans les campagnes d'une localité à une localité voisine ; dans les villes, d'un quartier à un quartier voisin, souvent d'une rue à une rue contiguë.

Les sani sont provivoirement remisés sous les hangars, mais les Postwoda, les Odnokoska, les Drowska, les Kibitka et les Tiliéga, en un mot, tous les autres véhicules, n'en sont pas moins inutiles et condamnés à l'inaction.

La neige, ferme, dure et consistante, devient, en quelques heures, une rivière, un fleuve, un étang, un lac, une mer.

Les rivières, les fleuves immenses de ces vastes contrées qu'on traversait la veille sans voir leur lit, qui portaient sur leurs surfaces des boutiques, des cafés, des cabarets, des bazars, des maisons, des hôtels, des palais temporaires, rompent leurs prisons de glace et roulent leurs ondes libres vers la mer Noire, la mer Caspienne ou la Baltique. On est aussi charmé que surpris de voir des barques voguer rapidement à la même place où, hier encore, volaient d'élégans traîneaux de toutes les formes emportés par des chevaux de tous les prix.

Autre sujet de surprise mêlé de plaisir.

Aussitôt que les rayons déjà chauds du soleil d'avril ont tari dans les champs la dernière flaque d'eau, les moissons poussent à vue d'œil et comme par enchantement. On les voit, dans l'espace de trois mois, naître, pointer, verdir, arriver à leur maturité, tomber sous la faucille, liées en gerbes, portées au sol à dépiquer, égrenées sous le fléau, enfermées dans les greniers.

Dans ce même laps de temps, les sillons qui doivent recevoir les germes des moissons nouvelles sont tracés, les semailles faites ; il en est de même des autres productions de la terre qui, pour être féconde, n'a pas besoin de fumier ; la neige qui l'a si longtemps couverte remplace tous les engrais comme elle tient lieu de pluie et de rosée.

Le fumier, combiné avec des poutres, des pierres, du sable et branches d'arbres, sert au pavage des rues dans les villes, le macadam russe; dans les campagnes, on l'emploie à garnir les interstices que laissent entre elles les poutres superposées qui sont les murs des habitations moscovites.

Ce habitations, dans la Russie centrale et dans la petite Russie e ressemblent toutes; bâties en bois, peintes en jaune ou rouge, pignon sur la grande route, où elles sont symétriquement alignées sur deux rangs.

Au fond d'une cour entourée de hangards où sont enfermés les instrumens aratoires et quelques ustensiles de ménage, est un jardin potager. De chaque côté du jardin on voit des étables, des écuries, des loges à porcs, des enclos séparés pour les poules, les oies et les dindons, et des magasins de paille et de foin.

Il est rare que ces maisons aient plus d'un étage; on monte du rez-de-chaussée au premier, par une échelle. Le propriétaire a sa chambre de plain-pied avec la route : un des côtés est occupé par un poêle (lawska) qui tient lieu de four (schoworoda) et de cheminée (kaminn). Les maisons nobles ont seules le luxe d'une kaminn.

Sur la plate-forme du lawha, couverte de peaux de mouton, couchent les maîtres du lieu.

Au pied, sur un lit de camp, également recouvert de peaux, entre le poêle et la porte d'entrée, dorment tous ensemble les grands parens, les enfans et les petits-enfans, n'importe le sexe, n'importe l'âge.

Cette pièce, la plus belle du logis, est, de toute rigueur, ornée des images de la sainte Vierge, de l'enfant Jésus et du patron de l'empire saint Nicolas. Les Russes, en y entrant, ne manquent pas de les saluer de signes de croix, de génuflexions, de hospode pomiloie et de baisers posés dans le creux de la main droite. Matin et soir, ils s'agenouillent devant elles et leur adressent leurs prières en baisant le plancher à plusieurs reprises.

Les maisons des Mougicks n'offrent d'autres meubles qu'une table au centre de la pièce qui sert de chambre au propriétaire, de cuisine et de salle à manger à la famille et des bancs qui font divan; d'autres ustensiles que quelques plats, deux ou trois; une douzaine d'assiettes, autant de cuillers et de fourchettes, le tout en bois, un ou deux pots de terre et une poêle en fonte sans queue, où l'on fait, avec de l'huile de poisson, cuire une espèce de gâteau appelé kacha.

Un lit est un meuble inconnu des paysans, des aubergistes et des marchands russes. C'est à peine si les nobles qui sont à leur aise en ont pour tous les membres de leur famille et un pour un étranger.

Un voyageur, après avoir été horriblement cahoté pendant une journée sur une route pavée de rondins, de branches pourries, de grosses pierres et de fumier, s'estime d'abord très heureux en descendant d'une kibitka, de trouver dans une tratkir (auberge) sur des planches mal jointes, couvertes de quelques brins de paille hachée menu, un méchant matelas et une couverture usée par le temps et mangée des vers ; mais qu'il ne compte pas qu'une fois couché le sommeil viendra le visiter pour le reposer de ses fatigues, le distraire de ses préoccupations, le bercer de songes riants ; il compterait sans des visiteurs incommodes, odieux, qui n'attendront pas qu'il ait fermé les yeux pour l'assaillir par milliers, le sucer, le dévorer, allumer son sang, lui donner une fièvre d'impatience et d'irritation.

Et qu'il sache bien que rien ne le mettra à l'abri des attaques de ses sales ennemis : ils fourmillent dans les cloisons, les planches, les plafonds, dans tous les meubles de ces ignobles taudis.

Dès qu'on met le pied en Russie, l'on a des poux, on les garde jusqu'à ce qu'on en sorte, même après qu'on en est sorti, et personne, ni le riche ni le noble, ni le grand seigneur, personne, pas même le souverain, n'est épargné par cette hideuse vermine ; elle se glisse, elle s'établit, elle foisonne et se multiplie dans les hôtels les plus opulents de Saint-Pétersbourg et de Moscou, comme dans les plus pauvres cabanes du plus pauvre Mougick de ces deux provinces ; dans le palais splendide de l'Empereur de toutes les Russies, aussi bien que dans la hutte du plus misérable de ses esclaves.

Le *voce* n'est pas le seul insecte qu'on ait à redouter dans les tratkirs russes.

Il en est un autre, noir, gluant, visqueux, rampant, plus dégoûtant encore par sa forme et la puanteur qui s'exhale de son corps, si l'on a le malheur ou la maladresse de l'écraser, c'est le *persica*, long d'un demi-pouce, gros de deux lignes. Que Dieu vous garde, non de ses atteintes, il n'est pas malfaisant, il n'a ni dents, ni défenses, ni griffes, ni trompe, ni dard ; mais, de son contact, il fige le sang, donne des nausées, soulève le cœur.

Il est inutile, je crois, d'ajouter qu'en été la puce, la punaise, le cousin, la mouche et le moucheron se liguent avec le pou et le persica pour tourmenter la longue insomnie de l'infortuné voyageur, le désespérer et le jeter dans le paroxisme d'une colère voisine de la démence, et que, toute cette vermine, qui rend insupportable et même dangereuse la plus courte halte dans un tratkir, le voce, le blocka, le klopp, le komarr, le mouchka, le moutkka, on la trouve non moins nombreuse, et, partant, non moins incommode dans toutes les maisons, au nord, au midi, à l'est, à l'ouest de l'empire russe.

Voulez-vous avoir une idée à peu près exacte du sort du Mougick en général, et surtout du Mougick attaché à la glèbe?

Pensez d'abord qu'il est esclave! pensez que rien n'est à lui, ni sa femme, ni ses enfans, ni la chaumière où il est né, ni le champ qui l'a nourri, ni les bestiaux compagnons de ses peines et de ses labeurs, ni le produit du lopin de terre qu'il a la permission de cultiver pour lui, un jour de la semaine sur six dûs à son seigneur, ni le chétif pécule amassé à force de temps, de travail, d'économie et de privations, dont il est dépouillé par un maître avare et sans pitié.

Pensez à son service militaire qui n'yant pas de congé définitif, ou même temporaire, l'arroche adolescent pour toujours à son pays natal, pour toujours l'éloigne des êtres qui lui sont chers par l'habitude, par le sang et par le cœur (1).

Pensez aux cruels traitemens dont on l'accable pour la plus légère faute, une maladresse, une négligence, un oubli, et quels traitemens! Le bâton, le fouet, les fers aux pieds, l'emprisonnement, la séquestration, la mutilation, les cachots souterrains, les mines de Sibérie, le knout!

Pensez à sa nourriture qui se compose de blé noir, de biscuit sec, de bouillie, de viande salée, de choux aigri, de poisson pourri, de champignons crus, d'oignons, de piment, de bouts de suif.

Pensez qu'il n'a pour toute boisson que de l'eau-de-vie de navets nauséabonde, de la bière blanche douceâtre, des liqueurs extraites de la sève du bouleau fermenté, et de la fermentation de la farine de seigle.

Pensez que ce malheureux Mougick, pendant six mois d'un hiver atroce, végète dans une hutte enfumée, chauffée à quarante degrés, pêle-mêle, quelquefois avec une douzaine de personnes, autant de bêtes de somme ou de labour, ou d'animaux immondes, rongé par la vermine, consumé par des maladies endémiques dans ces contrées désolées, le pleca, les fièvres intermittentes, la syphilis et le tenia!

Pensez à tout cela, et demandez-vous s'il est dans l'univers une terre maudite où une créature de Dieu, soit plus misérable, plus dégénérée, plus avilie; soit réduite à une condition plus abjecte et qui la rapproche autant de la condition de la brute.

Et après avoir énuméré, par la pensée, les vexations, les humiliations, les cruautés, les tortures physiques et morales dont le Mougick est la victime patiente et passive depuis qu'il sort du berceau, jusqu'au jour qui le délivre enfin de tant de souffrances, étonnez-vous qu'il soit ivrogne, menteur, faux, perfide, cupide, voleur, superstitieux, fanatique, hypocrite, comédien et

---

(1) Qu'on n'oublie pas que je parle de la Russie en 1814. Une modification a été introduite dans la durée du service militaire, fixée à vingt-cinq ans.

charlatan; étonnez-vous que sa religion ne consiste que dans des signes de croix, des génuflexions, des coups sur la poitrine, des hospodié pomilouïe, des patenôtres, des prosternemens, dans l'abstention de quelques alimens, dans un jeûne de quelques mois.

Etonnez-vous qu'il soit ignorant au point de vous demander si la France a un ciel, un soleil, une lune, des étoiles, de l'eau, des forêts.

Etonnez-vous que, se ravalant au niveau du chien, il se livre, en présence de sa famille et de son hôte, à des actes brutaux que nous croyons à peine de Cratès et d'Hyparchia.

Etonnez-vous que ses filles, impubères encore, mais élevées en serre-chaude pendant la moitié de l'année, surexcitées par la fréquence des bains de vapeur, par leur contact habituel, par la vue presque continuelle de toutes les parties de leurs corps, surexcitées surtout par les abominables exemples de leurs pères et mères, commettent naturellement, d'instinct, le crime d'inceste !

Etonnez-vous que cette cohabition continue lorsque l'âge développe leurs formes, allume leurs sens, fait bouillonner leurs passions.

Etonnez-vous que le serf russe, pour remplacer, dans l'intérêt de son maître, ses fils morts de maladie, de fatigue, du bâton, du knout, ou d'une balle, marie à sept ou huit ans, les garçons qui lui restent avec des filles de dix-huit, auxquelles il fait des enfans qui prennent rang dans la famille?

Et ne me dites pas qu'en traçant ces lignes, je me souviens trop de ce que les Russes m'ont fait souffrir, de ce qu'ils ont fait souffrir à mes frères d'armes, que je suis moins un témoin qui dépose qu'une partie qui se plaint, que j'écris non une relation mais une satire, que je suis plus un accusateur qu'un juge : non, ne me dites pas cela, vous ne me rendriez pas justice.

Si je montre les Russes adonnés au mensonge, à la fausseté, à la perfidie, au vol, à l'hypocrisie; si je les peins ignorans, cupides, superstitieux, fanatiques, cruels, dissolus, satisfaisant, comme les bêtes, publiquement leurs appétits brutaux, ces portraits ressemblent aux portraits tracés par ceux qui ont visité ce pays-là qui, pour le climat, les usages, les vêtemens, les habitudes, le caractère, les mœurs et les lois de ses habitans, ne ressemble à aucun autre du globe habité.

Ne cherchez pas la vérité sur la Russie dans les écrits de la Restauration. A cette désastreuse époque il était de mode, de bon goût et de bon ton, de rabaisser la France, et d'élever la Russie; moyen infâme, mais sûr; lâche, mais lucratif de faire la cour à tous ces émigrés, maîtres et laquais qui venaient de rentrer en France à la queue des chevaux cosaques.

Sous leur plume vendue, la Russie était une grande nation, notre France, un pays de rebelles !

Ils proclamaient les Russes les premiers soldats du monde, et traitaient de brigands les soldats français !

Ils ne rougissaient pas de réduire à la taille naine d'un Kutusoff, d'un Bagration, d'un Béningsen, d'un Titchakef, d'un Platof, d'un Tomasof, ou même d'un Lambert ou d'un Langeron, la taille géante de Masséna, de Kléber, de Ney, de Murat, de Brune, de Saint-Cyr, de Poniatowski, de Jourdan et de Dombrowski, la taille hors de proportion de Napoléon.

Ils poussaient le culte du mensonge, la haine de la vérité, le dévergondage de la flatterie, le mépris d'eux-mêmes et l'oubli de toute pudeur nationale, jusqu'à décorer du nom de héros, de grand, de magnanime et du titre de roi des rois un officier de parade incapable de commander un bataillon, un prince accusé par la conscience publique d'un crime dont sa conscience ne l'a pas absous, dont l'histoire ne l'absoudra pas ; un ennemi rancunier, canteleux, perfide (1), vindicatif qui, cachant sous des paroles clémentes des dehors modestes, des apparences libérales, les blessures saignantes et envenimées de son orgueil, si souvent humilié sur les champs de bataille, se vengeait de ses défaites et nous punissait de notre gloire en nous imposant pour maîtres des princes ses obligés, les prête-noms de l'Angleterre (2) ; un chef de barbares que sa bonne chance et notre mauvaise fortune, des conspirations occultes et des complots avoués, des défections hors de toute prévoyance et des alliances monstrueuses, des fautes accumulées et des malheurs sans exemple avaient, par hasard, rendu l'arbitre du sort de la France et armé du fer de Brennus.

Ces mêmes hommes (je ne les cite point ; plusieurs avaient alors, ont conquis depuis et ont laissé des noms illustres ou fameux.) ces mêmes hommes, qui se prosternaient si bassement aux pieds d'Alexandre, déversaient l'injure, la calomnie et la diffamation sur un souverain que ses malheurs et sa chute auraient dû leur rendre auguste, saint et sacré, autant ou plus que son génie, ses triomphes et ses victoires.

Ne cherchez donc pas la vérité sur la Russie, je le répète, dans les écrits royalistes de la Restauration ; elle n'est pas là.

Ne le demandez pas non plus aux écivains qui, *per fas et nefas*, soutenaient à prix d'argent le gouvernement de 1830, dont la politique égoïste et lâche, vivant au jour le jour, a sacrifié la Pologne à la convoitise insatiable de la Russie, sans prendre garde qu'elle permettait à cette puissance envahissante de s'établir au milieu de l'Europe occidentale, comme dans un poste d'observation, d'où elle pourra, à son heure, s'élancer sur les

---

(1) « Il est beau et faux comme un Grec, » disait de lui Napoléon.
(2) Louis XVIII disait au prince de Galles : « Je tiens mon trône de vous et de Dieu. »

provinces limitrophes de l'Autriche et de la Prusse qui sont ses frontières naturelles et indispensables.

Quant à moi, je proteste que je peins les Russes tels que je les ai vus. S'ils ont les vices que je leur reproche, la faute, après tout, en est moins à eux qu'au gouvernement cruel et immoral qui les écrase.

Quelles vertus publiques et privées peuvent avoir, je vous le demande, des ilotes plongés dans toutes sortes de servitudes ? Des malheureux sans patrie, sans liens de famille, sans argent, sans feu, ni lieu ? Des êtres tellement déchus de la dignité primitive de l'homme, que, marchant au supplice du knout et près de se livrer aux bourreaux, ils se jettent aux genoux du maître qui, après les avoir condamnés pour une vétille, vient la bouche souriante assister à leur agonie, baisent la terre en signe de soumission, lui envoient sur la main des baisers d'amour et lui disent, comme les prisonniers de guerre destinés aux bêtes disaient à Tibère : « César, ceux qui vont mourir vous saluent. » (1). Ces gens-là sont ce que le despotisme le plus abominable et le plus impie qui ait jamais pesé sur des hommes les a faits.

Mais, dira-t-on, les Russes n'ont donc aucune qualité, aucune vertu?

Je réponds : La providence ne traite pas en marâtre soixante millions d'individus.

S'ils étaient en possession des droits qu'elle donne à tous les êtres humains, droits imprescriptibles, inaliénables, dont ils ne peuvent être privés pour un temps plus ou moins long, que par la fraude, la force ou la violence, les Russes auraient les qualités et les vertus qui distinguent les peuples libres ; aussi ai-je eu soin de faire remarquer que dans la petite et dans la grande Russie, où ils jouissent d'une certaine liberté, liberté relative bien entendu, ils sont plus heureux et meilleurs que dans les autres provinces de l'Empire.

XXI.

Le clergé russe — La classe la plus dégradée de la nation. — Pourquoi les prêtres grecs ne battent pas leurs femmes. — Coutume singulière.

Il faut avoir vécu en Russie pour se faire une idée de l'ignorance, de la bassesse, de la dépravation, de la servilité, de la vie crapuleuse, des vices honteux des prêtres grecs ; ils sont la classe la plus dégradée de la nation russe. Ne cherchez pas chez eux l'instruction, la bonté, la piété, l'austérité de mœurs qui, depuis la révolution de 1789, recommandent assez généralement dans notre pays les ecclésiastiques de toutes les communions à la reconnaissance et au respect publics.

---

(1) *César, morituri te salutant.*

Les prêtres russes, coonspués des nobles chez lesquels, d'ailleurs, ils n'ont aucun accès et qui leur font donner la bastonnade ou le fouet pour la moindre peccadille, sauf à leur en demander pardon après, repoussés des hommes libres de toutes les classes et des marchands de toutes les guieldes qui ne voient en eux que des ivrognes, des parasites et des mendians ; méprisés des Mougicks qui passent avec eux les journées au kabak à s'enivrer, à commettre toutes sortes d'excès ; les prêtres russes, je parle de ceux qui appartiennent au bas clergé, ne se distinguent en rien des esclases ; ils sont traités comme eux et c'est justice ; et portent la barbe et les cheveux ronds, marque de la servitude.

Le plus ignorant des maîtres d'école de village en France, est un savant, comparé à un pope grec ; il y en a qui ne savent ni lire ni écrire : toute leur science consiste à savoir dire la messe et chanter les vêpres.

La religion grecque, prétendue orthodoxe, condamne ses ministres à cette ignorance honteuse. Elle leur défend d'avoir d'autres livres que leurs bréviaires, d'apprendre aucun art d'agrément, de jouer d'aucun instrument de musique.

Les popes se marient avec l'approbation de leurs seigneurs qui obtiennent aisément celle des évêques, et ils héritent de la cure paternelle comme d'un patrimoine, qu'ils transmettent à leurs enfans.

S'ils deviennent veufs, on les enferme immédiatement dans un couvent, et on les fait moines (monakair) ; la crainte d'un veuvage qui les confinerait dans un cloître les engage à bien traiter leurs femmes : ils ne les battent pas pas, comme les Mougicks ; ceux-ci, après avoir bien rossé leurs moitiés, leur font oublier ces mauvais traitemens avec cette phrase qui est passée dans le vocabulaire conjugal : *Biou kat choubou, loublou kat douchou ;* je te bats comme ma pelisse, je t'aime comme mon cœur.

Dans les *Lettres persanes*, une jeune Moscovite se plaint de la froideur de son mri — il ne l'aime pas, écrit-elle à une de ses amies, et la preuve singulière qu'elle en donne, c'est qu'il ne la bat point quoiqu'elle lui fournisse à dessein quelquefois, souvent même, l'occasion de lui témoigner son amour en la châtiant.

Pendant que j'étais en Russie, les choses avaient changé ; les maris battaient leurs femmes sans avoir à se plaindre d'elles, et ne les aimaient pas davantage. Ainsi cette phrase proverbiale : « Je te bats comme ma pelisse et je t'aime comme mon cœur. » n'était pas plus vraie que notre proverbe français : « Qui bien aime, bien chatie. »

Il existe dans certaines contrées une coutume bizarre qui peint parfaitement les mœurs de ces peuples barbares dont nos Françaises,

Compagnes d'un époux et reines en tous lieux, s'accommoderaient peu et seraient même révoltées. La voici :

Les époux, en sortant de l'église où ils viennent de recevoir la bénédiction nuptiale, se rendent à la maison de la jeune épouse. Celle-ci s'agenouille devant son père et le prie de la bénir avant qu'elle ne quitte, pour n'y plus rentrer qu'à titre de visiteuse, la maison où elle est née, où elle a été nourrie, où elle laisse tant d'objets chers à son affection.

Le père la bénit, la relève, l'embrasse et, la remettant aux mains de son mari, fait à celui-ci l'éloge de la compagne qu'il s'est choisie.

— Elle a un bon cœur, un caractère aimable, une piété solide, des mœurs pures ; bonne fille, bonne sœur, elle sera bonne épouse et bonne mère ; ménagère économe, active et intelligente, elle fera le bonheur de son mari et de ses enfans, elle sera chérie de sa nouvelle famille.

Toutes ces précieuses qualités, la meilleure portion de la dot d'une jeune fille, la mienne les doit à l'éducation que je lui ai donnée, aux châtimens sévères que, quelquefois, je lui ai infligés. Ce droit de châtier mon enfant, je ne l'ai plus ; il vous appartient dès ce moment, mon gendre, je vous le cède ; vous l'exercerez dans l'occasion, si vous aimez votre femme comme vous avez promis de l'aimer aux pieds des autels, comme je suis sûr qu'elle méritera d'être aimée.

Prenez ce bâton dont je me suis servi pour corriger Hélène, et appliquez-lui-en quelques bons coups sur les épaules pour faire acte de prise de possession.

— Mon beau-père, répond le mari, galant comme le sont tous ces messieurs, même en Russie, avant la noce, mon beau-père, je n'aurai jamais besoin de battre ma femme pour lui prouver que je l'aime ; Hélène ne me donnera pas de sujets de plainte.

Le beau-père insiste, le gendre résiste; la belle-mère joint ses instances à celles de son époux; les belles-sœurs, les beaux-frères, les parens et les amis se mêlent de la partie, rien n'y fait. — Alors la jeune femme prend le bâton des mains de son père, le présente à son époux d'un air tendre et suppliant : — Pierre, lui dit-elle, en accompagnant chaque mot d'un sourire et d'une larme, je croirai que tu ne m'aimes pas, que tu ne m'aimeras jamais, si tu refuses d'accepter ce bâton, emblème de ton pouvoir sur moi, si tu ne me jures pas que tu t'en serviras toutes les fois que je le mériterai, si tu ne me bats à l'instant, si tu ne me dis de suite : Hélène, je te jure de te battre comme ma pelisse et de t'aimer comme mon cœur.

Le moyen de résister plus longtemps ! Le mari, vaincu, reçoit le bâton de commandement des mains de la suppliante, la touche légèrement, prononce la formule sacramentelle, l'embrasse aux acclamations joyeuses, aux applaudissemens répétés des parens et des convives et l'emmène au logis conjugal, enchantée d'avoir été battue, heureuse de la perspective de l'être quand elle le méritera, et se promettant à elle-même de le mériter souvent pour s'assurer de la tendresse de son mari.

XXII.

La noblesse russe.

J'ai peu hanté la noblesse russe, je l'ai vue cependant d'assez près pour savoir à quoi m'en tenir sur sa véritable valeur.

Je conviens que beaucoup de seigneurs ont un abord poli, des manières affables, des habitudes de bonne compagnie, des formes gracieuses; que plusieurs aiment les arts, les lettres et les sciences; que, du moins, ils en font semblant, qu'ils le disent, qu'ils veulent qu'on le croie; qu'ils parlent volontiers de cet amour, de ce culte, aux étrangers, et cela par orgueil national, pour ne point paraître trop en arrière de la civilisation de l'Europe; par cette vanité d'un parvenu qui s'empresse d'étaler aux yeux du premier badaud disposé à les admirer ses richesses de fraîche date. Mais toutes ces qualités qui étonnent d'abord, plaisent et séduisent, ne dépassent pas l'épiderme. Pour peu qu'on pratique les nobles moscovites, on se rappelle vite ce mot de Napoléon qui, dans son langage familier, même trivial, mais nerveux et pittoresque, peignait quelquefois, à la manière de Tacite : *Grattez le Russe, sous la peau vous trouverez le Cosaque.*

Ce que Napoléon disait du peuple russe en général, on peut le dire des nobles russes en particulier.

Vous leur êtes présenté ou recommandé, ils vous font bon accueil, vous invitent à leurs dîners et à leurs soirées, vous mènent à leurs châteaux, vous mettent de leur société particulière, vous intéressent à leur jeu, vous introduisent chez leurs amis, vous facilitent l'entrée de la cour... — Et après ?... — Après? Rien de plus, tout se borne là.

Ne demandez pas à ces hommes, qui, du plus loin qu'ils vous aperçoivent, s'avancent vers vous sourians, empressés, heureux, les bras étendus, ne leur demandez pas cette franchise du cœur, cet épanchement de l'âme, cette communauté de sentimens qui rendent l'amitié si douce, qui, seuls, font la véritable amitié; leur cœur est sec, leur âme est fermée; vous n'êtes pas des amis pour eux, vous êtes à peine des connaissances.

La police tracassière, ombrageuse de ce malheureux pays, vous taquine et vous inquiète; ne comptez pas sur la protection de votre amphytrion de la veille qui s'est mis à votre disposition.

Lui, se mêler d'une affaire de police ! vous n'y pensez pas. — En Russie, la police a toujours raison, tout ce qu'elle fait est bien — tenter une démarche pour quelqu'un qui est l'objet de ses recherches ou de ses rigueurs, c'est supposer qu'elle peut avoir tort, qu'elle peut se tromper ; c'est manquer à l'Empereur de qui tout émane, qui tient de Dieu son pouvoir, qui en est infaillible comme lui.

Etes-vous malade ? n'attendez pas qu'il vienne vous visiter dans votre auberge. A quoi bon aller voir un homme qui garde le lit ? Il attendra que vous vous portiez bien, que vous puissiez le distraire et l'amuser, qu'il puisse vous questionner, vous faire parler ; car, remarquez-le bien, le seigneur russe est curieux et questionneur ; parleur, point.

Il vous dira bien les nouvelles à la main qui vous mettront au courant des intrigues amoureuses de la ville et de la cour, d'un ton ironique et léger qui aurait fait honneur à un roué du Régent, à un héros de l'Œil-de-Bœuf ; du gouvernement, de sa politique, de ses finances, de ses lois et de ses actes, il ne dira mot.

Si le noble russe se tait sur ces choses sérieuses dans tous les pays, à plus forte raison en Russie, pays de mutisme, il s'y prendra de tous les biais afin de savoir pourquoi vous êtes venu dans sa patrie si éloignée de la vôtre, si peu digne de l'attention du voyageur instruit ou seulement curieux ; il se fera petit, humble pour arriver à son but ; en un instant il revêtira mille formes comme le Protée de la Fable.

Aussi, à le voir vous interroger si curieusement, avec tant d'art et de précaution, vous vous demandez quel intérêt il a à vous interroger ainsi, et vous vous faites cette réponse : Dans un pays comme celui-ci, le commencement de la sagesse, c'est la crainte de l'Empereur, de sa police et de ses espions titrés ou non, et vous vous taisez.

On a dit de la peste : elle aurait des flatteurs si elle distribuait des récompenses, des honneurs et de l'or ; la noblesse russe a les siens.

J'ai lu et entendu dire qu'elle traitait ses esclaves avec bonté, avec humanité ; qu'elle ne leur infligeait que rarement, et encore, avec modération, et à petites doses, des punitions corporelles.

Cela peut être vrai de quelques nobles ; mais la plupart sont durs, cruels, impitoyables pour ces malheureux. Une faute qui n'en serait pas une, partout ailleurs, est punie du battock, ou fouet et du knout. Les nobles obligent les parens à assister au supplice des patiens ; quelques-uns forcent les pères à fouetter leurs enfans ! d'autres, chose horrible ! impie ! monstrueuse ! contraignent des enfans à frapper leur père !!...

Doutez-vous de l'indifférence, du mépris des nobles pour la vie de leurs esclaves ?

Voyez M. Kerkoff, si souvent loué dans *ces souvenirs*, si justement et avec tant de bonheur.

Quel seigneur russe ne serait heureux et fier de ressembler à ce noble cœur, à cette âme loyale, à cette intelligence d'élite, à cette nature privilégiée? Eh bien! en lui rendant la justice qui lui est due, j'ai pu dire de lui avec vérité : quoique moins russe que les trois quarts et demi des Russes, il est Russe *intrà et cute*. On en conviendra, si l'on se rappelle avec quelle légèreté il a instruit le procès de mon pauvre Lévronski, avec quelle froide insouciance il l'a condamné aux battocks, avec quelle gaîté de cœur il a fait exécuter sa sentence; si l'on se souvient de sa théorie sur la bastonnade, seul moyen, selon lui, de se faire craindre, obéir et aimer, aimer! du soldat russe; si l'on n'a pas oublié qu'à ses yeux *un esclave mort n'était qu'une chose de moins*.

L'humanité des seigneurs russes à l'endroit de leurs Mougicks n'est qu'une flatterie, une fiction, un mensonge de prête-noms historiens russes et de soi-disant historiens français qui, à tant la ligne, ont entrepris de faire de ces Scythes des hommes civilisés. Il faut en revenir au mot de Napoléon : « *Grattez le Russe et sous la peau vous trouverez le Cosaque.* »

Non, le noble moscovite n'est pas humain avec ses Mougicks; il ne l'est pas, il ne peut pas l'être, tout s'oppose à ce qu'il le soit.

La fille, le fils d'un noble savent, à six ans, que leur père a tant de villages ; que, dans ces villages, il a tant de bêtes à laine, à cornes, de trait ou de labour ; qu'il y compte tant de pourceaux et de chiens, tant d'esclaves mâles, tant de femelles.

Ils voient tous les jours, soit à la ville, soit à la campagne, marchander, troquer, acheter et vendre un bœuf, un âne, une brebis, un cheval, un porc, un chien, un serf, une serve ; s'il y a de la différence dans les prix des quadrupèdes et des bipèdes, il n'y en a aucune dans la manière de faire les marchés, d'opérer les échanges, d'effectuer les achats, de consommer les ventes; ils n'en trouvent aucune non plus dans la nature de la marchandise ; des Mougicks n'appartiennent pas à l'humanité ! tout ce qui les distingue des bêtes, c'est qu'ils parlent, qu'ils marchent sur deux pieds et qu'ils ont une figure humaine.

Les filles et les garçons nobles se croient tellement au dessus de cette vile espèce de Mougicks, ils sont si bien persuadés que ces animaux parlans n'osent lever les yeux sur eux, que de jeunes femmes, de jeunes vierges, se font déshabiller, mettre au bain, masser, épiler, essuyer, peigner, rhabiller par des mâles de vingt à vingt-cinq ans; pour elles, ces mâles ne sont pas des hommes, ce sont des esclaves, ce sont des brutes. — *O demens ita servus homo est* (1).

Vous voulez acheter un esclave :

— Comment s'appelle ce drôle, dites-vous à son maître?

---

(1) Insensé! est-ce que cet esclave est un homme! (JUVÉNAL).

— Alexis.

— Quel âge a-t-il ?

— Vingt ans, il est né tel jour, de tel et telle.

— Bon ! Est-il sain et robuste ?

— Je crois bien ! il n'a jamais été malade ; le voilà d'ailleurs, examinez-le.

— En effet, ce gaillard-là me semble solidement bâti ; belle taille, belles dents, larges épaules, poitrine large, bras musculeux, mains sèches, jambes nerveuses, pieds bien formés — ça me va — que sait-il faire ?

— Tout ce que vous lui demanderez ; après quelques jours de bastonnade, il sera tailleur, cordonnier ou cocher à votre choix.

— Il a des défauts ?

— Pardieu ! il est paresseux, menteur, ivrogne, joueur et voleur, cela va sans dire. Le bâton le corrigera de tout cela.

— Votre prix ?

— Attendez ; ne voulez-vous pas m'acheter cette belle fille ?

— Vous l'appelez ?

— Olga ; elle n'a pas quinze ans ; voyez s'il est possible de trouver, dans tout le district, une créature de cet âge mieux faite, mieux constituée, plus saine, plus fraîche et plus ferme. — Mariez-la avec ce grand et beau garçon qui la vaut, et je vous réponds qu'ils peupleront votre terre de manière à vous rendre riche en peu d'années.

L'acheteur fait le tour de la pauvre fille qui pose devant lui, nue comme le jour de sa naissance ; il l'examine depuis la plante des pieds jusqu'à la racine des cheveux ; il la touche, il la tâte sur toutes les parties du corps.

— Ça me va encore, dit-il au vendeur. — Combien voulez-vous de la paire ?

— Six cents roubles, et elle est à vous.

La somme n'est pas exorbitante, *cette* paire d'esclaves la vaut bien ; — l'acheteur compte l'argent et il emmène chez lui son bétail humain, thésaurisant en route, édifiant l'accroissement de ses revenus sur la vigueur d'Alexis et la fécondité d'Olga, comme Pérette bâtissait sa fortune sur la vente de son pot au lait.

Ainsi les enfans nobles, accoutumés dès le berceau à considérer les esclaves comme des animaux et à les voir traiter comme tels, ne peuvent, en avançant en âge et quand ces infortunés leur appartiennent, prendre pour eux de meilleurs sentimens ; ils sont à leur égard ce qu'étaient leurs pères, ce que seront leurs enfans. Des nobles bons, doux, équitables, humains pour leurs Mougicks, sont donc des exceptions, et l'on sait que les exceptions confirment la règle.

Ici se présente une question plusieurs fois débattue ; il convient de l'examiner.

On a dit : Dans un empire où un homme seul peut tout ce qu'il veut, tous les autres sont égaux ; c'est une sorte de consolation.

Une consolation !

C'en est une peut-être pour le méchant, qui souffre moins de ses maux en voyant les maux de ses frères.

C'en est une, peut-être encore pour le lâche qui cherche à se justifier à lui-même sa lâcheté, en s'autorisant de celle d'autrui.

C'en est une, à coup sûr, pour l'esclave ou pour l'homme digne de l'être — quelle consolation !

Mais, d'ailleurs, cette proposition, l'égalité de tous, sous le gouvernement d'un seul qui peut tout, n'est pas vraie.

Elle le serait, si, au-dessous de cet homme unique il n'y avait point divers degrés de servitude; s'il n'y avait pas des riches, des esclaves, des nobles, des seigneurs esclaves, lesquels se vengent sur leurs esclaves, artisans, ouvriers, domestiques, soldats ou Mougicks de la subjection où ils sont en tout et pour tout, vis à vis du maître.

Les richesses, les titres, les honneurs, les dignités, la puissance enfin, dont abusent impunément *ces esclaves d'en haut*, sont bien précaires, certes! un mot du despote peut les leur ôter ; mais la condition de leurs *esclaves d'en bas*, de leurs esclaves à eux, qu'ils vexent, qu'ils tourmentent, qu'ils pressurent et qu'ils vendent, auxquels ils arrachent leurs mères, leurs épouses, leurs filles et leurs sœurs, pour en faire leurs concubines ou des prostituées, cette condition est mille fois pire que la leur.

Dans cette Russie où le despotisme est incontestablement mieux constitué que dans aucun pays connu, puisqu'il est, en quelque façon, l'état de nature, les sujets du despote ne sont donc pas égaux entre eux.

Oh ! si l'on disait qu'ils sont tous égaux devant lui, comme l'étaient Ulysse et ses compagnons chez Polyphème, qui les mangeait les uns après les autres au fur et à mesure qu'il les trouvait sous sa main, sans distinction de nom, d'âge, de naissance ou de mérite ; oui, à ce point de vue, l'égalité la plus parfaite existe entre tous les sujets de l'ogre russe, car il y a chez tous abrutissement, hypocrisie, asservissement et lâcheté ; car, si grands qu'ils soient ou si petits qu'ils puissent être, tous ont en perspective le fouet, le battock, les prisons secrètes, les cachots souterrains, les galères, le knout, les mines et la Sibérie.

Ce peuple croupira-t-il longtemps encore dans l'ignorance la plus honteuse, dans la servitude la plus abjecte? C'est le secret de l'avenir. Si, un jour, réveillé de sa torpeur, il secoue ses chaînes, sa révolution sera terrible, inexorable, et telle qu'il est impossible de prévoir comment elle se produira, de deviner quels seront ses moyens d'exécution, de poser ses limites, de fixer sa durée, de calculer ses résultats.

On n'ose mesurer, par la pensée, les proportions formidables qu'elle prendra dans ce pays arriéré de trois cents ans sur la civilisation européenne ; un pays où il faudra faire table rase de tout pour tout créer, et l'on recule effrayé devant le compte que les opprimés auront à demander aux oppresseurs, les victimes aux bourreaux, et, pour tout dire, les esclaves à leurs maîtres.

Je reviens à la noblesse russe ; je vais essayer d'esquisser ses mœurs.

Tout le monde sait que Catherine II, si fastueusement appelée la grande, avait introduit dans sa cour des habitudes de galanterie qui ressemblaient tellement à des habitudes de débauche, que les résidences impériales pouvaient passer pour de véritables Lupanars. L'Ermitage où elle réunissait les gens de sa société intime en était un dans l'acception la plus énergique du mot ; les mœurs de la cour étaient devenues celles de la ville. Lisez les lignes qui suivent, écrites par un homme à même, par sa position en Russie de les connaître et de les juger (1) :

» Sans être aussi impudente que Messaline, elle (Catherine la grande !) réalisait de nos jours, à la face de sa cour et de son empire, ce que des relations fabuleuses rapportent de la reine d'Achem (2).

» Changeant souvent de favoris, et son ardeur aussi bien que son rang la mettant toujours dans le cas de faire des avances, les femmes de la cour se formèrent sur son exemple, et plusieurs surpassèrent le modèle.

» Presque toutes les femmes de la cour, à l'instar de leur auguste souveraine, tenaient des hommes en titre et en fonctions de favoris, je ne dis pas d'amour, ce serait mêler du sentiment à la chose ; il n'y avait qu'un besoin physique grossier et souvent rien autre chose que l'envie de suivre la mode ! Ce goût était devenu comme celui du boire et du manger, ou du bal et de la musique. Point de tendres intrigues ; moins encore de fortes passions ; l'ambition et la débauche avaient banni l'amour.

» Le mariage n'était qu'une association qui ne supposait que la convenance, heureux si l'amitié venait quelque fois, sans y être priée, adoucir des chaînes que l'intérêt des parens ou la vanité seule avaient formés !

» Ce qui achève de prouver la dépravation, l'abrutissement, la confusion des mœurs et des goûts sous Catherine, c'est la découverte qu'on fit il y a quelque temps, à Moscou, d'une association connue sous le nom de *Club physique*. C'était une espèce d'ordre surpassant en turpitude, tout ce qu'on raconte des institutions et des mystères les plus impudiques.

» Les hommes et les femmes initiés se rassemblaient à cer-

---

(1) J'adoucirai le texte.
(2) *Lettres persanes*.

tains jours, pour se livrer pêle-mêle à la débauche ; des maris faisaient admettre leurs femmes ; des frères, leurs sœurs. Ce qu'on exigeait dans les hommes, c'était de la santé ; dans les femmes, de la beauté et de la jeunesse.

» Les récipiendaires n'étaient initiés qu'après avoir donné leurs preuves et subi des visites. Les hommes recevaient les femmes ; et les femmes, les hommes.

» Après un repas splendide, le sort décidait des accouplemens. A la révolution française, la police eut ordre de furéter et de dissoudre chaque espèce de rassemblement, et ce fut alors qu'on examina le *Club-Physique* dont les membres furent obligés de révéler les mystères. Comme les membres de l'un et de l'autre sexe appartenaient aux plus riches et aux plus puissantes familles, et qu'il n'était pas question de politique dans leurs assemblées, on se contenta de fermer et d'interdire cette loge scandaleuse (1). »

Je ne sais pas si, en 1813 et 1814, la cour d'Alexandre était aussi corrompue que celle de sa grand'-mère, et s'il y avait, à Saint-Pétersbourg et à Moscou, des cercles semblables à celui décrit par le major Masson ; ce que je sais, pour m'être trouvé à portée de le voir, et à même de l'apprendre, c'est que la noblesse de quatorze ou quinze provinces que j'ai parcourues vivait dans une corruption dont on chercherait en vain des exemples chez les peuples les plus corrompus de l'antiquitité. Les femmes étaient peut-être plus dissolues que les hommes.

Qu'ai-je à ajouter à ce que j'ai dit de ces bains de vapeur et de rivière, où elles se confondent avec les personnes de l'autre sexe, où elles n'ont pas honte de se montrer, sous les yeux de leurs maris, sans voile, face à face avec leurs pères et leurs enfans ? à ce que j'ai dit des services secrets qu'elles exigent de leurs esclaves mâles, sous le prétexte que ces mâles ne sont pas des hommes ? à ce que j'ai dit de leur présence aux achats, aux échanges, aux ventes, aux flagellations de leurs serfs, nus comme la main ?

Peuvent-elles dire, comme l'impératrice Livie, que, pour une femme de bien, un homme nu n'est qu'une image ? ou, avec les Lacédémoniennes, qu'elles se couvrent assez de leur vertu ? Non, certes ! Voyez-les prendre leurs bains de vapeur ou se baigner dans les fleuves ; suivez leurs mouvemens, interrogez leurs regards, écoutez leurs paroles, tout chez elles dénonce le libertinage et la corruption.

Il est possible, à toute rigueur, qu'une fille noble arrive intacte aux bras de son époux, mais à coup sûr elle ne lui portera pas en dot la pudeur et la chasteté, et cette sainte ignorance,

___
(1) Mémoires secrets sur la Russie, tome 2, pages 122, 124, 124 et 125, — par le major Masson (Paris 1804).

garantie du passé, gage du présent, caution de l'avenir.

Un Français bien né, élevé sous les yeux d'un père sage et d'une mère vertueuse, dans la jouissance d'une liberté raisonnable, mais aussi dans le respect des bienséances, des mœurs et de la religion, serait bien étonné, le premier jour de ses noces, de trouver sa jeune épouse savante, et d'apprendre d'elle ce qu'il espérait lui enseigner.

Un Russe de vingt ans qui se marie avec une fille de dix-huit n'est pas exposé à de semblables mécomptes; il connaît parfaitement celle qu'il vient d'épouser: il l'a vue vingt fois de la tête aux pieds dans les bains de vapeur; vingt fois il s'est livré avec elle à des exercices nautiques dans les eaux de la Soja; aussi l'entrée de la chambre nuptiale ne lui cause-t-elle aucune émotion, sa jeune épouse et lui n'ont rien à s'apprendre.

Aussi qu'arrive-t-il ?

Rassasiés l'un de l'autre avant d'être unis, les époux se prennent en dégoût après leur union. L'époux a des maîtresses, l'épouse a des amans, chacun vit de son côté, sans contrarier les goûts de l'autre.

Il naît des enfans de ce commerce; si le père les croit à lui, légitimes et libres; — s'il en doute, bâtards et esclaves!

Les enfans qu'il a des concubines qu'il entretient à la ville et à la campagne sont libres ou serfs suivant son degré d'affection pour leurs mères.

Voilà les mœurs de la noblesse russe telles qu'elles étaient pendant ma captivité, telles que les a trouvées le major Masson, quand il a écrit ses curieux et véridiques mémoires, telles qu'elles doivent être aujourd'hui, car elles n'ont pu s'améliorer, sous un gouvernement ennemi de la civilisation et de la liberté.

Si le gouvernement de Nicolas semble d'abord moins oppresseur que ceux qui l'ont précédé, c'est que ses actes de violence sont moins publics, c'est qu'ils s'exécutent dans l'ombre, et que ses victimes sont plongées vivantes dans les cachots. En réalité, ce gouvernement est aussi atroce que celui de ses plus détestables devanciers : la Sibérie, les souterrains de Pierre Ier, les prisons de Saint-Pétersbourg et de Moscou, le savent! La malheureuse Pologne le sait aussi!

Je cite de mémoire, les paroles de M. de Custine à l'appui de cette assertion que la nation russe est, à cette heure, ce qu'elle était il y a trois siècles, ce qu'elle sera jusqu'à ce que soixante-cinq millions et demi d'esclaves fatigués de l'être de cinq cent mille maîtres esclaves eux-mêmes, se réveillent, se tâtent, se secouent, se sentent et disent : les grands ne nous paraissent grands que parce que nous sommes à genoux. Levons-nous (1).

FIN.

---

(1) Epigraphe des Révolutions de Paris, par Prudhomme.

www.ingramcontent.com/pod-product-compliance
Lightning Source LLC
Chambersburg PA
CBHW071909160426
43198CB00011B/1234